Forschung und
in der Erziehu

Herausgegeben von

R. Treptow, Tübingen, Deutschland

Herausgegeben von
Prof. Dr. Rainer Treptow
Tübingen, Deutschland

Eberhard Bolay • Angelika Iser
Marc Weinhardt (Hrsg.)

Methodisch Handeln – Beiträge zu Maja Heiners Impulsen zur Professionalisierung der Sozialen Arbeit

Springer VS

Herausgeber
Eberhard Bolay
Tübingen, Deutschland

Angelika Iser
München, Deutschland

Marc Weinhardt
Darmstadt, Deutschland

Forschung und Entwicklung in der Erziehungswissenschaft
ISBN 978-3-658-09728-8 ISBN 978-3-658-09729-5 (eBook)
DOI 10.1007/978-3-658-09729-5

Die Deutsche Nationalbibliothek verzeichnet diese Publikation in der Deutschen Nationalbibliografie; detaillierte bibliografische Daten sind im Internet über http://dnb.d-nb.de abrufbar.

Springer VS

Springer Fachmedien Wiesbaden ist Teil der Fachverlagsgruppe Springer Science+Business Media
(www.springer.com)

Vorwort

Prof. Dr. Maja Heiner war bis zu ihrer Emeritierung im Jahr 2008 lehrend, (praxis-)forschend und publizierend am Institut für Erziehungswissenschaft der Universität Tübingen tätig. Ihre Themenfelder umfassten eine große Spannbreite: Gemeinwesenarbeit, Sozialpsychiatrie und Psychiatriereform, Sozialplanung und kommunale Sozialpolitik, (Selbst-)Evaluation, Qualitätsmanagement und Beratung. Schließlich griff sie das Thema Diagnostik und Fallverstehen in der Sozialen Arbeit auf, vertiefte ihr Verständnis und Modell der Sozialen Arbeit als Profession und entwickelte eine Buchreihe zu „Handlungskompetenzen in der Sozialen Arbeit". Pointiert ließe sich formulieren, dass ihre Anstrengungen auf eine ‚praktische Theorie der Professionalisierung' der Sozialen Arbeit zielten, in der die Frage des methodischen Handelns jenseits eines Methodenspezialismus bzw. eines Methodeneklektizismus konstitutiv wurde. Dabei ging es ihr immer um einen engen Bezug zwischen und die wechselseitige Befruchtung von Praxis, Theorie und Forschung und um die Frage, wie dies gelehrt und gelernt werden könne. Auch in den Jahren nach ihrer Emeritierung publizierte Maja Heiner weiter und war in der Praxisbegleitung und -fortbildung, insbesondere im Bereich der sozialpädagogischen Diagnostik sowie in der Begleitung und Entwicklung des Allgemeinen Sozialen Dienstes, aktiv – bis ihr dies gesundheitlich nicht mehr möglich war; sie starb im August 2013.

Dem vorliegenden Band vorausgegangen ist ein Symposium zur wissenschaftlichen Würdigung von Maja Heiners Werk und insbesondere ihres Beitrags zur Professionalisierung der Sozialen Arbeit; es fand am 9. Mai 2014 am Institut für Erziehungswissenschaft in Tübingen, statt. Für dieses Symposium wurden Beiträge gewählt, die einerseits ihr Werk und ihre Wirkungsgeschichte ein Stück weit nachzeichnen. Zum anderen sollten Einblicke in das intensive, bundesweit vernetzte wissenschaftliche und praxisentwickelnde Wirken von Maja Heiner gegeben werden. Auf die Bitte der HerausgeberInnen hin wurden diese Vorträge für die Buchform aus- und umgearbeitet. Neben der Funktion der schriftlichen Fixierung von Gedanken zu und über Werk und Wirken von Maja Heiner ermöglichte uns der Sammelband auch, weitere Beiträge von Kolleginnen und Kollegen, die nicht am Symposium vortragen konnten oder wollten, aufzunehmen.

An dieser Stelle danken wir allen, die zur Realisierung dieses Bandes beigetragen haben: Neben den Autorinnen und Autoren sind dies Janina Baaken für die sorgsame Bearbeitung der Literaturbelege, Lisa Schuhmacher für die akribische Gesamtkorrektur, Jonas Poehlmann für die Formatierung des Manuskripts, Reinold Schnatmann für die Ergänzung und Validierung der Vita von Maja Heiner und die Bildbereitstellung und der Abteilung Sozialpädagogik für die materielle Unterstützung dieser Publikation.

Dezember 2014

Eberhard Bolay, Tübingen, Angelika Iser, München, Marc Weinhardt, Darmstadt

Inhaltsverzeichnis

Einleitung

Eberhard Bolay/Angelika Iser/Marc Weinhardt

In einem Band zum Thema ‚Methodisch Handeln' in der Sozialen Arbeit erwartet man vermutlich ein Grundlagenbuch, in dem versucht wird, das weite Spektrum des methodischen Handelns in der Sozialen Arbeit in einer umfassenden Systematik aufbereitet zu finden. Diesen Anspruch will und kann der vorliegende Band, der eine werkbezogene Würdigung von Maja Heiner intendiert, nicht leisten. Es muss an dieser Stelle also bei einigen einleitenden Bemerkungen zum Themenkomplex ‚methodisches Handeln' bleiben.

Was heißt methodisch handeln? Mit methodischem Handeln ist in der Sozialen Arbeit immer ein reflektiertes, theorie- und wissensbegründetes, aber auch an der Erfahrung und an der jeweiligen (Handlungs-)Situation orientiertes Handeln gemeint, das i.d.R. auch aushandlungsorientiert gestaltet wird. Im Fachdiskurs besteht inzwischen ein grundlegender Rückbezug des methodischen Handelns auf das professionelle Handeln und damit zugleich zur Frage nach dem Status der Sozialen Arbeit als Profession. Damit hat die generellere Frage nach dem methodischen Handeln die Fragen nach den grundlegenden Methoden der Sozialen Arbeit abgelöst. Zunehmend wurde deutlich, dass es nicht *die* zentralen Methoden der Sozialen Arbeit gibt, die den Kern ihres professionellen Handelns darstellen, sondern dass es vielfältige, sich oft weiter ausdifferenzierende Methoden gibt, die auch nicht exklusiv in der Sozialen Arbeit eingesetzt werden. Und schließlich hat die einschlägige Diskussion der letzten Jahre deutlich herausgestrichen, dass sich Professionalität der Sozialen Arbeit nicht über den Ausweis spezifischer Methoden ‚herstellen' lässt, sondern über einen eigenen Theoriehorizont, einen spezifischen Handlungsmodus, Arbeitsauftrag und Feldzugang.

Im Horizont dieser fachlichen Weiterentwicklung wurden die von Maja Heiner vorgelegten Ideen vielerorts und an thematisch ganz verschiedenen Stellen aufgenommen, in Diskurse eingespeist oder sie haben neue Diskurse angeregt. Die Form der Rezeption umfasst einen weiten Bogen, der sich über verschiedene Praxiskontexte und wissenschaftliche (Sub-)Disziplinen hinweg spannt. Diese Art der (Weiter-)Verwendung ihrer Konzepte hat sich nicht zufällig ergeben; sie ist das Resultat einer bestimmten Formulierung des Erkenntnisinteresses von

Maja Heiner, der Frage nach einer gelingenden, professionellen Sozialen Arbeit. Diese transdisziplinäre Perspektive hat sich – man könnte sagen möglicherweise zwingend – aus der bewegten Berufsbiographie von Maja Heiner entwickelt, in der sie an ganz unterschiedlichen Praxis- und Wissenschaftsorten tätig war und immer neue Verbindungen zwischen Wissen und Können, Theorie und Praxis, (Aus-)Bildung und Beruf, Disziplin und Profession gesucht, gefunden und beschrieben hat. Ihre Arbeiten lassen sich daher längst nicht mehr auf den Fokus des methodischen Handelns eingrenzen. Vielmehr bilden sie in ihrer Breite und wechselseitigen Verschränkung einen wesentlich breiteren Korpus, in dem sie zur Begründung, Stabilisierung und Weiterentwicklung der Sozialpädagogik/ Sozialen Arbeit in Theorie und Praxis Wesentliches beigetragen hat. Der Zugang im hier vorliegenden Band greift diese Breite und theoretische Relevanz auf, rekonstruiert sie zeithistorisch und fachlich-inhaltlich und konturiert thematische Linien der Weiterentwicklung.

Die Beiträge sind in drei Großkapitel gefasst: Zunächst geht es in einem ersten Block um *Einordnungen und Rekonstruktionen* von Maja Heiners Herangehen an die Fragen des methodischen Handelns und der Professionalisierung der Sozialen Arbeit. In einem zweiten Abschnitt werden *themenbezogene Weiterentwicklungen* beschrieben, in denen Impulse von mit Maja Heiner durchgeführten, begonnenen oder diskutierten Projekten und Entwicklungen aufgegriffen wurden und werden. Im dritten Abschnitt geht es schließlich um Beiträge, die *Potentiale aber auch Einwände* im Blick auf Maja Heiners Konzepte und Ideen zu erschließen versuchen.

Der Durchgang durch die Beiträge beginnt mit einem persönlichen, erfahrungsbasierten Rückblick und einer Einordnung von Maja Heiners Impulsen zur Methodendiskussion durch *Hiltrud von Spiegel.* Als jüngstes Mitglied der als „Viererbande" benannten Kolleginnen Maja Heiner, Silvia Staub-Bernasconi, Marianne Meinhold und Hiltrud von Spiegel beschreibt sie zunächst die Entwicklung der Methodendiskussion seit den 1950er Jahren in der Bundesrepublik Deutschland. Damit rekonstruiert sie den Entstehungskontext für die Herangehensweisen der vier Kolleginnen an die Methodenentwicklung und das methodische Handeln in der Sozialen Arbeit. Deutlich wird in ihrem Beitrag „Von den Methoden Sozialer Arbeit zum methodischen Handeln – eine autobiografische Erinnerung" aber auch der je eigene Zugang der vier Kolleginnen sowie deren gemeinsames Ziel, Ideen und Hilfen für die Lehre des methodischen Handelns zu erarbeiten und dafür grundlegende Prinzipien und Basisregeln zu finden.

Um das Leitthema der folgenden zehn Schaffensjahre, Professionalität, Professionalisierung und deren theoretisch-empirisches Erfassen, geht es in den folgenden beiden Beiträgen von zwei früheren Tübinger Kolleginnen. So rekonstruiert *Angelika Iser* in ihrem Artikel „'Gute Soziale Arbeit' – Maja Heiners Beitrag zur Professionalisierungsfrage" Besonderheiten und zentrale Ergebnisse von Heiners Herangehensweisen. Charakteristisch sind dafür ein handlungstheoretischer Zugang, eine beständige Theorie-Praxis-Reflexion und ein iterativ theoretisch-empirisches Vorgehen. Als die vier zentralen Ergebnisbereiche werden Typen des beruflichen Selbstverständnisses von Fachkräften skizziert, ein Modell zur „Figurierung von Kräftefeldern" verdeutlicht und deren unterschiedliche Auswirkungen im Hinblick auf gesellschaftliche, situative und institutionelle Rahmenbedingungen diskutiert. Ein dialektisch angelegtes tätigkeitsfeldübergreifendes Modell professionellen Handelns führt schließlich zu Heiners Verständnis der Sozialen Arbeit als Profession.

Mit Bezug auf dasselbe Themenfeld und Forschungsprojekt rekonstruiert *Sabine Schneider* in ihrem Beitrag zur „Kasuistik des Gelingens und Scheiterns" Maja Heiners Forschungszugang. Er versteht sich als Aufnahme und Weiterentwicklung der qualitativen Herangehensweise der Grounded Theory. Am Beispiel der sozialpädagogischen Beratung – illustriert durch vier mit der Heinerschen Methodik aufgearbeitete Fälle – demonstriert sie die Komplexität und Herausforderung, Gelingen und Scheitern als Indikatoren für professionelle Soziale Arbeit produktiv zu machen.

Christian Schrapper greift mit seinem Beitrag „Durchblicken und verstehen, was der Fall ist? Zur ‚Unendlichen Geschichte' der Kontroversen um eine sozial(pädagogische) Diagnostik" ein Thema auf, das aus seiner Sicht erst durch Maja Heiner überhaupt wieder in der Sozialen Arbeit im deutschen Diskurs besprechbar wurde. In vier Thesen umreißt er den aktuellen Stand der Auseinandersetzung um eine akzeptable Konzeption und die Methodik einer sozialen Diagnostik und erläutert dabei Heiners besonderen Beitrag in diesem Diskurs. Auch stellt er die Frage, ob die „wunderbare Welt sozialpädagogischer Konzepte und Methodenvorschläge" ebenso von einem „Nichts" bedroht ist, wie das „Reich der kindlichen Kaiserin" in Michael Endes Unendlicher Geschichte.

Regula Kunz' Beitrag „Situative Kasuistik – Die Relationierung von Theorie und Praxis durch Schlüsselsituationen" leitet den zweiten Themenblock des vorliegenden Bandes ein, in dem anknüpfend an Konzepte von Maja Heiner weiterführende Modelle vorgestellt werden. Die ‚situative Kasuistik' zielt darauf, Fachkenntnisse und Wertvorstellungen systematisch und doch fallbezogen darzustellen und damit Theorie und Praxis in Beziehung zu setzen. Anhand von Schlüsselsituationen wurde eine Typologie der Handlungsfelder der Sozialen Arbeit empirisch entwickelt. Damit sollen in einer situativen, diskursiven und akteursorientierten Kasuistik Verstehensprozesse eingeübt werden, um professionelle Handlungskompetenz zu entwickeln. Aus der Sicht der Autorin ermöglicht die situative Kasuistik einen Fachdiskurs über die Grenzen von Disziplin und Profession hinweg.

Petra Bauer und *Marc Weinhardt* fokussieren in ihrem Text zum „Methodenkompetenzerwerb im Studium“ Fragen der (Aus-)Bildung im Kontext handlungswissenschaftlicher Studienberufe. Am Beispiel eines innovativen, performanzorientierten Zugangs zum Beratungslernen im Rahmen eines Kompetenzlabors mit SimulationsklientInnen verdeutlichen sie Chancen, Herausforderungen und Notwendigkeiten, die durch einen empirisch gestützten Blick auf das Vermittlungsproblem zwischen Theorie und Praxis entstehen.

Im Beitrag von *Franz Herrmann* zu „Konfliktkompetenz als Teil professioneller Handlungskompetenz in der Sozialen Arbeit“ wird deutlich, dass im hier zunächst vorgestellten Handlungskompetenzmodell von Maja Heiner die gesellschaftlich-kritische Reflexionsebene weggerutscht ist, die sie im handlungstheoretischen Modell der Kräftefelder eingewoben hatte. Dies gleicht Herrmann aus, indem er die Konfliktkompetenz nicht nur für die Selbst-, Fall- und Systemkompetenz konkretisiert – jeweils mit Bezug auf die drei zentralen Schritte des methodischen Handelns: die Analyse und Planung, die Interaktion und Kommunikation sowie die Reflexion und Evaluation. Er erweitert das Modell vielmehr um eine vierte Ebene der ‚politischen Dimension von Konfliktarbeit‘.

Klaus Grunwald geht in seinem Beitrag „Qualitätsmanagement als methodisch gestütztes und auf Kriterien bezogenes Konzept“ der auch von Maja Heiner aufgeworfenen Frage nach: wie lässt sich ein sozialpädagogisch konturiertes Verständnis von Qualität, Qualitätsentwicklung, Qualitätssicherung und Qualitätsmanagement begründen, ohne einerseits in eine abstrakte Ablehnung dieser für die Professionalisierung der Sozialen Arbeit so zentralen Aufgabe zu verfallen aber zugleich anderseits einer manageriell-ökonomischen Engführung von Qualitätsmanagement mit guten Gründen entgegen zu treten. Qualität ist demnach kein objektiver, sondern ein relationaler Begriff, in dem verschiedene Passungen abgewogen werden müssen: u.a. subjektive Faktoren der AdressatInnen Sozialer Arbeit, fachlich begründete Handlungsstrategien und gesellschaftlich-institutionelle Rahmenbedingungen. In dieser Argumentationsperspektive wird dann begründet, dass (a) Qualitätsentwicklung nicht allein Leitungs- oder Managementaufgabe ist, sondern vielmehr auf allen Ebenen des manageriellen und fachlichen Handels konstitutiv wird und es sich (b) nicht um etwas punktuell Abzuhakendes handelt, sondern vielmehr um einen auf Dauer gestellten Lern- und Entwicklungsprozess in den komplexen Gefügen sozialpädagogischer Praxen.

„Gelingensbedingungen von Selbstevaluation“ sind das Thema im Beitrag von *Hanne Bestvater* und *Wolfgang Beywl*. Entlang einer kurzen Rezeptionsgeschichte des von Maja Heiner entwickelten Selbstevaluationskonzeptes zeigen sie zunächst auf, dass das entwickelte Modell nicht nur im Kontext Sozialer Arbeit, sondern auch der Schule sinnvoll verwendet werden kann. Der so entstehende differente Blick auf zwei sozialwissenschaftliche Domänen – ‚helfen' und ‚unterrichten' – verdeutlicht daran anschließend präzise die institutionellen und personengebundenen Bedingungen, innerhalb derer Selbstevaluation zur Professionalisierung der Arbeit sinnvoll erscheint.

Den Blick auf Potentiale sowie auch Einwände lenken die beiden letzten Beiträge des Bandes. *Joachim Merchel* befasst sich in seinem Text „Ohne Evaluation kein professionelles Handeln!? Maja Heiners beharrliches Plädoyer für datenbasierte Reflexion in der Sozialen Arbeit" mit der Frage nach Gewinnung und Nutzung empirischer Evidenzen in der Sozialen Arbeit. Dabei verdeutlicht er überaus plastisch die von Maja Heiner konstatierte Funktion des Evaluationsbegriffes als Schnittstelle zwischen verschiedenen Sphären. So verstanden, kann Evaluation dann nicht nur über ‚Wirkungen' Auskunft geben, sondern Forschung und Praxisentwicklung im Medium der empirisch gestützten Reflexion zusammen und ko-evolutionär voran bringen.

Im abschließenden Beitrag dieses Sammelbandes beleuchten *Rainer Treptow* und *Stefan Faas* unter dem Titel „Methode und Kompetenz. Strategien der Ungewissheitsreduktion und der Gewinnung von Handlungssicherheit" ein prominentes Spannungsfeld im Fachdiskurs. Es lässt sich in einer typisierenden Gegenüberstellung charakterisieren in den beiden recht konträren Positionen einer Methoden- und Methodisierungsaffirmation einerseits und einem Methodenskeptizismus, ja einer Ablehnung alles Methodischen andererseits. Die Autoren rekonstruieren zunächst diese Diskurslinien und belegen dann, dass die beiden Strategien der ‚Ungewissheitsreduktion', die entlang der Bestimmung des Methodischen Handelns und der (Handlungs-)Kompetenzen debattiert werden, zwingend auf eine „Entmethodisierung des Methodischen" hinaus laufen, d.h. Methoden zwar ernst zu nehmen, aber die Spielräume von Handeln nicht auf den Methodengebrauch zu beschränken.

Einordnungen und Rekonstruktionen

Von den Methoden Sozialer Arbeit zum methodischen Handeln – eine autobiografische Erinnerung

Hiltrud von Spiegel

Der vorliegende Aufsatz basiert auf meinem Vortrag während des Symposiums zur wissenschaftlichen Würdigung von Maja Heiner am 9. Mai 2014 an der Universität Tübingen. Ich beschränkte mich damals auf einen kleinen zeitlichen Abschnitt, an dem ich selbst teilnehmen durfte. Ich meine die 1990er Jahre, in denen wir – Maja Heiner, Silvia Staub-Bernasconi, Marianne Meinhold und ich – unser Buch „Methodisches Handeln in der Sozialen Arbeit" produzierten (1994). Unsere Diskussion fand etwa 20 Jahre nach der grundlegenden Methodenkritik der 1970er Jahre statt. Während dieser Zeit hatte sich kaum jemand um dieses Thema gekümmert. Darum habe ich vorweg einige wesentliche Diskussionslinien eingefügt, die m.E. zum besseren Verständnis unserer Ansätze beitragen können.

Seit 1954 waren in den Schulen für Soziale Arbeit, den Deutschen Wohlfahrtsschulen, die amerikanischen (klassischen) Methoden als Kernfächer gelehrt worden. Somit gab es in den 1960er Jahren eine relativ große Zahl ausgebildeter Fachkräfte, die eine methodische Ausbildung in Gruppenpädagogik, Einzelhilfe und Gemeinwesenarbeit erhalten hatten und diese im Prinzip auch anwendeten (C.W. Müller 1988: 90).

Ein neues Kapitel der Methodengeschichte wurde 1968 mit der Gründung der Arbeitskreise Kritischer Sozialarbeiter (AKS) und der Sozialarbeiter-Bewegung eingeleitet. Die politisch engagierten Fachkräfte analysierten die politischen Rahmenbedingungen Sozialer Arbeit und fokussierten gesellschaftliche Zusammenhänge, die die zu bearbeitenden Probleme erst hervorbringen – ein Thema, das in der bisherigen Methodenentwicklung stark vernachlässigt worden war. Mit der neuen (polit-ökonomischen) Sichtweise wurden auch die etablierten Methoden verdächtig: Man wies den amerikanischen Methodenkonzepten ‚ideologische und gesellschaftsstabilisierende' Funktionen nach. Parallel dazu kritisierten Wissenschaftler an den neu gegründeten Fachhochschulen und Universitäten die klassischen Methoden bezüglich ihrer ‚Unwissenschaftlichkeit'. Die amerikanischen Fachkräfte zogen z.B. keine wissenschaftlich überprüften Theorien zur Begründung ihrer Handlungsanweisungen heran, sondern sie verwendeten Bausteine von Theorien, deren Einsatz und Auswahl durch die sozialethischen Werte der Profession und ihre berufspraktischen Erfahrungswerte gesteuert wurde; im Mittelpunkt blieb stets der sog. Hilfsprozess mit seiner Phasenkonzeption. Den Wissenschaften kam in dieser Konstruktion die Funktion des Hilfsmittels und des technologischen Werkzeugs zu.

Ein Großteil der Kritik war sicher berechtigt (Spiegel 1993: 36). Trotzdem half sie den Fachkräften und auch den Lehrenden nicht, mit dem erkannten Dilemma kritikentsprechend professionell umzugehen. Weder hat man die Methoden konsequent umgearbeitet, noch wurde ihre wissenschaftliche Fundierung verstärkt. Die Folgen für die Ausbildung waren gravierend, denn die klassischen Methoden konnten von den Lehrenden, die sich als 'fortschrittlich' definierten, nicht mehr ohne politische und wissenschaftliche Vorbehalte vermittelt werden. Die Methodendiskussion spielte bis weit in die 1980er Jahre keine Rolle mehr (C.W. Müller 1988: 142).

Die Fachkräfte ihrerseits besannen sich seit Mitte der 1970er Jahre auf ihre eigene Persönlichkeit, ihre Fähigkeiten und ihre Probleme. Die humanistische Psychologie avancierte zum wichtigsten Bezugskonzept. Das, was dann als ‚Therapieboom' bezeichnet wurde, also die Faszination der therapeutischen Selbsterfahrung gerade für Menschen aus der ‚sozialen Szene' hat Fachkräften und Wissenschaftlerinnen viele Rätsel aufgegeben. Es mag sein, dass die Debatten der 1970er Jahre über die Funktionen Sozialer Arbeit im kapitalistischen Gesellschaftssystem dazu beigetragen haben, den Optimismus der jungen Fachkräfte und ihr Helferselbstverständnis empfindlich zu beeinträchtigen. Das ‚Burn-out-Syndrom' (Enzmann 1989: 37ff) und das subjektive Leiden an der Berufsrolle kamen ins Gespräch und es wurden auch ‚düstere' Motive des Helfens aufgedeckt (etwa Schmidbauers Traktat über die „hilflosen Helfer" (1977), die mit der Sozialen Arbeit hauptsächlich ihre eigene emotionale Bedürftigkeit bearbeiten). Ich vermute, dass die therapeutischen Konzepte für Fachkräfte auch deshalb interessant geworden sind, weil man ihnen mit der Kritik an den klassischen Methoden gleichzeitig ihr Handwerkszeug für die berufliche Arbeit weggenommen hatte. Die therapeutischen Konzepte bieten nämlich – ebenso wie jene – einen Erklärungszusammenhang von Werten und Inhalten sowie einen Satz von Methoden und Techniken, die Sicherheit und Kompetenz versprechen.

Die wissenschaftlichen Kritiker wandten sich in der Folge anderen Themen zu – nämlich dem Verhältnis von Theorie und Praxis und der inhaltlichen Bestimmung dessen, was ‚Professionalität' und ‚Handlungskompetenz' für die Soziale Arbeit ausmachen könnte (Spiegel 2013: 36ff). Ausgangspunkte vieler damals entwickelter Kompetenzmodelle waren ideal gesetzte Interessen und Bedürfnisse von Adressatinnen, aus denen berufliche Anforderungen an die Fachkräfte abgeleitet wurden. Ein weiterer Ausgangspunkt waren die seit Mitte der 1970er Jahre vorliegenden Forschungsergebnisse zu Aspekten der Berufspraxis (Spiegel 1993: 48ff). Sie hatten Anlass zu der Annahme gegeben, dass sich wohlgemeinte ‚Hilfe'-Absichten der Fachkräfte in institutionellen Kontexten sozusagen unter der Hand in ‚Kontrolle' verwandelten. Vor diesem Hintergrund konstruierte Regine Gildemeister ihr Kompetenzmodell. Sie band die vielfach isoliert beschriebenen Einzelfähigkeiten und Wissenselemente mit Hilfe des Identitätsbegriffs in ein umfassendes und integratives Konzept ein, „das zurückverweist auf die Struktur des Handlungsfeldes und die Besonderheiten der Berufsrolle in der Sozialarbeit" (Gildemeister 1983: 112). ‚Berufliche Identität' sollte als Steuerungsinstanz dienen, mit der die Fachkräfte die widersprüchlichen beruflichen Anforderungen in der institutionellen Sozialarbeit ‚balancieren' könnten. Die Fachkräfte sollten sich ihre persönlichkeitsbedingten Fähigkeiten „selbstreflexiv unter umfassender Kenntnis ihrer Wirkung und Zusammenhänge als Element der Berufsrolle" aneignen (ebd.: 121).

Damit relativierte sich auch die Diskussion um das Verhältnis von Theorie und Praxis. Man gab nach und nach den zunächst vertretenen Anspruch auf eine Höherwertigkeit des Theoriewissens (Schütze 1992) auf. Es ging nicht mehr darum, Theorien in die Praxis zu transferieren, sondern darum, dass sie auf dem Weg in die Praxis eine Transformation durchlaufen. Dewe, Ferchhoff, Peters und Stüwe beschrieben die Struktur professioneller Arbeit als „Gleichzeitigkeit von Theorieverstehen (instrumentell-technische Komponente) als dem Allgemeinen *und* Fallverstehen (verständigungsorientierte Komponente) als dem Besonderen. (...) Beide Komponenten stehen quasi in logischem Widerspruch zueinander und sind nicht dauerhaft miteinander in Einklang zu bringen, sondern nur situativ" (Dewe et al. 1987: 35). Und: „Handeln zeichnet sich nicht durch perfekte wissenschaftliche Regelbefolgung alleine aus, sondern ebenfalls durch Fallverstehen, wissenschaftliche Regeln werden *nicht befolgt, sondern vielmehr ausgenutzt*. Man muss sehen, wofür sie taugen" (ebd.: 34; Herv. i.O.).

Während die Professionalisierungsdebatte und die Kompetenzdiskussion vor allem an der Universität Bielefeld geführt wurden, beschäftigten sich Kollegen der Universität Tübingen – allen voran Hans Thiersch – damit, die allgemeine Diskussion um Soziale Arbeit von der politischen wieder auf die fachliche Ebene zurückzuführen. Mit dem von Thiersch verantworteten Achten Jugendbericht der Bundesregierung (1990) und der Novellierung des Kinder- und Jugendhilfegesetzes im Jahr 1991 wurde ein Paradigmenwechsel bezüglich der Sichtweise der Adressatinnen Sozialer Arbeit eingeleitet. Mit den Strukturmaximen der Lebensweltorientierung (Prävention, Alltagsorientierung, Integration, Partizipation sowie Dezentralisierung/Regionalisierung) rückten die Adressatinnen der Sozialen Arbeit als Subjekte in den Fokus. Die gesetzliche Verpflichtung der Kommunen zur Jugendhilfeplanung sollte dazu beitragen, die Soziale Arbeit bedarfsgerechter zu planen und an den Bedürfnissen der Adressatinnen in einem Sozialraum zu orientieren. Diese ‚Verfachlichung' der Arbeit konnte sich jedoch nur zögerlich etablieren. Denn fast parallel hielt die Betriebswirtschaft Einzug in die Jugendämter und die Institutionen der freien Träger. Die Sozialverwaltungen wurden nach dem Vorbild des Neuen Steuerungsmodells (KGSt 1994) umstrukturiert und die Fachkräfte mussten sich zum ersten Male in der Geschichte der Sozialen Arbeit im großen Umfang auf Fragen nach der Zielorientierung, der Qualität, der Wirtschaftlichkeit und den Ergebnissen ihrer Arbeit einstellen. Was so zunächst als weiterer fachlicher Schub daherkam – und vor allem im Umkreis der Bielefelder Universität zu neuen Diskussionen über Soziale Arbeit als Dienstleistung und Koproduktion Anlass bot – verkehrte sich angesichts der finanziellen Interessen der Kommunen vielfach ins Gegenteil (s.u.).

Neue Anstöße für die Methodendiskussion kamen zunächst eher aus dem Ausland, wo es die methodenkritische Zäsur so nicht gegeben hatte. Sie rankten sich vor allem um zwei Themen: Zum einen um die Weiterentwicklung der klassischen Methoden zur Methodenintegration, zum anderen um eine Verwissenschaftlichung des methodischen Instrumentariums. In den USA und in Großbritannien arbeitete man in den 1970er Jahren an gemeinsamen Grundsätzen und Konzepten, auf die sich *alle* Fachkräfte beziehen könnten, die mit sozialen Problemen befasst sind. Man suchte nach allgemeinen – generischen – Grundsätzen und theoretischen Grundlagen, „die genügend Durchschlags- und Überzeugungskraft besitzen, um sich in der Masse der Spezialisierungen, Methoden und funktionalen Bereiche als nützlich durchzusetzen" (Specht/Vickery 1980: 14; ähnlich: Pincus/Minahan 1980). Dazu gehört auch das methodenintegrierte Konzept des niederländischen Wissenschaftlers Marinus van Beugen (1972). Er rekurrierte auf eine "technische Lebenshaltung, die die zwischenmenschlichen Aspekte der Welt als `bearbeitbar' betrachtet" und zwar im Hinblick auf ein Ziel und mithilfe einer „systematischen Arbeitsweise mit festen Regeln, Vorschriften und Arten des Vorgehens als Mittel zum Ziel" (van Beugen 1972: 56f). Und Silvia Staub-Bernasconi (1986) präsentierte als Ergebnis einer umfassenden Sichtung existierender Konzepte bzw. Methoden ebenfalls eine Zusammenschau aller die Arbeitssituation bestimmenden Momente, die eine Vielfalt an Kombinationen zur Diagnose und Bearbeitung sozialer Probleme ermöglichen sollte.

Alle drei Modelle wollten die Begrenzungen der klassischen Methoden überwinden, innerhalb derer Techniken und Methoden mit sehr spezifischen Bestimmungen isoliert für einen jeweils spezifischen Zweck entwickelt wurden; alle drei arbeiteten an wissenschaftlich fundierten, sozialen Techniken und Methoden mit einer möglichst neutralen Bestimmungsfunktion, die auf einem Kontinuum angesiedelt werden könnten. Das Kontinuum reichte von der persönlichen Hilfe für einzelne Adressatinnen über eine gezielte Einflussnahme auf die sie belastenden Lebensumstände, eine Aktivierung bzw. Koordination der sozialen Ressourcen ihrer Umgebung bis hin zu Strategien zur Veränderung des Dienstleistungssystems und Anstößen zu gesellschaftlichen Veränderungen (van Beugen 1972, Pincus/Minahan 1980, Staub-Bernasconi 1986). Und alle drei nahmen nicht eine Methode, sondern die zu bearbeitenden Probleme zum Ausgangspunkt. Methoden sollten pragmatisch, d.h. nach ihrer ‚Eignung' und ‚Wirkung' ausgewählt werden.

Es ist wohl dem Stand der Entwicklung in den 1970er und 1980er Jahren geschuldet, dass man damals noch an die Möglichkeit der Entwicklung einer „Sozialtechnologie" (van Beugen 1972) glaubte und daran, dass Methoden bzw. Techniken auf eine erforschbare und vorhersagbare Weise ‚wirken'. Inzwischen gilt es als gesichertes Wissen, dass die Soziale Arbeit einem strukturellen Technologiedefizit unterliegt (Luhmann/Schorr 1982), so dass sich dieser Ansatz ad absurdum führt (Spiegel 2013: 31ff). Ungeachtet dessen wurde jedoch die Wirkungsforschung über ‚Methoden' in den USA weiter vorangetrieben und hat seit einigen Jahren unter dem Begriff der ‚evidenzbasierten' Sozialen Arbeit auch in Deutschland (wieder) Fuß gefasst. Ich persönlich halte das für einen Fehler, der die Entwicklung ein ganzes Stück zurückwirft, aber anscheinend den derzeitigen politischen Bedürfnissen der Sozialverwaltung entspricht (Stichwort: wirkungsorientierte Steuerung).

Nun zur Entwicklung in den 1990er Jahren: Mit der Herausarbeitung von so wichtigen Themen wie dem Verhältnis von Theorie und Praxis, der Grundlegung professioneller Handlungskompetenz, der Lebensweltorientierung und der sog. Verfachlichung Sozialer Arbeit, der Fokussierung des sozialberuflichen Handelns auf Probleme waren wichtige Voraussetzungen geschaffen, um sich wieder dem gesamten Prozess des methodischen Handelns zu widmen. Dementsprechend erschien nun ein ganzes Arsenal an Büchern zum methodischen Handeln. Aus Platzgründen vernachlässige ich diese und beschäftige mich nur mit der Gruppe um Maja Heiner, in der ich mitarbeiten durfte.

Ich arbeitete seit 1980 als ‚Fachlehrerin für besondere Aufgaben' an der Fachhochschule Bielefeld, war – wie alle Methodenlehrer – für ein spezifisches Arbeitsfeld verantwortlich und suchte nach methodischem Handeln für die gesamte Soziale Arbeit; nicht für ein einzelnes Arbeitsfeld. Ich fand den Weg über C.W. Müller, der mich für die Selbstevaluation als Thema meiner Dissertation begeisterte und mit Maja Heiner bekannt machte.

Sie war eine der wenigen Wissenschaftlerinnen, die sich nicht per se gegenüber der amerikanischen Sozialarbeit abgrenzten, sondern sich regelmäßig über neue Entwicklungen des methodischen Handelns in den USA informierte. Sie importierte zu Beginn der 1980er Jahre die Selbstevaluation als Qualifizierungsverfahren und arbeitete sie für die deutsche Soziale Arbeit um. Um das Jahr 1986 begeisterte sie eine erste Gruppe von Praktikern für die Durchführung einer eigenen Selbstevaluation und begleitete diese bei ihren Vorhaben.

Eine Evaluation funktioniert bekanntlich nicht, wenn man keine Maßstäbe für ‚gute Arbeit' hat. Solche Maßstäbe und methodisches Handeln überhaupt gab es damals aber nur in Ansätzen. Darum verliefen die ersten Fortbildungen in dieser Disziplin etwas umständlich: Zunächst musste eine motivierende Evaluationsfrage gefunden und ausgearbeitet werden. Dann ging man sozusagen einen Schritt zurück, um im Nachhinein das Handlungsfeld um diese Evaluationsfrage herum konzeptionell zu strukturieren. Man beschrieb also rückwirkend das methodische Vorhaben, das man dann bewerten wollte und explizierte die damit verbundenen impliziten Ziele. Erst dann konnte man ja prüfen, ob bzw. mit welchem Erfolg diese Ziele erreicht wurden – oder eben nicht. Maja Heiner hatte diese Vorgehensweise kreiert und alle, die sich zunächst an den Fortbildungen in Sachen Selbstevaluation beteiligten, orientierten sich an ihrem Vorbild. Diese merkwürdige Prozedur war den Teilnehmerinnen schwer nahe zu bringen und sie trug sicher einiges zu den Vorbehalten gegenüber dem Verfahren bei.

Erst die KGSt verbreitete Mitte der 1990er Jahre das Neue Steuerungsmodell mit der zielorientierten Steuerung, womit dann auch die Selbstevaluation als Verfahren der Qualitätsüberprüfung zumindest temporär in den Fokus geriet (1994). Man stellte aber schnell fest, dass das Verfahren zwar durchaus Fachkräfte qualifiziert, aber nicht zur Erfassung quantifizierbarer Datenmengen taugt, die für kommunale Steuerungszwecke benötigt werden.

Doch zurück zu den Anfängen: Maja Heiner widmete also der Explikation von Zielen zu Zwecken der Selbstevaluation ihre intensive Aufmerksamkeit, wobei die Ziele immer differenzierter wurden. Denn es war zu fragen, welches die speziellen Ziele sein sollten, die als Evaluationskriterien Geltung haben sollten: Waren es die ‚vorgegebenen, offiziellen', die ‚Paradeziele', oder die ‚inoffiziellen', heimlichen, die ‚Ziele hinter den Zielen'? Sollte man die Ziele einzelner Fachkräfte erkunden oder die konzeptionellen des Teams oder die Ziele der Adressaten?

Darüber hinaus beschäftigte sich Maja Heiner mit der Ausarbeitung kreativer Erhebungsinstrumente zur Sammlung und Auswertung von Prozessdaten, die auf die spezifischen Evaluationsfragen abgestimmt waren. Hierbei leisteten die vielen Praktikerinnen, die an ihren begleiteten Fortbildungen teilnahmen, mit ihren völlig verschiedenen (selbst gestellten) Untersuchungsfragen wertvolle Unterstützung. Während dieser Zeit arbeitete sie sich an den Fragen ab, die im Laufe ihrer Arbeit mit der Selbstevaluation auftauchten, wobei eine Menge zusätzlicher Erkenntnisse zum methodischen Handeln entstanden. In jeder Einleitung zu einem neuen Sammelband mit Fallbeispielen zur Selbstevaluation (Heiner 1988, 1998) fasste sie ihre neu gewonnenen Erkenntnisse zusammen. So denke ich, dass für sie das methodische Handeln über die Ausarbeitung der Selbstevaluation neue Konturen gewann. Dabei schwebte ihr kein umfassendes *Modell* des methodischen Handelns vor, sondern sie suchte Basisregeln und Arbeitshilfen zur Verbesserung desselben, die sich flexibel einsetzen ließen.

Auch Marianne Meinhold strebte kein durchgearbeitetes Methodenwerk an, sondern etwas wesentlich flexibleres. Für sie bestand die Aufgabe darin, ein Arbeitsfeld zu strukturieren, damit Arbeitsaufträge erkannt werden können (Meinhold 1991). Sie verglich die Methodenentwicklung eher mit dem „Erstellen einer Landkarte" als mit dem „Nachzeichnen eines Weges". Sie wollte Fachkräften in den Ämtern „Anhaltspunkte" vermitteln, mithilfe derer sie ihre Arbeit auswerten oder auch konzeptionelle Veränderungen planen und deren Realisierbarkeit einschätzen könnten. Dazu entwickelte sie ein Rahmenmodell und „Regeln zur Arbeit mit dem Modell, welche die Komplexität und Wandelbarkeit sozialer Phänomene angemessen berücksichtigen" (Meinhold 1992: 3). Sie unterschied drei Differenzierungen methodischen Handelns, ohne dass sie damit eine Reihenfolge in der Praxis vorgeben wollte. (a) „Offizielle Arbeitsaufträge", also gesetzliche Vorgaben und ihre Ausführungsvorschriften, Dienstanweisungen und administrativen Regelungen: Diese seien meist sehr allgemein gehalten, so dass trotz Verfahrensregeln und Geschäftsordnungen Spielräume verblieben, die die Fachkräfte variationsreich ausgestalten und konkretisieren könnten. Im Prozess dieser individuellen Ausgestaltung würden dann auf der Grundlage ihrer pädagogischen Überzeugungen und ihres beruflichen Selbstverständnisses aus den offiziellen (b) „pädagogische Arbeitsaufträge" (ebd.: 4). Sie listete beispielhafte Fragen auf, mithilfe derer ein Team seinen Handlungsspielraum einschätzen könnte (ebd.: 12). Ich denke, sie knüpfte damit an ihre sozialpolitischen Analysen an, die sie in den 1970er Jahren zusammen mit Walter Hollstein zur „Sozialarbeit unter kapitalistischen Produktionsbedingungen" (1973) veröffentlicht hatte. Es ging jahrelang um das ‚doppelte Mandat' und die Frage, ob man unter den gegebenen gesellschaftlichen Bedingungen überhaupt Soziale Arbeit leisten dürfe. (c) Mit „Arbeitsprinzipien" bezeichnete Meinhold in Anlehnung an Wolfgang Hinte und durchaus auch als Abgrenzung zu den zu starren Methoden allgemein gefasste oder auch spezieller gehaltene Grundsätze, an denen sich das Handeln orientieren könnte (Meinhold 1992: 4). Diese „liefern die Begriffe, mit denen die Handelnden ihr Tun verstehen, deuten und legitimieren können" (ebd.: 13). ‚Ziele' betrachtete sie entsprechend als spezifizierte Arbeitsprinzipien und ‚Verfahren und Techniken' als instrumentelle Fertigkeiten (auch Dokumentations- und Auswertungsverfahren), die man als Anregungen begreifen und kreativ ausgestalten, erweitern und verändern kann.

Silvia Staub-Bernasconi arbeitete schon länger an ihrem „prozessual-systemischen Denkmodell." Ihr Ausgangspunkt war die Beschaffenheit sozialer

Probleme; daran müsste sich alles methodische Handeln orientieren. Sie untersuchte diese Probleme auf ihre Herkunft und teilte sie in Kategorien ein. „Von sozialen Problemen (...) sprechen wir dann, a) wenn qualitative und quantitative Ausstattungs-Bedürfnisse aus sozial hergestellten Gründen unbefriedigt bleiben, b) wenn der Austausch zwischen Teil-Systemen nicht auf Gegenseitigkeit beruht, und/oder c) wenn soziale Systeme ihre Produktions-, Sozialisations-, Steuerungs- und Verteilungsaufgaben so lösen, dass Teil-Systeme andere Teil-Systeme behindern, und zwar dadurch, dass sie ihre Ausstattung und Macht auf Kosten anderer Teil-Systeme unbehindert maximieren können" (Staub-Bernasconi 1986: 50). Mithilfe von normativen Kategorien (hauptsächlich Teilhabe und Gerechtigkeit) legte sie die Zielrichtung der Problemlösung fest, um dann geeignete methodische Vorgehensweisen abzuleiten. Sie hatte eine Matrix von Handlungselementen entworfen, mithilfe derer sie u.a. „agogologische Arbeitshypothesen" formulierte: „Wenn das Problem P vorliegt und aufgrund der Problemerklärung E und dem Wert W die Arbeitsweise A gewählt wird, die aus dem/den Verfahren V besteht, dann ergibt sich eine hohe Wahrscheinlichkeit, das Ziel Z zu erreichen." Aus diesen Hypothesen ließen sich dann Handlungsorientierungen ableiten: „Unter den und den Bedingungen (...) tue (…), vermeide (...), verhindere das und das, wenn Du den wünschbaren Sachverhalt S herbeiführen willst. Eine besondere Aufgabe wird es sein, nach der Kombination von Arbeitsweisen zu fragen, welche die optimalsten Wirkungen herbeiführen" (ebd.: 54). Im Unterschied zu den beiden anderen Kolleginnen arbeitete sie also an einem stabilen Rahmen mit feststehenden Kategorien, innerhalb dessen sich Problemlösungen ableiten lassen sollten. In der Praxis waren viele ihrer Checklisten und Fragenkataloge mit denen von Marianne Meinhold und Maja Heiner vergleichbar. Auch Silvia Staub-Bernasconi arbeitete mit ‚Grundprinzipien', mithilfe derer sie den Umgang mit ihrer Matrix steuern wollte.

Von mir kann ich zunächst nur sagen, dass ich in meiner Ausbildung als Erzieherin (1968) die didaktische Planung nach Heimann et al. (1965) einüben musste. Dabei machte ich nur Fehler, weil ich mangels Feldkenntnissen die reale Situation systematisch verfehlte und die Kinder in meinem Praxiskindergarten meistens anderes reagierten, als ich das vorausgeplant hatte. Ich wusste natürlich auch nichts vom strukturellen Technologiedefizit und so endete jede meiner Planungen in einem mittleren Fiasko. Das setzte mir so zu, dass ich die Ausbildung nach kurzer Zeit abbrach und erst einmal ein praktisches Jahr in einem Kinderheim absolvierte, um meine Eignung für diesen Beruf noch einmal zu überprüfen. Im darauf folgenden Sozialpädagogik-Studium (ab 1969) verweigerte ich die Auseinandersetzung mit dem Methodenthema und beschränkte mich auf die politische Aktion. Mein Interesse am methodischen Handeln stellte sich erst ein, als ich selbst Methodenlehrerin wurde und nun vor dem Vermittlungsproblem stand. Zunächst wusste ich also nur, was ich nicht wollte. Uns führte zusammen, dass wir alle vier täglich viele Stunden Lehre leisteten und dass jede für diese Herausforderung interessantes Lehrmaterial entwickelt hatte.

Wir lernten uns im Jahr 1990 in der ‚Methoden-AG' der Deutschen Gesellschaft für Erziehungswissenschaft (DGfE) kennen, zu der Maja Heiner und Burkhard Müller eingeladen hatten, um sich mit Kollegen just zu diesem Thema auszutauschen. Allerdings gestalteten sich die Treffen schnell so, dass es lange Vorträge (besonders der männlichen Kollegen) über ihre Lieblingsthemen, viel Selbstdarstellung und wenig Austausch über Lehr- und Vermittlungsmethoden gab. So fanden wir Frauen uns bald in den Pausen zusammen und es entstand die Idee, unser Material zum methodischen Handeln zu sichten und, wenn es sinnvoll wäre, auch zu veröffentlichen – was 1994 geschah. Dabei wollten wir auf eine theoretische Begründung unseres Materials verzichten, was mir natürlich nicht schwer fiel, weil ich mir hierzu noch kaum Gedanken gemacht hatte. Für die anderen war das ein Wagnis; sie waren im Schnitt zehn Jahre älter als ich und hatten alle schon veröffentlicht. In den Beiträgen des Methodenbuches findet sich daher auch die eine oder andere Rechtfertigung für das ‚theorielose' Vorgehen. Für die vierte Auflage (1998) durften wir noch einmal unsere Beiträge überarbeiten; dabei ‚schmuggelte' Silvia Staub-Bernasconi dann doch einiges von ihrem theoretischen Ansatz hinein. Und auch Maja Heiner hatte ähnliche Bedürfnisse.

Wir trafen uns zunächst bei mir zu Hause und später noch einmal in Silvia Staub-Bernasconis Ferienhaus am Vierwaldstätter See. Entstanden ist ein umfangreiches Set an Ideen und Hilfen für die Lehre des methodischen Handelns, das in dieser Konkretheit bisher nicht zu haben war. Darüber hinaus standen zwei Themen im Vordergrund: wir wollten versuchen, unser Begriffsinventar zu vereinheitlichen und wir planten, Basisregeln bzw. grundlegende Prinzipien des methodischen Handelns zusammenzutragen. Ich protokollierte unsere Diskussionen, um daraus das gemeinsam verantwortete Glossar zusammenzustellen. Das war schwierig genug, denn wir waren zwar kooperativer als die männlichen Kollegen, aber es reichte nicht wirklich für eine Vereinheitlichung. Es gibt zwar ein schmales, aber schönes Glossar und ich weiß noch ziemlich genau, welcher Begriff von welcher Kollegin eingebracht wurde. Jedoch sieht man an den Einzelbeiträgen der Autorinnen, dass keine ihre Begriffe zugunsten der anderen aufgegeben oder andere übernommen hat. Man hätte damit auch ein Stück der wissenschaftlichen Identität aufgegeben, die ja gerade in der Entwicklung eines eigenständigen Beitrages und damit der Abgrenzung besteht, nicht in der Angleichung. Man wäre sonst vielleicht sogar in den Verdacht geraten, Begriffe und Inhalte zu ‚plagiieren'.

Die einzige, der diese Arbeit wirklich geholfen hat, war ich, weil ich nämlich noch kein eigenes Begriffsinventar entwickelt hatte. Ich habe dann auch dieses Glossar weiter entwickelt und im Laufe der Jahre ausgebaut und ergänzt. In der überarbeiteten Auflage unseres Buches (1998) trägt es schon stärker meine Handschrift, denn mein Selbstbewusstsein war inzwischen so gewachsen, dass ich mich traute, schräge Formulierungen durch eigene zu ersetzen und Brüche zu glätten. Man findet auch in meinen späteren Arbeiten viele Erkenntnisse, die ursprünglich von uns gemeinsam diskutiert wurden. Insgesamt wurde jedenfalls klar: Je intensiver man sich mit der Materie beschäftigte, desto umfangreicher wurden die Werke. Und aus war es mit den wenigen Prinzipien und Basisregeln, die wir angestrebt hatten. Nicht nur die Steuererklärung, sondern auch das methodische Handeln lässt sich nicht auf einem Bierdeckel zusammenfassen.

Nach diesem gemeinsamen Werk arbeiteten wir weiter an unseren eigenen Themen. Marianne Meinhold wandte sich überwiegend den Bereichen der Qualitätsentwicklung und Qualitätssicherung zu. Silvia Staub-Bernasconi beschäftigte sich mit ihrer umfassenden Handlungstheorie für die Soziale Arbeit. Maja Heiner widmete sich nach der Selbstevaluation den verschiedenen Facetten der Diagnostik und gab auch hierzu einen dicken Sammelband heraus. Es folgten die Themen Handlungskompetenz und Professionalität. Auch daraus sind sehr umfängliche Werke geworden. Zudem bat sie verschiedene Autoren, das von ihr entwickelte Kompetenzmodell anhand verschiedener Arbeitsfelder und am Beispiel eines differenzierten Falles zu entfalten.

Durch meine Arbeit an der Dissertation und dem gemeinsamen Methodenbuch war ich inzwischen so mit dem Vermittlungsproblem des methodischen Handelns verbunden, dass ich die nächste Gelegenheit ergriff, daran weiter zu arbeiten. Ich nahm an einem BMBF-geförderten Projekt zur Entwicklung von Online-Modulen für die Lehre an Fachbereichen Sozialwesen teil. Dazu gehörte zum einen die Sichtung und angemessene Auswahl des Stoffes für ein bestimmtes Fach und zum anderen dessen mediendidaktische Aufbereitung für die Online-Lehre. Es wurde nicht der ganz große Wurf, aber so konnte ich all die inzwischen vorliegenden Ansätze, Erkenntnisse und Entwürfe zum methodischen Handeln einmal systematisch sichten und ordnen und das m.E. ‚Beste', aber auch das Gemeinsame, (die sog. common factors) herausfiltern. Das war mir wichtiger, als etwas vollkommen Neues zu schaffen. Daraus entstand dann im Jahr 2004 mein Buch zum methodischen Handeln in der Sozialen Arbeit, das jetzt in einer vollständigen Überarbeitung zugänglich ist (2013).

Vielleicht ist noch interessant, dass wir uns mit der Methoden-AG noch einige Male am Berliner Wannsee trafen. Ohne uns Frauen hatte es eine längere Pause gegeben. In der neuerlichen Runde waren – nicht alle gleichzeitig und manche nur einmal – so ziemlich alle Autoren vertreten, die zur Weiterentwicklung des methodischen Handelns beigetragen haben, also neben uns vieren: Burkhard Müller, Michael Galuske, Mathias Schwabe, Franz Stimmer, Timm Kunstreich, Wolf Ritscher, Nando Belardi und auch der Altmeister der Methodendiskussion, C.W. Müller.

In den Diskussionen ging es auch um neuere Entwicklungen, die kontrovers gesehen wurden: Burkhard Müller distanzierte sich früh vom Trend der Neuen Steuerung und damit der Zielorientierung der Sozialen Arbeit. Er ist zeitlebens ohne Ziele ausgekommen und ihm waren unsere Ansätze zu kleinteilig, zu akribisch. In seinem Aufsatz „Siedler oder Trapper" (1998), lässt er sich genüsslich darüber aus, dass Siedler ihre Parzellen genau abstecken, einen Zaun um das Grundstück bauen und innerhalb des Zauns alles übersichtlich geordnet haben, während Trapper nur eine Himmelrichtung brauchen, um sich dann mit der Machete einen Weg durch unwegsames Gelände zu bahnen. Sie wollen auch gar nicht wissen, was sich so alles rechts und links des Weges verbirgt. Natürlich fühlte ich mich angesprochen und suchte Argumente, um meinen Ansatz zu rechtfertigen, siehe auch unseren Schlagabtausch in der Zeitschrift sozial extra (2005). Ich wollte kein Siedler sein; das passte nicht zu meinem Selbstbild von Flexibilität und Situationsorientierung, aber ich war eben auch gewissenhaft und wollte, dass keine Aspekte vergessen werden (daher meine Checklisten, die aber ja nur Vehikel für die Lehre des methodischen Handelns sein sollten).

Maja Heiner bekam eher Schwierigkeiten mit Burkhard Müllers konträrer Auffassung zu ihrem Diagnoseverständnis. Die Kontroverse wurde nach den ersten Argumenten im Rahmen der Methoden-AG in einem Briefwechsel zwischen den beiden sowie Silvia Staub-Bernasconi und Timm Kunstreich in der Zeitschrift „Widersprüche" (2003) weiter geführt. Timm Kunstreich, der nach wie vor staatskritische Positionen vertrat, war wiederum für mich als ehemaliges AKS-Mitglied immer noch ein wichtiges Gegengewicht zu allzu unpolitischen Diskussionen. Silvia Staub-Bernasconi geriet zwischenzeitlich immer wieder in Technologieverdacht wegen ihrer Formulierung von Problemhypothesen (s.o.) von denen sie sich nie so ganz distanzierte und wegen ihres „transformatorischen Dreischritts", der mir eigentlich ganz gut gefällt (Spiegel 2013: 57ff).

Leider gab es nur noch drei Treffen; zu mehr reichten die Motivation und der Gesprächsstoff nicht. Für eine kontinuierliche Auseinandersetzung über ein Thema ist die Wissenschaftlerexistenz anscheinend nicht geschaffen. Das ist eigentlich schade, denn diese Gruppe war in ihrer Vielfältigkeit einmalig und zumindest zeitweilig gab es scharfe Kontroversen, die die gemeinsame Sache ‚Methodisches Handeln' sehr befördert haben. Aber die Reihen sind ohnehin gelichtet. Es fehlen neben Maja Heiner auch Burkhard Müller und Michael Galuske.

Ich denke, dass wir alle auf unsere Weise und mit unterschiedlichen Schwerpunkten dazu beigetragen haben, dass wir heute nicht mehr ‚Methoden lehren', die auf eine besondere Situation, ein Problem oder für die Erreichung eines Ziels ‚anzuwenden' sind und auf vorhersehbare Weise ‚wirken'. Wir plädieren dafür, eine Situation oder ein Problem zum Ausgangspunkt des methodischen Handelns zu nehmen und diese/s unter Hinzuziehung von wissenschaftlichem Wissen und Erfahrungswissen gemeinsam mit den Adressaten zu analysieren, zu deuten und zu bearbeiten. Hinzu kommen grundsätzlich andere Handlungsorientierungen: Die Subjektorientierung, das Aushandlungsprinzip, die Koproduktion und damit die Bedeutung der pädagogischen Beziehung, multiperspektivisches Vorgehen, Perspektivenwechsel usw.

Ich glaube, dass es inzwischen nicht mehr an dem notwendigen Wissen als Grundlage professionellen Handelns fehlt, sondern an der Möglichkeit der Realisierung, durchaus auch am Willen der Fachkräfte, die Adressaten als Koproduzenten ernst zu nehmen und vor allem an den so ganz anderen Arbeitsaufträgen der Steuerer. Und ich bin gespannt, ob sich zumindest in der Ausbildung einmal eine etwas größere Bewegung in Richtung methodisches Handeln in diesem Sinne bemerkbar macht. So ganz sicher bin ich mir aber nicht.

Literatur

Beerlage, Irmtraud/Fehre, Eva-Maria (Hrsg.) (1989): Praxisforschung zwischen Intuition und Institution. Tübingen: DGVT

Beugen, Marinus van (1972): Agogische Intervention. Planung und Strategie. Freiburg i. Br.: Lambertus

Deinet, Ulrich/Sturzenhecker, Benedikt (Hrsg.) (1998): Handbuch Offene Kinder- und Jugendarbeit, 3. vollst. überarbeitete Aufl. Wiesbaden: Springer VS

Deutscher Bundestag (Hrsg.) (1990): Achter Jugendbericht der Bundesregierung, Drucksache 11/6576

Dewe, Bernd/Ferchhoff, Wilfried/Peters, Friedhelm/Radtke, Frank Olaf (Hrsg.) (1992): Erziehen als Profession. Zur Logik professionellen Handelns in pädagogischen Feldern. Opladen: Leske + Budrich

Dewe, Bernd/Ferchhoff, Wilfried/Peters, Friedhelm/Stüwe, Gerd (1987): Professionelle Arbeit kann warten, bis man sie braucht. In: Sozialmagazin 12. 2. 30-36

Enzmann, Dirk (1989):Probleme beruflicher Identitäten professioneller HelferInnen und psychosoziale Praxis: Burnout. In: Beerlage/Fehre (1989): 35-44

Gildemeister, Regine (1983): Als Helfer überleben. Beruf und Identität in der Sozialarbeit/Sozialpädagogik. Neuwied/Darmstadt: Luchterhand

Heimann, Paul/Otto, Gunter/Schulz, Wolfgang (Hrsg.) (1965): Unterricht. Analyse und Planung. Hannover: Schroedel

Heiner, Maja (Hrsg.) (1988): Selbstevaluation. Freiburg i. Br.: Lambertus

Heiner, Maja (Hrsg.) (1998): Experimentierende Evaluation. Ansätze zur Entwicklung lernender Organisationen. Weinheim/München: Juventa

Heiner, Maja/Meinhold, Marianne/Spiegel, Hiltrud von/Staub-Bernasconi, Silvia (1994): Methodisches Handeln in der Sozialen Arbeit. Freiburg i. Br.: Lambertus
Hollstein, Walter/Meinhold, Marianne (1973): Sozialarbeit unter kapitalistischen Produktionsbedingungen. Frankfurt a. M.: Fischer TB Verlag
Kommunale Gemeinschaftsstelle für Verwaltungsvereinfachung (KGSt) (Hrsg.) (1994): Outputorientierte Steuerung der Jugendhilfe. Bericht 9. Köln
Kunstreich, Timm/Müller, Burkhard/Heiner, Maja/Staub-Bernasconi, Silvia (2004) Diagnose und/oder Dialog? Ein Briefwechsel. In: Widersprüche 2003. 88. 11-32
Luhmann, Niklas/Schorr Karl Eberhard (1982): Das Technologiedefizit der Erziehung und die Pädagogik. In: Luhmann/Schorr (Hrsg.) (1982): 11-40
Luhmann, Niklas/Schorr Karl Eberhard (Hrsg.) (1982): Zwischen Technologie und Selbstreferenz. Fragen an die Pädagogik. Frankfurt a. M.: Suhrkamp
Meinhold, Marianne (1991): Wissenstransfer durch Organisationsberatung. Unveröff. Arbeitspapier
Meinhold, Marianne (1992): Ein Rahmenmodell zum methodischen Arbeiten. Unveröff. Script: 1-39
Müller, Burkhard (2005): Wie können wir zu professionellem Handeln ausbilden? In: sozial extra 29. 10. 28-33
Müller, Burkhard (1998): Siedler oder Trapper? In: Deinet/Sturzenhecker (1998): 23-36
Müller, Carl Wolfgang (1988): Wie Helfen zum Beruf wurde. Eine Methodengeschichte der Sozialen Arbeit. Bd. 2. Weinheim/München: Beltz
Pincus, Allen/Minahan, Anne (1980): Ein Praxismodell der Sozialarbeit. In: Specht/Vickery (1980): 96-148
Schmidbauer, Wolfgang (1977): Die hilflosen Helfer. Über die seelische Problematik der helfenden Berufe. Reinbek: rororo
Schütze, Fritz (1992): Sozialarbeit als „bescheidene" Profession. In: Dewe et.al. (1992): 132-170
Specht, Harry/Vickery, Anne (Hrsg.) (1980): Methodenintegration in der Sozialarbeit. Freiburg i. Br.: Lambertus
Spiegel, Hiltrud von (1993): Aus Erfahrung lernen. Qualifizierung durch Selbstevaluation. Münster: Votum
Spiegel, Hiltrud von (2005): Wie können wir zu professionellem Handeln ausbilden? Eine Erwiderung auf Burkhard Müller In: sozial extra 29. 11. 34-38
Spiegel, Hiltrud von (2013): Methodisches Handeln in der Sozialen Arbeit, 5. vollst. überarbeitete Aufl. München: Reinhardt
Staub-Bernasconi, Silvia (1986): Soziale Arbeit als eine besondere Art des Umgangs mit Menschen, Dingen und Ideen. In: Sozialarbeit 10. Schweizerischer Berufsverband diplomierter Sozialarbeiter und Erzieher: 2-7

„Gute Soziale Arbeit" – Maja Heiners Beitrag zur Professionalisierungsfrage

Angelika Iser

Mit diesem Beitrag soll weder die Wirkungsgeschichte von Maja Heiner nachgezeichnet werden, noch ein Überblick über ihre Veröffentlichungen erfolgen. Vielmehr ist es Ziel, ihre Herangehensweise an Professionalisierungsfragen und ihr Verständnis von Professionalität in der Sozialen Arbeit zu rekonstruieren. Dabei werden die Besonderheiten ihres handlungstheoretischen Zugangs und einer beständig aufrechterhaltenen Theorie-Praxis-Reflexion verdeutlicht. Auf diese Weise wird eine Theorie mittlerer Reichweite erkennbar, die einerseits konkret genug ist, um für die Praxis Anschlussstellen zu bieten und andererseits ausreichend differenziert ist für den wissenschaftlichen Diskurs. Durch den kontinuierlichen Bezug auf Fälle ist damit weiterhin ein Potenzial für Lehre und Lernen zentraler Kompetenzen in der Sozialen Arbeit angelegt.

Zum Titel „Gute Soziale Arbeit" hätten Heiners spontane Fragen vermutlich folgendermaßen gelautet: „Woran *sehe ich denn*, ob etwas gut ist? Woran kann ich es erkennen?" „*Wer definiert*, was gut ist?", wer besetzt also die Machtposition darüber, etwas zu bestimmen? Sie hätte weiter gefragt nach dem Unterschied: „Was ist *nicht* professionell?" oder: „Was verstehe ich *nicht* unter Profession und Professionalisierung?" Schließlich hätte sie selbst wohl diesen Titel nicht gewählt, weil es ihr nicht primär darum ging, etwas festzuschreiben, sondern eher um den analytischen Suchprozess: Ein immer neues Ausloten, Sondieren, Aushalten von stets gegebenen antinomischen Spannungen, bei dem ein professionelles Vorgehen im Kräftefeld der jeweiligen Situation mit den jeweiligen Personen, AdressatInnen wie auch Fachkräften in ihrem Zusammenspiel immer neu ausgelotet werden muss. Liest man in „Professionalität in der Sozialen Arbeit" (2004a) und in ihrem vielleicht wichtigsten Werk „Soziale Arbeit als Beruf" (2007), dann zeigt sich rasch, dass solche Fragen auch hinter ihren Arbeiten standen und Heiner offensiv und klug die Themen Professionalität und Professionalisierung selbst durcharbeitet, auf ihre Weise neu systematisiert und dabei die ihr wichtigsten Schritte zur Professionalisierung selbst geht.

Im Folgenden möchte ich zunächst einen Eindruck davon geben, warum Maja Heiner die Frage der Professionalität so fasziniert hat und worin ihr ganz eigener Zugang lag (1). Vier Typen des beruflichen Selbstverständnisses und

Handelns von Fachkräften in der Sozialen Arbeit sollen skizziert werden, die bereits ein Ergebnis ihrer theoretischen und empirischen Suche sind (2). Darauf bauen ein Modell zur Beschreibung der Rahmenbedingungen und Situationen (3) sowie ein tätigkeitsfeldübergreifendes Modell professionellen Handelns auf (4), die hier nur skizziert werden können, ebenso wie Heiners spezifisches Profil der Sozialen Arbeit als Profession (5). Abschließend ziehe ich ein kurzes Resümee zur Relevanz des Beitrags von Maja Heiner zur Professionalisierungsfrage.

1 Auf der Suche nach einem handlungstheoretischen Professionsmodell

Hinter der Frage nach Professionalität steht erst einmal die Frage, welcher Art Beruf Soziale Arbeit denn ist. Dafür hat Maja Heiner einen aussagekräftigen Einstieg in ihr Buch „Soziale Arbeit als Beruf" gefunden:

> „Sigmund Freud war der Auffassung, dass zwei Berufe sich Unmögliches vorgenommen hätten: Politiker die Änderung der gesellschaftlichen Verhältnisse und Therapeuten die Änderung menschlichen Verhaltens. Hätte Freud den Beruf der Sozialen Arbeit gekannt, so hätte er ihm wohl attestiert, dass er das Unmögliche im Quadrat anstrebt: die Initiierung und Unterstützung der Veränderung gesellschaftlicher Verhältnisse und menschlicher Verhaltensmuster. Dieser doppelte Anspruch" so fährt Heiner fort „und die Bandbreite der Aufgaben und Tätigkeitsfelder dieses Berufes haben mich seit jeher fasziniert" (Heiner 2007: 11).

Heiner ergründet daher fast vierzig Jahre lang Praxis und Theorie nach der Grundbestimmung der Sozialen Arbeit, ihren Möglichkeiten, Spannungen und Aufgaben. Ihr Ziel ist es, ein sowohl theoretisch als auch – vermittelt über erhobene Fälle – empirisch begründetes Modell professionellen Handelns der Sozialen Arbeit zu entwickeln, das sowohl disziplinär als auch für die Praxis von Nutzen ist. Im Kern sucht sie danach, „was denn die spezifische Eigenart der Berufsvollzüge in der Sozialen Arbeit ausmacht und worin konzeptionell ihre Expertise besteht," um so empirisch begründet „Material zur Verständigung über die Identität und Qualität beruflichen Handelns [zu] liefern" (Heiner 2004a: 13). Daher arbeitet Heiner ein Handlungsmodell aus und benennt darin Fallkonstellationen und Rahmenbedingungen, die ein solches Modell als professionelles Handeln ausweisen, befördern oder aber verhindern. Kurz: Geklärt werden soll, ob Soziale Arbeit eine Profession mit eigenständiger Expertise ist, was ‚gute' professionelle Soziale Arbeit kennzeichnet und wie diese sich vermitteln und lernen lasse. Heiner will darin genauer analysieren, was der Gegenstand, Auftrag und der komplexe Handlungsbezug der Sozialen Arbeit ist, um so das Gesamt in einem reflexiven Bezug darzustellen – also eine handlungstheoretische, empirisch begründete Theorie der Sozialen Arbeit formulieren.

Mit der Wahl dieses handlungstheoretischen Zugangs will Heiner ihr Herangehen von einer eher ideologischen Perspektive der 1970er und 80er Jahre abgrenzen, bei der „funktionsbezogen argumentiert und betont [wurde], die Soziale Arbeit diene mit all ihren Aktivitäten letztlich nur der Durchsetzung gesellschaftlicher Erwartungen und Normalitätsstandards“ (Heiner 2007: 110). Demgegenüber eröffne eine handlungstheoretische Perspektive neue Handlungs- und Gestaltungsspielräume. Zugleich ist Heiner aber klar, dass Soziale Arbeit „nur einen Teil der angestrebten Veränderungen selbst bewirken und sicherstellen“ kann, da einerseits KlientInnen weitgehend selbst bestimmen, wie weit sie Hilfe annehmen und sich verändern, andererseits immer gesellschaftliche und institutionelle Einschränkungen für Möglichkeiten des fachlichen Handelns bestehen (ebd.: 33). Dennoch eröffnen sich den Fachkräften „mit einer solchen stärker akteurstheoretischen Perspektive zumindest gedanklich neue Handlungsspielräume“ (ebd.: 111). Die Frage wird daher zentral, „was Fachkräfte tun (können), um angestrebte Veränderungen herbeizuführen und in welchen Kräftefeldern“, also unter welchen Rahmenbedingungen dies geschieht (ebd.: 33).

2 Handlungsmodelle der Praxis als Typen beruflicher Selbst- und Rollenverständnisse

Um der Frage nachzugehen, was professionelles, d.h. ‚gutes‘ und fachlich ‚stimmiges‘ Handeln in der Sozialen Arbeit tätigkeitsfeldübergreifend ausmacht und wie es sich konkret manifestiert, hat Heiner zunächst anhand der Aufarbeitung theoretischer Diskurse ein vorläufiges Rahmenmodell von professionellem Handeln und Selbstverständnis entwickelt (2004a: 42f) und dieses dann in einem über mehrere Jahre laufenden Lehr-, Lern- und Forschungsprojekt gemeinsam mit verschiedenen Studierendengruppen operationalisiert und empirisch untersucht. Dafür wurden 32 Interviews mit beruflich erfahrenen Basisfachkräften aus sehr verschiedenen Praxisfeldern der Sozialen Arbeit geführt, 20 davon intensiv ausgewertet, von denen dann 16 als kasuistische Interpretationen im ihrem Buch „Soziale Arbeit als Beruf“ (Heiner 2007) vorgestellt werden (vgl. Schneider in diesem Band). Mittels einer Typenbildung des empirischen Materials arbeitet Heiner vier in der Praxis anzutreffende Handlungsmodelle heraus, die sie als graduell mehr oder weniger professionell klassifiziert. Um diese Handlungstypen zu konturieren, wurde das Vorgehen der Fachkräfte nach v.a. theoretisch gewonnenen Kriterien klassifiziert (s. Abb. 1). Unterschieden wurde zum einen die persönliche Haltung und Einstellung gegenüber ihrer Klientel danach, ob eine defizit- oder ressourcenorientierte Haltung eingenommen wird, ob und wie Beziehungsgestaltung erfolgt und schließlich ob Motivationsarbeit geleistet wird oder nicht. Zum anderen wurde nach der Einstellung und Meinung der Fachkräfte zur Qualität und Effektivität (also Wirksamkeit) ihres Angebots gefragt. Durch beide Unterscheidungen werden vier Handlungstypen sichtbar, die Heiner als „Dominanzmodell“, „Aufopferungsmodell“, „Servicemodell“ und „Passungsmodell“ bezeichnet (2007: 406ff).

Einstellung der Fachkraft	**zur eigenen Klientel**	
	Defizitorientierung oder Distanz und keine Motivationsorientierung	Ressourcenorientierung, persönliche Nähe und Motivationsorientierung
zum eigenen Dienstleistungsangebot		
Ineffektivität, aber Qualität des Angebots	Typ 1 **Dominanzmodell**	Typ 2 **Aufopferungsmodell**
Effektivität und Qualität des Angebots	Typ 3 **Servicemodell**	Typ 4 **Passungsmodell**

Abbildung 1: Handlungsmodelle der Praxis (Heiner 2007: 407)

Besonders kritisch bewertet Heiner ein Vorgehen im Sinne des sog. *Dominanzmodells*. Gemessen am theoretisch erarbeiteten Ausgangsmodell professionellen Handelns bezeichnet sie dies im älteren Buch klar als „nicht professionell“ (2004a: 97). Es ist dadurch charakterisiert, dass die „Fachkräfte ihr Angebot zwar als qualifiziert ansehen, es aber auch als wirkungslos beurteilen.“ Dabei schreiben sie die Ursache für diese Wirkungslosigkeit nahezu vollständig den KlientInnen zu, die sie als nicht „entwicklungsfähig und veränderungsbereit,“ als willenlos, aggressiv und destruktiv charakterisieren. Demgegenüber reflektieren sie die äußeren Lebensumstände der KlientInnen kaum und hinterfragen auch ihr eigenes berufliches Handeln nicht kritisch. Entsprechend vertreten diese Fachkräfte „ein wenig partizipatives Handlungskonzept“ und befürworten ihre eigene Dominanz, die ihnen nötig scheint, um Interventionen „ohne Zustimmung und Einsicht der Klientel“ durchzusetzen (Heiner 2007: 407). Weil den KlientInnen keine positive Entwicklung mehr zugetraut wird, wird weder Motivationsarbeit geleistet noch gemeinsam an einem Ziel und einer Zukunftsperspektive gearbeitet. Interventionen haben damit keine entwicklungsfördernde Absicht mehr, sondern sollen Regelverletzungen ahnden, das Umfeld oder auch die KlientIn selbst schützen und entwickeln sich dadurch zu Zwang, Machtdemonstration und zur reinen „expertokratischen Herrschaft" (ebd.: 408). Die Fachkräfte bedauern zwar, sich so verhalten zu müssen, das führt aber nur dazu, dass sie in ihrem Handeln ambivalent und inkonsistent werden, was sie für die KlientInnen unberechenbar und für sich selbst ohnmächtig und hilflos macht. Die fehlende Aushandlung und die Machteingriffe der Fachkräfte führen zu massiven Einschränkungen des Handlungsspielraums der Klientel, ohne dass dies von den Fachkräften reflektiert würde (ebd.). Insgesamt ist das für Maja Heiner ein „gravierender Mangel an Professionalität in einem Beruf, dessen Auftrag es ist, zwischen Individuum und Gesellschaft zu vermitteln" (ebd.: 408f), weil hier einseitig ein Durchgriff im Sinne des gedachten gesellschaftlichen Auftrags erfolgt.

Deutlich positiver stellt sich das sog. *Aufopferungsmodell* dar, bei dem Fachkräfte ihr Angebot als fachlich qualifiziert einschätzen, sich auch gründlich mit den AdressatInnen und ihrer Lebenssituation auseinandersetzen, wodurch sie Ressourcen entdecken und dabei versuchen, Motivation zur Mitarbeit zu wecken. Das eigene Angebot wird aber dennoch als wirkungslos bewertet, weil zu viele strukturelle und sozialpolitische Mängel bestehen. Deshalb bemühen sie sich, diese Mängel durch persönlichen Einsatz und teils auch politische Aktivitäten auszugleichen und überfordern sich damit dauerhaft und systematisch. Indem sie sich „unrealistische, überfordernde Ziele" setzten (Heiner 2004a: 152) laufen diese Kolleginnen laut Heiner Gefahr, auszubrennen, zusammenzubrechen oder auch aufgrund von Überforderung eine „Kehrtwende zum Dominanzmodell" zu nehmen (Heiner 2007: 410).

Das *Servicemodell* zeichnet sich dadurch aus, dass die Fachkräfte ihre ganze Konzentration auf die Entwicklung eines guten Angebots richten, jedoch keine Beziehungs- und Motivationsarbeit leisten. Diese Fachkräfte gehen davon aus, dass es reicht, ein gutes Angebot zu haben, Kontakte zu vermitteln und Dienstleistungen zu erschließen, die KlientInnen dann aber selbst in der Lage sein müssen, dies zu nutzen und umzusetzen. Wenn dies nicht gelingt, werten sie das als ein Versagen der Klientel, das man ja nicht zu seinem Glück zwingen kann, so dass der eigene Anteil am Misslingen nicht hinterfragt wird (ebd.: 411). Dieses Vorgehen schätzt Maja Heiner als „semiprofessionell" ein, weil die Fachkräfte ihre KlientInnen zumindest nicht abwerten – wie das im Dominanzmodell passiert –, sondern Verständnis für deren Schwierigkeiten haben, vom Sinn ihres Angebots überzeugt sind und entwicklungsorientiert denken (Heiner 2004a: 152).

Beim *Passungsmodell, das Heiner als* Modell *professionellen* Handelns kennzeichnet, gehen die Fachkräfte von der prinzipiellen Qualität und Wirksamkeit ihres Angebots aus, wobei sie jeweils versuchen „einen fallspezifischen Zuschnitt ihrer Intervention zu erreichen." Dabei „überprüfen [sie] immer wieder die Qualität ihres Angebots" und ihres eigenen Handelns (ebd.: 411f). Sie berücksichtigen die Situation der Betroffenen, sehen deren Ressourcen oder entdecken und benennen ggf. durch Umdeutungen Ressourcen. Sie handeln mit den KlientInnen Ziele und Aufgaben aus, arbeiten an deren Motivation und bauen dabei zugleich eine klar aufgabenbezogene Beziehung auf. So entwickeln sie eine für den Einzelfall passende Intervention und Vorgehensweise. Diese Fachkräfte finden auch in schwierigen Fällen Ansätze für positive Entwicklungen und freuen sich darüber. Wenn extreme Interventionen erforderlich werden, wie eine Inobhutnahme, betonen sie nicht das Versagen, sondern halten Entwicklungsmöglichkeiten offen, indem sie situativ argumentieren, dass es „zur Zeit nicht so gut geht“ (Heiner 2007: 412). „Die Entdeckung positiver Aspekte selbst im Negativen trägt nicht nur zur Motivation der Fachkraft bei. Als Rückmeldung an die KlientInnen und als Haltung, die sich ihnen im Laufe der ganzen Intervention vermittelt, stellt diese Herangehensweise zugleich eine Intervention mit veränderungsfördernder Wirkung dar, weil sie Hoffnungen weckt und auf diese Weise Kräfte der Selbsthilfe freisetzt“ (ebd.: 413). Damit den Fachkräften eine durchgängig ressourcenorientierte Grundhaltung gelingt, müssen sie allerdings in der Lage sein, die Situation und den Fall aus mehreren Perspektiven heraus und auf mehreren Ebenen zu reflektieren. Dadurch können sie „auch die merkwürdigsten Lebenswege noch als einen (missglückten) Versuch der Selbstverwirklichung deuten“ (ebd.: 414).

Diese fallanalytische Auseinandersetzung eröffnet Heiner neben der Erkenntnis, welche entscheidende Bedeutung die jeweils eingenommene Grundhaltung gegenüber den Klienten hat, weiterreichende Erkenntnisse. Dafür bezieht sie sich ein letztes Mal auf das klassische indikatorische bzw. Attributemodell von Professionalität und entfaltet sukzessive ihr eigenes Professionsmodell. Diskutiert werden drei Attribute von Professionalität, die der Sozialen Arbeit tendenziell abgesprochen wurden: der gesellschaftliche Status, die Autonomie gegenüber institutionellen Vorgaben sowie die spezifische Expertise der Sozialen Arbeit.

Heiner konstatiert, dass der *Status* der Sozialen Arbeit angesichts eines sehr geringen Akademisierungsgrades von 17% (Heiner 2004a: 147) tatsächlich sehr gering ist. Die soziale Anerkennung des Berufs und der erlebte berufliche Status würde aber „auch vom eigenen beruflichen Selbstverständnis und der entsprechenden Ausgestaltung der Berufsrolle“ abhängen, sowie weiterhin von kontextbezogenen, sozialpolitischen und ökonomischen Faktoren (ebd.: 148). Ganz handlungstheoretisch fragt Heiner entsprechend, wie durch die Ausgestaltung der Berufsrolle Anerkennung und Status *geschaffen* werden können. Die Fälle zeigen, dass es zur offenen oder verdeckten Verachtung anderer Professionen führt, wenn Fachkräfte versuchen, mit anderen (v.a. dominanten) Professionen zu konkurrieren oder in deren Feld mitzuhalten. Demgegenüber würden solche Fachkräfte und ihre Arbeit wertgeschätzt, die eigene neue Ideen und Angebote einbringen, konzeptionell und planerisch tätig werden und so auf ein ergänzendes, bereicherndes Arbeitsprofil setzten (ebd.: 147f).

Sichtbar wird weiterhin, dass die Fachkräfte sowohl normativ als auch in ihrer konkreten Arbeit mit KlientInnen sehr *autonom* arbeiten können. Beobachtbar ist dagegen das Problem eines *Leitungsvakuums*, bei dem „die verantwortungsvolle Einmischung der Leitung“ ebenso fehlt wie eine qualifizierende und qualitätssichernde Unterstützung und Rahmung durch die Institution (ebd.: 149f). Dem begegnen die ‚professionellen‘ Fachkräfte des Passungsmodells durch eine „ausgeprägte Bereitschaft (...), sich im Berufsalltag prozessbezogen zu evaluieren und das eigene methodische Vorgehen und die Beziehungsgestaltung zu reflektieren – unterstützt durch Supervision und kollegiale Bratung und eine entsprechende Reflexionskultur der Institution“ (ebd.: 153).

Die *spezifische Expertise* wird schließlich als ganzheitliche, lebensweltbezogene Beratung, Betreuung, Vermittlung und Vernetzung beschrieben, um das soziale Umfeld zu erschließen, Konzepte und Modelle der Hilfe zu entwickeln, fall- und feldbezogen zu arbeiten (ebd.: 153). Fehlende Expertise sei nicht die Folge „mangelnder beruflicher und institutioneller Autonomie oder gesellschaftlicher Zwänge – also ein strukturelles Problem –, sondern primär das Ergebnis begrenzter Handlungskompetenz“ (ebd.: 154). Diese begrenzte Handlungskompetenz zeige sich v.a. in undifferenzierter Zielklärung, fehlender Motivierung und Beziehungsgestaltung. Es mangele also weniger an Sachkompetenz als vielmehr an der Sozial- und Rollenkompetenz (ebd.: 154). Als „spezifische Expertise der Sozialen Arbeit“ stellt sich damit nicht ein eigenständiger, wissenschaftlich fundierter Wissensbereich heraus, sondern eine spezifische „Perspektive, aus der die Wissensbestände anderer Disziplinen (z.B. der Soziologie, der Politologie, der Pädagogik und der Psychologie) zusammengestellt, interpretiert und genutzt werden. Dies verlangt allerdings ein eigenständiges Aufgaben- und Rollenverständnis und ein basales Interventionsmodell, das die fachlichen Standards einer ganzheitlichen, alltagsnahen, partizipativen, ressourcenorientierten und reflektierenden Herangehensweise expliziert“ (Heiner 2004a: 154). Ein solches Interventionsmodell entwickelt sie im Folgenden (s. Kap. 4).

3 Modell der Figurierung von Kräftefeldern als Handlungsorientierung

Während Heiner anhand der Handlungsmodelle der Praxis unterscheidet, wie Fachkräfte sich selbst verstehen und wie dies wiederum auf ihr Handeln wirkt, analysiert sie mit dem Modell der Figurierung von Kräftefeldern das Interaktionsfeld des fachlichen Handelns im Hinblick auf die verschiedenen Einflussfaktoren und Rahmenbedingungen. Damit will sie „eine Brücke zwischen Mikro- und Makroanalysen" schlagen (2007: 39), um einen eher handlungslähmenden und irreführenden „Dualismus eines Denkens in Strukturen oder Prozessen" zu vermeiden (2007: 45). Soziale Arbeit soll vielmehr „als ganzheitliche Figurierung von Kräftefeldern" begriffen werden, bei der die Interaktionsebene reflektiert wird, „ohne Probleme der Machtungleichheit und fehlender Chancengerechtigkeit auszuklammern" (ebd.). Im Modell unterscheidet sie vier Einflüsse auf die komplexe Handlungssituation: die gesellschaftlichen und staatlichen Vorgaben, die Infrastruktur als sog. externes Leistungssystem, die Einstellung und Motivation der KlientInnen und ihres Umfelds und schließlich das sog. interne Leistungssystem, das z.B. die Organisation und das Team der Fachkraft umfasst (ebd.). Alle vier Faktoren prägen die Interaktion von Fachkraft und KlientIn. Diesen handlungstheoretischen Ansatz der Figurierung von Kräftefeldern, der u.a. auf der Grundlage einer verstehenden Soziologie entwickelt (2007: 33ff) und empirisch konkretisiert wurde, zieht Heiner nach der Ermittlung der vier Handlungstypen heran, um ihn anhand „des empirischen Materials" auf seine „Brauchbarkeit zur Generierung von neuen Fragestellungen, Hypothesen und Einsichten" zu überprüfen (Heiner 2007: 405). Dabei versucht sie, die unterschiedlichen Auswirkungen der verschiedenen Handlungstypen von Fachkräften auf die Figurierung des Kräftefelds abzubilden. Denn das Handlungsmodell einer Fachkraft ändere zwar nicht „den Wohlfahrtsstaat insgesamt, wohl aber die Wahrnehmung und Interpretation der Beteiligten auf dieses System und seine Nutzung im Interventionsprozess" (2007: 417). Dahinter steht die These, dass professionelles Handeln „Einflussnahme auf allen vier Einflussfaktoren – wenn auch nicht durchgängig mit gleichem Aufwand und Nachdruck" erforderlich macht (ebd.: 47). So ist ihr Ergebnis im Hinblick auf die Frage nach der Besonderheit des Berufs der Sozialen Arbeit hier auch, dass es „die Arbeit an den Schnittstellen zwischen Mikro-, Meso- und Makrosystemen und die parallele Veränderung des Klientensystems sowie des Leistungssystems [ist], die den Beruf der Sozialen Arbeit einzigartig und unverzichtbar macht." (ebd.: 428).

Heiner betont selbst, dass ihre Analyse von Kräftefeldern noch vorläufig sei und weiterer Überprüfungen (etwa durch Verlaufsstudien) bedarf (ebd.: 414). Gleichwohl wird damit ein Instrument skizziert, mit dem Situations- und Interventionsanalysen hilfreich unterstützt werden können. Aus meiner Sicht ist denkbar, das Modell mit der bereits weiter ausgearbeiteten Situations- und Konfliktdiagnostik im Diskurs zur Konfliktarbeit in der Sozialen Arbeit zu verbinden (Wandrey 2004; Iser 2008: 441ff; Herrmann 2013: v.a. 115ff) und fruchtbar zu machen. Ich vermute, dass das Modell der Figurierung von Kräftefeldern Heiners handlungstheoretisch gewendete Antwort auf den potentiellen Vorwurf der unkritischen Praxeologie darstellt und sie damit zugleich auf eine Kritik von

Hans Thiersch antwortet, der ihr in seinem Vorwort zur „Professionalität in der Sozialen Arbeit" empfiehlt, ihre Theorierezeption umfassender in „den Zusammenhang von Gesellschaftsverhältnissen, gesellschaftlichen Rahmenbedingungen für die Soziale Arbeit und heutigen Profilierungen von Lebensschwierigkeiten und Aufgaben" zu stellen (Thiersch 2004: 10).

4 Ein arbeitsfeldübergreifendes Modell professionellen Handelns als Spannungsfeld

Um die fachlichen Standards für das ganzheitliche und alltagsnahe Herangehen der Sozialen Arbeit zu fassen, erarbeitet Maja Heiner ein basales, arbeitsfeldübergreifendes Modell professionellen Handelns (2007: 428). Dieses Modell setzt sich aus sechs zentralen, als Antinomien formulierten beruflichen Anforderungen in der Sozialen Arbeit zusammen sowie aus den jeweils darauf bezogenen möglichen Vorgehensweisen, die ebenfalls als antinomische Pole benannt werden. Die gewünschte, angemessene situations- und fallspezifische Positionierung zwischen diesen Polen setzt spezifische Handlungskompetenzen voraus. Während Heiner jeden im Modell benannten Unterpunkt ausführlich diskutiert (ebd.: 429ff), können diese hier nur sehr verkürzt im Überblick skizziert werden.

Die „reflektierte Parteilichkeit und hilfreiche Kontrolle bei der Vermittlung zwischen Individuum und Gesellschaft" stellt den Auftrag der Sozialen Arbeit in den Mittelpunkt, zwischen Individuum und Gesellschaft zu vermitteln und so eine intermediäre Funktion zwischen System und Lebenswelt einzunehmen. Auf diesen Doppelauftrag – immer sowohl Verhältnisse und Lebensbedingungen, als auch das Verhalten von KlientInnen zu verbessern – führt Heiner die prinzipielle Grundspannung zurück, die sich durch das Handeln einer professionellen Sozialen Arbeit ziehen muss. Fachkräfte müssen diesen doppelten Auftrag als solchen annehmen und sich sowohl an den gesellschaftlichen Anforderungen als auch an den individuellen Bedürfnissen orientieren. Sie dürfen weder nur für die KlientInnen parteilich sein, bestenfalls reflektiert parteilich, noch dürfen sie einen gesellschaftlichen Auftrag als kontrollierenden Machteingriff unreflektiert ausagieren. Vielmehr müssen sie einen reflektierten Umgang mit dem Doppelauftrag von Hilfe und Kontrolle entwickeln, der z.B. ein positives, weil aushandlungs- und verständigungsorientiert eingehegtes Kontrollverständnis sein könnte. Dabei müssen Fachkräfte die Balance zwischen Selbst- und Fremdbestimmung austarieren: Fremdbestimmung oder ein evtl. erforderliches Arbeiten mit Anreizen und Druck sei nur dann zulässig, wenn sie darauf zielen, wieder mehr Selbstbestimmung und sozialverantwortliche Autonomie zu ermöglichen. Leitend ist eine *Hilfe zur Selbsthilfe*, die KlientInnen der Sozialen Arbeit ermöglichen soll, wieder einen sozial anerkannten Platz einzunehmen oder vor einem drohenden sozialen Ausschluss bewahrt zu werden. Doch auch Exklusion aus gesellschaftlichen Systemen kann phasenweise notwendig und hilfreich sein, z.B. die Herausnahme eines Kindes aus einer Familie oder der Schule, wenn sich damit neue Entwicklungsmöglichkeiten auftun. Umgekehrt trage auch Inklusion die Anforderung in sich, dass sie „stets auch partielle Fremdbestimmung" ist (ebd.: 441), mit der umzugehen gelernt werden müsse.

Die „Entwicklung realisierbarer und herausfordernder Ziele angesichts ungewisser Erfolgsaussichten in unterstrukturierten Tätigkeitsfeldern" erfordert, im Sinne der „strukturierten Offenheit" (Thiersch), einerseits realistische, anregende und konkrete Ziele und Handlungspläne für sich wie auch für die KlientInnen zu entwickeln, zugleich aber auch die Offenheit, damit flexibel umzugehen und den Notwendigkeiten der jeweiligen Situation den Vorrang zu geben. Heiner arbeitet an dieser Stelle unterschiedliche Zieldimensionen und auch die Prozess- und Ergebnisqualität genauer aus und schließt sie an ihr Modell professionellen Handelns an (ebd.: 456ff).

Zentral ist weiterhin die „aufgabenorientierte, partizipative Beziehungsgestaltung und begrenzte Hilfe in alltagsnahen Situationen", mit der die vorwiegend personenbezogene und alltagsnahe Arbeit der Fachkräfte aufgegriffen wird. Sie erfordert eine reflektierte Gestaltung der Beziehung, bei der ein verantwortlicher Umgang mit der beruflich gegebenen Macht unter anderem durch eine austarierte Balance von Nähe und Distanz, Zurückhaltung und Engagement erforderlich ist (ebd.: 458ff). Balanciert werden muss auch ein gleichzeitig lösungs- *und* aushandlungsorientiertes Vorgehen.

Die „institutionelle/multiprofessionelle Kooperation bei unklarem und/oder umstrittenem beruflichen Profil" nimmt die Herausforderung einer spezifischen beruflichen Expertise und die damit verbundene Kooperationsgestaltung mit anderen Professionen wieder auf. Dafür muss z.B. eine Balance zwischen einer „eigenverantwortlichen Fachlichkeit" einerseits und einer abhängigen Zuarbeit andererseits gefunden werden, ebenso wie zwischen einer generalistischen Zuständigkeit und einer Spezialisierung (ebd.: 472ff).

Mit der „Weiterentwicklung der institutionellen und infrastrukturellen Rahmenbedingungen eines sozialstaatlich abhängigen Berufes" fokussiert Heiner den gesellschaftlichen und politischen Auftrag (trotz und gerade wegen der gesellschaftlichen Nachrangigkeit der Sozialen Arbeit nach politischen Entscheidungen und nach anderen gesellschaftlichen Institutionen), immer auch an der Herstellung förderlicher Rahmenbedingungen und Verhältnisse zu arbeiten. Dabei unterscheidet sie die Möglichkeiten einer Basisfachkraft, die vor allem Missstände dokumentieren, sammeln, an Vorgesetzte und Facharbeitskreise weiterleiten kann, von den Möglichkeiten der Leitung, die oft auch in Arbeitskreisen sowie konzeptionell-gestaltend direkten Einfluss auf Bedingungen nehmen kann. Beide müssen sowohl die verschiedenen Interessen des Gemeinwohls, der Organisation und der KlientInnen gegeneinander abwägen, als auch eine Balance zwischen Innovation und Konsolidierung finden (ebd.: 480ff).

Die „Nutzung ganzheitlicher Deutungsmuster als Fundament entwicklungsoffener Problemlösungsansätze auf wissenschaftlicher Basis“ zielt darauf, empirisches und wissenschaftliches Wissen aus allen Disziplinen kontinuierlich mit Erfahrung und Intuition sowie systematischer Reflexion der jeweiligen Situation zur wechselseitigen Korrektur heranzuziehen. Reflektiert werden soll dabei sowohl die Ebene des Klientensystems, als auch die des eigenen institutionellen Leistungssystems. Um zu stimmigen Deutungsmustern zu kommen, ist Heiner eine ganzheitliche Analyse und Expertise wichtig. Reflexionen und daraus folgende Deutungsmuster können angesiedelt sein zwischen generalistischen oder spezifischen Aussagen; linearen oder zirkulären Erklärungsmustern; sie können auf die KlientInnen, die Intervention oder die Rahmenbedingungen hin reflektiert werden. Mit den Deutungen sollen Problemlösungsansätze einhergehen, die für die weitere Reflexion, Korrektur und Entwicklung offen sind (ebd.: 492ff).

5 Das professionelle Profil der Sozialen Arbeit

Über den Weg von der Klärung des Selbstverständnisses der Fachkraft zu deren Einbettung in die Figurierung von Kräftefeldern und Handlungsbedingungen entwickelte Heiner ein feldübergreifendes Orientierungsmodell für professionelles Handeln. Abschließend formuliert sie ein Modell für das professionelle Profil der Sozialen Arbeit selbst (s. Tabelle 25; 2007: 524f). Darin versucht sie m.E. nicht nur, die zentralen Kernpunkte ihres Verständnisses einer professionellen Arbeit festzuhalten, sondern darüber hinaus Kernpunkte ihrer Theorie der Sozialen Arbeit offen zu legen.

Um den *Gegenstand Sozialer Arbeit* zu bestimmen, zieht Heiner die Lebensweltorientierung und Staub-Bernasconis Bestimmung der Sozialen Probleme heran. Der Eindruck mag durchaus richtig sein, dass sie versucht, hier beide Theoriekonzepte zu integrieren (2007: 43f). Sie kommt dabei aber auch zur klaren Aussage, dass der „Gegenstandsbereich der Sozialen Arbeit (…) sich nicht auf soziale Probleme beschränken [lasse], weder auf kollektive noch auf individuelle soziale Probleme“ (ebd.: 188). Vielmehr gibt es psychische und vielfältige andere, z.B. individuelle ökonomische Probleme, die nicht eine Folge von sozialen Problemen sind. Heiner schlägt daher vor, als Überbegriff besser den Begriff „personale Probleme“ zu wählen und dabei fünf Bereiche zu unterscheiden: die „psychischen, physischen, sozioökonomischen, ökologischen und sozialen Problemdimensionen" (ebd.: 189). Sie kommt damit zu folgendem Zwischenergebnis: „Gegenstand beruflichen Handelns sind manifeste individuelle Probleme der Lebensbewältigung und damit verbundene kollektive soziale Probleme ihrer Klientel." Soziale Arbeit werde daher „vorrangig bei besonders belasteten oder gefährdeten Menschen mit hoher Vulnerabilität tätig" (ebd.: 190). Damit betont Heiner – mit Bezug auf Hans Thiersch –, dass nicht alle sozialen Probleme auch zu individuellen Problemen werden und somit dann auch nicht in die Zuständigkeitsdomäne der Sozialen Arbeit fallen (wie z.B. steigende Mieten) (ebd.). Da auch andere Berufe für soziale oder personale Probleme zuständig sind, wie etwa Politik oder Psychologie, kommt sie schließlich zur Erkenntnis, dass sich der Gegenstandsbereich der Sozialen Arbeit „nur in der Kombination von Zuständigkeitsdomäne und Kompetenzdomäne erfassen" lässt (ebd.: 202). Kompetenzdomäne meint dabei das spezifische Herangehen der Sozialen Arbeit, ihre spezifische Expertise. Sie „besteht in der ganzheitlichen, auf alle Lebensbereiche bezogenen Figurierung komplexer sozialer Kräftefelder, die zur Bewältigung personaler Probleme der Lebensbewältigung und der damit verbundenen kollektiven sozialen Probleme der Klientel beitragen können. Über seine Leitungskräfte nimmt der Beruf insgesamt auch auf kollektive soziale Probleme und auf gesellschaftliche Rahmenbedingungen Einfluss, die nicht nur die zugewiesene Klientel betreffen" (ebd.).

Damit verbunden ist der Doppelauftrag der Sozialen Arbeit, sowohl einzelfallbezogen unterstützend und fördernd tätig zu werden, als auch einzelfallübergreifend Strukturen und Bedingungen mit zu entwickeln und „zur sozialen Gerechtigkeit beizutragen" (ebd.: 525). Dieser wird von Basisfachkräften und Leitungskräften i.d.R. auf unterschiedliche Weise angegangen, für beide gleichermaßen formuliert Heiner aber eine ethische und wissenschaftliche Orientierung, quasi einen ethischen Kodex, den sie ausführlicher diskutiert (2007: 169ff) und dessen Zusammenfassung zitiert werden soll:

> „Professionelles Handeln verlangt eine kontinuierliche Reflexion der Ziele, Werte und Konsequenzen beruflichen Handelns auf der Basis wissenschaftlichen Wissens, eigener Erfahrungen und kodifizierter beruflicher Standards, die im Diskurs mit Kollegen und außenstehenden Beratern konkretisiert und dabei ständig überprüft werden müssen. Im Umgang mit den Klienten ist sowohl eine achtungsvolle Grundhaltung notwendig als auch eine kommunikative Kompetenz, um die Prinzipien der advokatorischen Ethik und eines verständigungsorientierten Handelns zu realisieren. In der Auseinandersetzung mit KlientInnen, KollegInnen, Vorgesetzten oder VertreterInnen anderer Organisationen um soziale Gerechtigkeit ist die Fähigkeit des Umgangs mit Konflikten auf der Grundlage einer Haltung der streitbaren Toleranz zentral. Wissenschaftliches Wissen, kommunikative Kompetenz und eine wertebezogene, biographisch verankerte, reflexive Grundhaltung stellen die Voraussetzungen einer ethisch fundierten Expertise professioneller Sozialer Arbeit dar" (Heiner 2007: 185).

6 Resümee

Im Herangehen an die Frage nach professionellem Handeln in der Sozialen Arbeit arbeitet Maja Heiner in akribischer, nach dem Konkreten fragender und an die Basis gehender Weise an nicht weniger als an der Erarbeitung einer eigenen Theorie der Sozialen Arbeit. Einer Theorie, die handlungstheoretisch fundiert und empirisch begründet ist. Und in der – vielleicht stärker als in anderen, bekannteren Theorien der Sozialen Arbeit – auch das konkrete berufliche Handeln ausgeleuchtet wird. Heiner wollte immer konkrete Orientierungen an die Hand geben, ohne dabei aber an Reflexionsniveau zu verlieren. Dies ist ihr aus meiner Sicht durch ihre forschungsbegründete und handlungstheoretisch basierte Arbeit an der Frage nach der professionellen, d.h. ‚guten‘ Sozialen Arbeit gelungen.

Maja Heiner hätte zwar nicht „gute Soziale Arbeit“ gesagt, aber sie hatte – unter dem Protest von mitwirkenden Studentinnen und Kolleginnen – den Mut zu sagen, was aus ihrer Sicht ‚unprofessionelle‘, also wenig erfolgversprechende und was demgegenüber professionelle Soziale Arbeit ist. Diese Deutlichkeit findet sich im Diskurs der Sozialen Arbeit eher selten. Damit gibt sie aber einen zentralen Beitrag zur Orientierung für ein passendes professionelles Handeln und somit auch zur Professionalisierung. Denn eine Aufgabe der Profession ist auch das Wächteramt über die Qualität der eigenen Zunft. Wenn diese Selbstreflexion Qualitätskontrolle und -entwicklung ermöglichen soll, bedarf es eines Maßstabs und eines Leitmodells ‚guten‘ professionellen Handelns trotz aller situativen Einschränkungen.

Literatur

Heiner, Maja (2004a): Professionalität in der Sozialen Arbeit. Theoretische Konzepte, Modelle und empirische Perspektiven. Stuttgart: Kohlhammer

Heiner, Maja (Hrsg.) (2004b): Diagnostik und Diagnosen in der Sozialen Arbeit. Ein Handbuch. Frankfurt a. M: Deutscher Verein für öffentliche und private Fürsorge

Heiner, Maja (2007): Soziale Arbeit als Beruf. Fälle - Felder - Fähigkeiten. München: Reinhardt

Hermann, Franz (2013): Konfliktkompetenz in der Sozialen Arbeit. München: Reinhardt

Iser, Angelika (2008): Mediation und Supervision in der Sozialen Arbeit. Tübingen: dgvt-Verlag

Thiersch, Hans (2004): Vorwort. In: Heiner (2004a): 7-13

Wandrey, Michael (2004): Analyse von Teamkonflikten – Fallverstehen in der Mediation. In: Heiner (2004b): 344-362

„Kasuistik des Gelingens und Scheiterns" – Interpretationen professioneller Beratung

Sabine Schneider

„Kasuistik des Gelingens und Scheiterns" – so formuliert Maja Heiner die Überschrift, die in ihrem Buch „Soziale Arbeit als Beruf" den sogenannten Teil B einleitet, in welchem Forschungsmethodik und Interpretationen von Interviews mit Fachkräften der Sozialen Arbeit gebündelt werden (Heiner 2007: 221ff). Fälle professioneller Praxis, professionelles Handeln im Hinblick auf Gelingen und Scheitern zu beschreiben, zuzuspitzen, das scheint ein mutiges, nicht unproblematisches Unterfangen zu sein. Es bedeutet Handlungsprozesse zu bewerten, die einerseits komplex und andererseits hinsichtlich ihrer Wirkungen schwer einzuschätzen sind. Wie lässt sich also bewerten, was gelingendes Handeln ist und was als Scheitern bezeichnet werden kann oder muss? Im Folgenden wird – konkretisiert durch vier exemplarische Interviewinterpretationen – dargestellt, wie Maja Heiner Gelingen und Scheitern forschungsmethodisch rekonstruiert und welche inhaltlichen Bewertungen sie dabei vorgenommen hat. Um die Vergleichbarkeit der Fälle zu erhöhen, wurden Beispiele ausgewählt, in welchen die zentralen Hilfeprozesse als Beratungsprozesse charakterisiert werden könn(t)en. Abschließend soll die Frage dieses Sammelbandes aufgegriffen und knapp skizziert werden, welche Impulse von diesen exemplarischen Interpretationen für die weitere Diskussion zum methodischen Handeln und zur Professionalisierung der Sozialen Arbeit ausgehen.

1 Forschungsmethodische Überlegungen – die „kasuistische Interpretation" nach Maja Heiner

Ein mehrjährig angelegtes Forschungsprojekt verfolgte das Ziel „herauszufinden, ob und wie sich eine Soziale Arbeit in der Praxis realisieren lässt, die es verdient, als ‚professionelle' bezeichnet zu werden" (Heiner 2004: 47). Mit Fachkräften aus verschiedenen Arbeitsfeldern wurden hierzu qualitative Interviews geführt. Für deren Auswertung schlägt Maja Heiner die Methode der „kasuistischen Interpretation" (Heiner 2007; 2004: 53ff) in Anlehnung an das Auswertungsverfahren von Anselm Strauss, also ausgehend von der Methodologie der *Grounded Theory*, vor (Strauß 1998). Dabei plädiert sie allerdings für eine Erweiterung des Codierschemas (um die Perspektiven auf Emotionen und Kognitionen) sowie für eine stärkere Gewichtung der einzelnen Fälle. In der Folge werden Interpretationsergebnisse nicht als querliegende Schlüsselkategorie, sondern zunächst auf der jeweiligen Fall- bzw. Interviewebene präsentiert (Schneider u.a. 2006: 148ff).

Um die kasuistische Interpretation nachvollziehbar zu machen, werden im Folgenden zunächst drei *zentrale Schritte der Interpretation* bzw. der Fallrekonstruktion beschrieben (Heiner 2004: 58ff). Anschließend wird dargelegt, wie Maja Heiner im Kontext der *Zusammenführung ihrer Ergebnisse* bereits ‚entdeckte' Typologien bzw. rekonstruierte Handlungsanforderungen zur Bewertung der Fallprofile heranzieht.

Schritt 1 – Detaillierte Fallanalysen

Als Grundlage für ihre Interpretationsarbeit schlägt Heiner vor, das Transkript zunächst so zu *kondensieren*, dass ein gekürzter Präsentationstext entsteht (weggelassen werden Textstellen, die inhaltlich als nicht relevant eingeschätzt werden). Daran schließt sich das *Codieren* des Materials an, wobei die Codierungen nahe am Text bleiben sollten. *Kategorisieren* zielt anschließend darauf ab, inhaltliche Zusammenhänge zwischen den vorgenommenen Codierungen zu finden. Das *Relationieren* der verschiedenen Codes führt zur Formulierung von Metacodes bzw. einem oder mehreren *Zentralphänomenen*, die das Fallprofil bündeln (und wesentliche Zusammenhänge repräsentieren). Für gewöhnlich lassen sich ein bis zwei Zentralphänomene für jedes Interview finden, die den Fall kennzeichnen und dem Vergleich der verschiedenen Fälle dienen.

Schritt 2 – Typologisierender Fallvergleich

Fallvergleich und Fallkontrastierung heißen zunächst, dass ausgehend von bestimmten Merkmalen eine genauere *Untersuchung von Ähnlichkeiten und Unterschieden* zwischen den Fällen erfolgt. Um Unterschiede zu erkennen, „die einen Unterschied machen" (Heiner 2007: 517), stelle die Entwicklung einer theoretisch fundierten Systematik und Terminologie eine Voraussetzung dar. Die ursprünglich zu Grunde gelegte Systematik wird durch neue Erkenntnisse aus den Interpretationen weiter differenziert und mündet schließlich im „Rahmenmodell zur Analyse und Planung professionellen Handelns" (ebd.: 430f).[1] Im Sinne einer

[1] Hier werden sechs Anforderungskomplexe professionellen Handelns zugrunde gelegt: 1. Reflektierte Parteilichkeit und hilfreiche Kontrolle als Vermittlung zwischen *Individuum und Gesell-*

zirkulären Vorgehensweise wird dieses Modell als Referenzrahmen bei der abschließenden Formulierung der Zentralphänomene zu Grunde gelegt: „Die Zentralphänomene entsprechen den im Rahmenmodell zur Analyse beruflichen Handelns in der Sozialen Arbeit formulierten sechs Anforderungsbereichen" (Heiner 2007: 231f).

Unterscheidungen rekonstruierter Handlungsprozesse auf Basis der dargestellten Systematik führen schließlich zur Formulierung einer *Typologie hinsichtlich des professionellen Selbstverständnisses* und des professionellen Handelns der interviewten Fachkräfte (siehe Iser in diesem Band). In dieser Typologie sind für Heiner (2004: 91) zwei Differenzierungen entscheidend: die Einstellung der Fachkraft zum eigenen Angebot (das trotz einer unterstellten Qualität entweder als ineffektiv oder effektiv eingeschätzt werden kann) sowie die Einstellung der Fachkraft zum Klientel (zwischen den Polen Defizit- und Ressourcenorientierung bzw. vorhandener oder nicht-vorhandener Motivationsorientierung). Aus diesen Achsen ergibt sich ein Vier-Felder-Schema, in welchem folgende Modelle professioneller Selbstverständnisse unterschieden werden können:

- Dominanzmodell: das eigene Angebot wird eher als ineffektiv eingeschätzt, das Klientel hinsichtlich der Defizite betrachtet;
- Aufopferungsmodell: Einer kritischen Einschätzung des eigenen Angebots steht hier ein positiver Blick auf das Klientel gegenüber;
- Servicemodell: Während mit Blick auf das Klientel vor allem Defizite thematisiert werden, wird die Bedeutung und Effektivität des eigenen Angebotes in den Vordergrund gestellt;
- Passungsmodell: Hier erhalten Angebot und Klientel eine gleichermaßen positiv würdigende Perspektive.

Schritt 3 – Thematischer Aussagenvergleich

Mit Blick auf zentrale Forschungsfragen werden ausgewählte Textpassagen aller Interviews genauer, d.h. „systematisch" miteinander verglichen: „Bei diesem Aussagenvergleich werden nur bestimmte Textstellen herangezogen (z.B. Passagen, die sich auf die Handlungsspielräume der Fachkräfte beziehen) und nur die

schaft; 2. Entwicklung realisierbarer und herausfordernder *Ziele* angesichts ungewisser Erfolgsaussichten in unterschiedlichen Tätigkeitsfeldern; 3. Aufgabenorientierte, partizipative *Beziehungsgestaltung* und begrenzte Hilfe in alltagsnahen Situationen; 4. Multiprofessionelle *Kooperation und Vermittlung* von Dienstleistungen bei unklarem und/oder umstrittenem beruflichem Profil; 5. *Weiterentwicklung* der institutionellen und infrastrukturellen Rahmenbedingungen eines wohlfahrtsstaatlich nachrangig tätigen Berufs; 6. Nutzung ganzheitlicher und mehrperspektivischer *Deutungsmuster* als Fundament entwicklungsoffener Problemlösungsansätze auf empirischer Basis.

unmittelbar damit zusammenhängenden Aussagen berücksichtigt, nicht mehr die gesamte Fallkonstellation" (Heiner 2004: 62).

Generalisierung der Ergebnisse

Maja Heiner bündelt die Antworten auf ihre Forschungsfragen (2007: 403ff) in folgenden Modellen bzw. Typologien, deren inhaltliche Aspekte im Prozess der Untersuchung bereits eine zentrale Rolle spielen:

- *Berufliche Selbstverständnisse* können zunächst hinsichtlich der Einstellungen der Fachkräfte unterschieden und bewertet werden (zwischen Dominanz, Aufopferung, Serviceleistung und Passung).
- Abhängig von diesen Selbstverständnissen zeigen sich unterschiedliche „Figurierungen der *Kräftefelder der Interaktion*", die zwischen den Beteiligten entstehen (ebd.: 414).[2]
- Zur weiteren Beschreibung professionellen Handelns differenziert Heiner – in dem von ihr so genannten „Rahmenmodell zur Analyse und Planung professionellen Handelns"– sechs *Anforderungskomplexe* (s. Fußnote 1), „denen jeweils Handlungsalternativen zugeordnet wurden" (ebd.: 429ff sowie erstmals 2004: 161). Eine angemessene Positionierung der Fachkräfte hinsichtlich der jeweils gewählten unterschiedlichen Handlungsoptionen stellt eine Voraussetzung professioneller Handlungskompetenz dar.
- Schließlich findet eine Verknüpfung der empirisch gestützten Ergebnisse mit Überlegungen zum Begriff ‚Ganzheitlichkeit' (als Kennzeichen der spezifischen Professionalität Sozialer Arbeit) statt.

Hinsichtlich der Übertragbarkeit dieser Vorgehensweise auf andere Forschungsprozesse lässt sich sagen: Während die Schritte eins und drei für kodierende Auswertungsverfahren durchaus typisch sind, birgt Schritt zwei vielfältige untersuchungsspezifische Überlegungen von Maja Heiner. Für den typologisierenden Fallvergleich werden die zuvor von ihr aufgestellten theoretischen Hypothesen zu Grunde gelegt – ob diese für andere Forschungen zum professionellen Handeln hilfreich sind, muss individuell geprüft werden. Außerdem sollte bedacht

---

[2] Dies geschieht in der Weise, dass wiederum auf der Ebene der einzelnen Fälle rekonstruiert wird, welche Handlungsmuster zu welchen Kräftefeldverschiebungen führen. In ihren Ausgangsüberlegungen zur Professionalität Sozialer Arbeit nehmen die vier Faktoren „Gesellschaft/Staat", „Klientensystem/Klientin", „Internes Leistungssystem/Fachkraft" sowie „Externes Leistungssystem/Infrastruktur" entscheidenden Einfluss auf das Kräftefeld der Intervention und Interaktion Sozialer Arbeit. Eine ihrer Ausgangsthesen lautet, dass professionelles Handeln „(direkte oder indirekte) Einflussnahme auf alle vier Einflussfaktoren - wenn auch nicht durchgängig mit gleichem Aufwand und Nachdruck" erfordert (ebd.: 47).

werden, dass angesichts der starken Zuspitzung der Fälle im Rahmen eines typologisierenden Fallvergleichs eine maximal ‚offene‘ Einzelfallanalyse (Schritt eins) notwendig erscheint. Die Interviewtranskripte vor einer Interpretation daher zu kondensieren, ist meines Erachtens nicht ratsam und stellt keine wesentliche Arbeitserleichterung, sondern eher die Gefahr einer zu frühen inhaltlichen Reduktion der Protokolle dar.

2 „Gelingen und Scheitern“ in professionellen Handlungs- bzw. Beratungsprozessen – Beispiele konkreter Interpretationen

Indem die Aufbereitung der interpretierten Interviews unter der Überschrift „Kasuistik des Gelingens und Scheiterns“ erfolgt, stellt sich zunächst die Frage, wie Gelingen und Scheitern von Maja Heiner definiert wird. Dazu finden sich allerdings keine genauen Angaben. Die offen gehaltenen Begriffe stehen vor allem für Erzählungen der InterviewpartnerInnen, insbesondere für deren subjektives Erleben von Erfolg oder Misserfolg, von Gelingen oder Scheitern (Heiner 2007: 223). In den folgenden Zusammenfassungen der Fallinterpretationen wird daher einerseits versucht, jene Aussagen der Fachkräfte zu bündeln, die in dieser Offenheit auf Gelingen oder Scheitern des Handelns schließen lassen (insbesondere Aussagen zu erfolgreichem Handeln und Grenzen der Hilfe, was sich allerdings nicht immer mit Bewertungen von Gelingen und Scheitern deckt). Andererseits werden jene Aspekte der Fallrekonstruktionen aufgeführt, die das von Maja Heiner jeweils rekonstruierte Fallprofil nachvollziehbar machen sollen. Insgesamt ist bei der Lektüre der Fallskizzen zu bedenken, dass (1.) komprimierte Zusammenfassungen komplexer Fallrekonstruktionen die Gefahr unzulässiger Verkürzungen bergen, dass (2.) die Forschung von Heiner explikativ und nicht evaluativ angelegt ist[3] und schließlich (3.) durch die entsprechende Wahl der Stichprobe die Soziale Arbeit „vor allem durch die Arbeit mit dem Klientensystem, weniger durch die Arbeit mit dem Leistungssystem bestimmt“ erscheint (ebd.).

[3] Dabei ist Maja Heiner wichtig zu betonen: „Wenn im Folgenden (mangelnde) Professionalität konstatiert wird, so geschieht dies immer mit der Einschränkung, dass die Methode der Interviewinterpretation nur begrenzte Aussagen über die Performanz der Fachkräfte zulässt“ (ebd.: 233). Allerdings „liegt aus der Sicht der Interpretin die Annahme nahe, dass die ‚falsche‘ Idee auch zu einer ‚falschen‘ Handlung führen wird – dass aus einer unangemessenen Absicht keine angemessene Handlung resultieren kann“ (ebd.: 233f).

Fallskizze 1: Herr Faller (ASD)

Seit über 15 Jahren ist Herr Faller (ca. 45 Jahre alt) im Allgemeinen Dienst (ASD) eines Kreisjugendamtes beschäftigt, wobei sein Arbeitsauftrag vor allem Unterstützungen für Familien, Vormundschaftsgerichtshilfe sowie den Außendienst für das Sozialamt umfasst (Heiner 2007: 245ff). Als zentral im Interview mit Herrn Faller erweist sich seine Unterscheidung zweier KlientInnengruppen: Eltern in Trennungs- und Scheidungssituationen einerseits sowie „auffällige Familien", die teilweise „seit Generationen vom Jugendamt betreut werden" andererseits (ebd.: 246). Diese Unterscheidung spielt auch in den Deutungsmustern von Herrn Faller, in der Unterscheidung von Gelingen und Scheitern, eine wesentliche Rolle: Während er in Trennungsberatungen seine „gutachterliche Funktion" im Kontext von Sorgerechtsregelungen als *„reizvolle Aufgabe"* beschreibt, ist in der Arbeit mit den (von ihm so benannten) „auffälligen Familien" Veränderungen zu bewirken nahezu *aussichtslos*. Die Gründe liegen für Herrn Faller darin, dass in diesen Familien Probleme „kaschiert" würden, eine mangelnde Einsicht vorhanden sei, „vielfach Sucht, sprich Alkohol" ebenso ein Problemhintergrund darstelle wie ein „über die Verhältnisse leben" und schließlich in Hilfeprozessen mit „Verweigerung und Desinteresse" von Seiten der KlientInnen zu rechnen sei. Nicht umsetzbare Vereinbarungen in Hilfeplangesprächen werden ebenso als Problem thematisiert (nicht alle Klienten würden sich als VertragspartnerInnen eignen) wie auch die Forderungen nach weitreichender Transparenz in diesem Verfahren. Diese, auf die auffälligen KlientInnen bezogenen Aussagen von Herrn Faller interpretiert Maja Heiner als ausschließlich negatives, defizitorientiertes KlientInnenbild, welches entscheidend dazu beitrage, dass die sozial schwachen Familien nicht zu ‚Partnern im Hilfeprozess' werden können. „Etwas vereinbaren zu wollen, was die KlientInnen nicht umsetzen können" bezeichnet sie als eklatanten Kunstfehler, „da sich die Fachkraft in diesem Fall offensichtlich zu wenige Gedanken über die Fähigkeiten und Ressourcen der KlientInnen gemacht hat" (ebd.: 251). Diese Interpretation lässt sich durch die Einschätzung von Herrn Faller untermauern, dass bei der zweitgenannten – häufig unfreiwillig und unkooperativ erscheinenden – KlientInnengruppe hinsichtlich des Gelingens von Hilfeprozessen nur auf eine „glückliche Fügung" gehofft werden könne: „Und wir müssen ein stückweit Glück haben, dass es dann die Wendung nimmt, dass also die Mutter gewissermaßen auch zum Partner wird in dieser Maßnahme" (Faller in Heiner 2007: 252). In den Deutungen Heiners kann der Aspekt „Glück" entweder auf eine realistische Einschätzung der Grenzen von Hilfe verweisen oder „aber auch bedeuten, dass der ‚blinde Zufall' waltet - wie beim Glücksspiel, so dass es eigentlich egal ist, was man tut, und das Ergebnis ausschließlich den Launen der Göttin Fortuna und nicht dem professionellen Handeln der Fachkraft zugeschrieben werden kann" (ebd.: 252), wobei in diesem Fall Vieles für letztere Interpretation spreche.

Gesamtinterpretation und Zentralphänomene: Zusammenfassend lässt sich für Maja Heiner im Interview mit Herrn Faller ein professionelles Selbstverständnis rekonstruieren, dass sie dem *Dominanzmodell* zuordnet: Herr Faller bezweifelt einerseits die Effektivität seines Angebotes (zumindest für ein bestimmtes Klientel) und nimmt immer wieder einen defizitorientierten Blick ein. Dieses Selbstverständnis wirkt sich auf der konkreten Handlungsebene, insbesondere im Umgang mit den beruflichen Anforderungen, so aus, dass mit den ‚auffälligen' Familien keine realistischen Ziele entwickelt werden *(1. Zentralphänomen),* dass aufgrund fehlender mehrperspektivischer Deutungsmuster Ressourcen zu wenig im Blick der Fachkraft sind *(2. Zentralphänomen)* und schließlich die konkrete Beziehungsgestaltung durch einen Mangel an partizipativen Bemühungen gekennzeichnet ist *(3. Zentralphänomen).* Dieses so rekonstruierte Handlungsmuster prägt nun die *Figuration der Kräftefelder* in unproduktiver Weise: das Interaktionsfeld zwischen KlientIn, Fachkraft, Infrastruktur und Gesellschaft wird ungünstig beeinflusst, indem z.B. gesellschaftlicher Druck erhöht, Infrastruktur nicht ausreichend genutzt, der Veränderungswille der Klientel geschwächt und nicht zuletzt eine Optimierung des eigenen Angebots nicht angestrebt wird.

Fallskizze 2: Frau Neumann (ASD)

Auch Frau Neumann (ca. 45 Jahre alt) arbeitet (seit knapp fünf Jahren) im Allgemeinen Sozialdienst (ASD) eines städtischen Jugendamtes (Heiner 2007: 236ff). Zentral im Interview sind die Beschreibungen des ASDs als „Beratungsstelle", die eine Art „Drehscheibe der Hilfen" darstelle (und eben keine „Behörde"). Als positiven, das Gelingen der Arbeit befördernden Faktor, stellt Frau Neumann zunächst folgendes systemisch ausgerichtete, familienorientierte Vorgehen heraus: Problemlagen klären, gemeinsam Lösungen erarbeiten, Helferkonferenzen abhalten und andere Dienste vermitteln. Ein Erfolg der Arbeit ist für sie dann gegeben, wenn „etwas in Bewegung gekommen ist. (…) wenn ich da einen Impuls gegeben haben kann" (Neumann in Heiner 2007: 240). Für Frau Neumann ist entscheidend, KlientInnen zu PartnerInnen im Hilfeprozess zu machen – in diesem Zusammenhang stellt das KJHG eine ebenso positive Rahmenbedingung des Handelns dar (weil es Beteiligungs- und Mitbestimmungsrechte der KlientInnen festschreibe), wie der ASD insgesamt, den Frau Neumann als unterstützende Institution erlebt. Die Vielfältigkeit des Arbeitsauftrages erschwere allerdings Vertiefungen der Arbeit und erfordere in speziellen Problemlagen, wie beispielsweise in der Beratung von alkoholabhängigen KlientInnen, insbesondere auch aufgrund des Zeitmangelns, KollegInnen von außen mit einzubeziehen. Eine Grenze gemeinsamen, kooperativen Arbeitens mit den KlientInnen sei auch dann erreicht „wenn wir es mit Kindesmisshandlung zu tun haben. (...) Also weg von der Beratung hin wirklich zur Eingriffsbehörde in Form von einer Inobhutnahme des Kindes" (Neumann in Heiner 2007: 241f). In ihren Einschätzungen dieser Praxisbeschreibungen stellt Heiner zunächst das „enttäuschungsfeste Erfolgsverständnis" als Grundlage für Gelingen in den Vordergrund. Impulse zur Veränderung werden durch vielfältige Angebote ermöglicht, „auch ohne intensive Beziehungsarbeit." Fazit: „Die eher distanzierte Beziehung zu den KlientInnen einerseits und die Delegation von Aufgaben und Fällen an weitere Dienste andererseits stellen die beiden grundlegenden Strategien von Frau Neumann dar, um die Arbeitsfülle zu bewältigen. Beide Verfahren können – angemessen eingesetzt – hocheffektiv sein. Beide führen aber auch notwendigerweise zu einer gewissen inneren und äußeren Abgrenzung gegenüber dem Einzelfall und seinen subjektiven Nöten" (Heiner 2007: 244).

Gesamtinterpretation und Zentralphänomene: Auf Basis ihrer Rekonstruktionen ordnet Maja Heiner das Handlungsmuster dieser ASD-Mitarbeiterin dem *Servicemodell* zu: Frau Neumann ist von der Qualität und Wirkung ihres Angebotes (insbesondere der Planungs-, Erschließungs- und Koordinationsarbeit) überzeugt und die Sicherung dieser Qualität bildet einen wichtigen Schwerpunkt ihrer Arbeit *(1. Zentralphänomen)*. Problematisch ist für Heiner dabei, dass der eigene Anteil an komplexen Hilfeprozessen unterschätzt werden könne. Außerdem werde „die Förderung der persönlichen Entwicklung überwiegend an andere Dienste delegiert und über die Gestaltung der Beziehung zur Klientel wenig berichtet" (ebd.: 245). Das KlientInnenbild bleibt blass, ohne jedoch defizitorientiert geprägt zu sein *(2. Zentralphänomen)*. Lenkt man nun den Blick abschließend darauf, wie sich ein solches Handlungsmuster auf die Figuration des Kräftefeldes auswirkt, so konstatiert Heiner „positiv einseitige Figurationen": Die stärkere Akzentuierung der Vermittlung von Hilfen fördert die maximale Nutzung der sozialen Infrastruktur, dadurch kann gesellschaftlicher Druck abgefedert und ein Zuwachs an Veränderungsbereitschaft der KlientInnen erreicht werden. Dies hängt allerdings davon ab, ob es sich stärker um ökonomisch-lebenspraktische oder psycho-soziale Probleme handelt.

Fallskizze 3: Frau Binder (GPV)

Frau Binder (ca. 35 Jahre alt) arbeitet seit sechs Jahren in einem Gemeindepsychiatrischen Verbund (GPV) in den Bereichen Sozialpsychiatrischer Dienst und Sozialpsychiatrische Wohngruppen (Heiner 2007: 352ff). Als wichtiger Arbeitsauftrag wird die „Beratung und Begleitung von psychisch erkrankten Menschen und deren Angehörigen in sozialen Krisen sowie bei akuter psychischer Dekompensation beschrieben" (ebd.: 352). Auffällig ist zunächst, dass sich Frau Binder am Ende des Interviews erstaunt zeigt, dass sie sehr vieles so „positiv" sehe. Zu Beginn ihrer Tätigkeit ging sie davon aus, diesen Arbeitsbereich nach fünf Jahren wechseln zu müssen, weil sie die Klientel als „so anstrengend" erlebt habe. Mittlerweile hat sie erkannt, dass „Geduld und ein langer Atem" eine Voraussetzung für gelingende Hilfeprozesse darstellen, sowohl im Hinblick auf die Arbeit mit Einzelnen als auch die Weiterentwicklung von Strukturen betreffend: „da siehst du eigentlich erst einen Erfolg, wenn du wirklich dran bleibst" (Binder in Heiner 2007: 353). Eines der „zentralen Erfolgskriterien" stellt für Frau Binder die ambulante Bewältigung einer Krise ihrer psychisch kranken KlientInnen dar (Vermeidung von Klinikeinweisungen), was allerdings bei Kriseninterventionen nur schwer zu erreichen sei. Vielfältige Aspekte (neben Lücken im Hilfesystem) erschweren die Arbeit oder stellen zumindest eine besondere Herausforderung für Frau Binder dar: die geringen Entwicklungspotenziale und die Vulnerabilität chronisch psychisch Kranker;[4] die schwierige Kommunikation mit akut psychotischen Menschen (wenn einem nichts mehr einfalle) sowie die spürbaren Grenzen eigener Geduld in der Begleitung chronisch psychisch Kranker (bei der sich manches Mal trotz der täglichen Betreuung über Wochen hinweg nichts verändere). Gefühle, nichts mehr bewirken zu können, stellen sich allerdings vor allem in Krisensituationen ein, wenn „Stillstand" eintrete oder eine erneute Einweisung in die Psychiatrie notwendig werde. Letzteres ist gegen Frau Binders Grundüberzeugung, weil sie „genau weiß, eigentlich ist das nicht der Ort, der Ort, der ihnen gut tut. Und ich habe aber keine Alternative, es gibt nichts anderes, ich kann sie an keinen anderen Ort bringen" (Binder in Heiner 2007: 355). Diese Haltung erschwert Heiner zu Folge eine produktive Kooperation mit der Klinik, außerdem lassen die fehlenden Alternativen zur Klinik Frau Binder persönlich unter Druck geraten: „Wäre ihre Haltung gegenüber der Klinik nicht so grundsätzlich ablehnend, so könnte sie vielleicht mit dieser Situation [Krisen, d.V.] gelassener und geduldiger umgehen" (ebd.: 359). Schließlich führe Frau Binders „Frontstellung zur Klinik" auch dazu, dass sie („bei ansonsten realistischen Zielvorstellungen") „ihr Ideal der Vermeidung jedweder stationärer Aufenthalte nur selten und unter besonderen Anstrengungen erreichen kann" (ebd.: 361). Faktoren, die ein Gelingen des professionellen Handelns befördern, liegen für Maja Heiner in diesem Fall darin, dass Frau Binder ihre Arbeit als lohnenswerte Aufgabe beschreibt, aber auch als ständige Anspannung im Bemühen, einem schwierigen Klientel gerecht zu werden und dabei keine Anzeichen von Resignation, Rückzug, Abwertung, Zynismus oder Bitterkeit erkennen zu lassen.

4 Diesbezüglich erlebt sich Frau Binder zwar „lange nicht mehr so hilflos wie am Anfang", allerdings müsse sie sich immer wieder selbst ermahnen, sich nicht doch zu viel zu erhoffen.

Gesamtinterpretation und Zentralphänomene: Das Selbstverständnis und Handeln von Frau Binder entsprechen, so die Interpretation von Maja Heiner, dem *Aufopferungsmodell*: das vorhandene KlientInnenbild ist ressourcenorientiert und es wird versucht, strukturelle Mängel des Angebots durch persönlichen Einsatz zu kompensieren. Dies hat folgende Auswirkungen auf die Bewältigung der zentralen beruflichen Anforderungen: „ein charakteristisches Merkmal dieser Selbstdarstellung ist die Schwierigkeit der Fachkraft, sich von allzu hochgesteckten Zielen in bestimmten Situationen rechtzeitig zu verabschieden“ (ebd.: 362), mit der Tendenz zur Selbstüberforderung *(1. Zentralphänomen)* sowie ein „starkes fachpolitisches Engagement in der Weiterentwicklung des sozialpsychiatrischen Versorgungssystems“ einer überzeugten Anhängerin der Sozialpsychiatrie *(2. Zentralphänomen)*. Positive Beeinflussungen des *Kräftefeldes* sieht Heiner neben der Optimierung des Angebotes in der Steigerung der Unterstützung der KlientInnen durch die Fachkraft, wodurch deren Ambivalenz ebenso reduziert werden kann wie der auf ihnen lastende gesellschaftliche Druck.

Fallskizze 4: Frau Adler (Beratung von wohnungslosen jungen Erwachsenen)

Die Berufseinsteigerin Frau Adler (ca. 25 Jahre alt) arbeitet seit zweieinhalb Jahren an einer Beratungsstelle für wohnungslose junge Erwachsene, deren Arbeitsauftrag vor allem die „Versorgung, Beratung und Betreuung von jungen Erwachsenen nach § 72 BSHG“ (alte Gesetzeslage) umfasst (Heiner 2007: 293ff). „Gelingen“ und „Scheitern“ der Arbeit wird von Frau Adler vor allem mit dem Stichwort „Gratwanderung Verantwortungsübernahme“ in Verbindung gebracht: „Und was wichtig ist, denk ich, ist so diese Gratwanderung zwischen den anderen machen lassen, ihm seine Verantwortung für sich überlassen und ihm dann aber auch mal Verantwortung abnehmen, wenn er sie grad nicht tragen kann“ (Adler in Heiner 2007: 297). Eine entsprechende Entscheidung ist also nur individuell und nur durch Beobachtung möglich. Dabei ist es Frau Adler wichtig, KlientInnen Freiräume zu eröffnen und einen Vertrauensvorschuss zu gewähren, was Maja Heiner mit der Formulierung folgender Voraussetzung für gelingende Hilfeprozesse unterstreicht: „Der Mut und die Kraft von KlientInnen neue Wege zu gehen, hängt auch davon ab, was ihnen von anderen, nicht zuletzt von der Sozialarbeiterin zugetraut wird, welche Zuversicht man ihnen vermittelt, dass sie es schaffen können“ (ebd.: 300). Am Beispiel einer geplanten Vermittlung einer drogenabhängigen Klientin in ein Wohnangebot pointiert Frau Adler allerdings folgenden Faktor, der zum Scheitern der geplanten Unterbringung führe: „Aber wenn sie den ersten Schritt nicht macht, klappt‘s auch nicht. Also da eher so: ‚Scheiße, klappt nicht, wird auch nicht klappen‘. Und dann beim anderen Bereich von KlientInnen dann: ‚Ja mein Gott, das ist eigentlich üblich, machen wir's halt ein zweites oder drittes Mal - auch nicht so tragisch“ (Adler in Heiner 2007: 294). In weiteren Beispielen macht Frau Adler deutlich, dass sie Zielklärungen mit Zwischenschritten versieht: Veränderte Wünsche der KlientInnen werden nicht als „wetterwendische Unentschiedenheit“ verbucht, sondern als notwendiger Zwischenschritt im Prozess einer noch nicht abgeschlossen Zielklärung (ebd.: 295). Das „individuelle“ Vorgehen, die Akzeptanz der Person sowie Frau Adlers Erfolgsverständnis, stabile Beziehungen mit den KlientInnen sowie deren Sicherung der Grundversorgung erreichen und ein weiteres „Abrutschen“ verhindern zu wollen, werden von Heiner ebenso positiv konnotiert wie die im Interview deutlich werdende gelungene, aufgabenbezogene Beziehungsarbeit. Als Grenzen und Schwierigkeiten der Arbeit thematisiert Frau Adler die Zunahme der KlientInnen, die Lücken und teilweise zu hochschwelligen Angebote des Hilfesystems, sozialpolitische Rahmenbedingungen sowie eine jegliche Eigeninitiative vermissende Anspruchshaltung der KlientInnen: „Ich find das nicht gut – ja einfach nur konsumieren zu wollen und nichts dafür tun zu wollen und dann auch noch Ansprüche zu stellen. (…) Das ärgert mich ja. Und das zeig ich dann aber auch deutlich, dass mich das ärgert“ (Adler in Heiner 2007: 295). Dass die Sozialarbeiterin diese unangenehme Empfindung des Ärgers nicht verbirgt, zeige der Klientin (so Heiner), „dass ihr problematisches Verhalten für die Sozialarbeiterin von Bedeutung ist. Ärger zu zeigen, ohne massive oder abwertende Vorwürfe zu formulieren, ist auch eine Demonstration persönlicher Betroffenheit, bei der Verletzbarkeit deutlich wird. Insofern ist dies ein Beziehungsangebot, das reziproke Elemente enthält“ (ebd.: 296).

Gesamtinterpretation und Zentralphänomene: „Das berufliche Engagement von Frau Adler reicht von der direkten KlientInnenarbeit über die innerinstitutionelle Einflussnahme bis zur öffentlichen Lobbyarbeit. (…) die große Spannbreite ihres Engagements ist ungewöhnlich und beeindruckend“ (ebd.: 307). Das professionelle Selbstverständnis und Handeln dieser Fachkraft entspricht dem *Passungsmodell*: Ausgehend von einem ressourcenorientierten KlientInnenbild, wird – auch wenn Angebote teilweise als zu hochschwellig eingeschätzt werden – eine individuelle Passung angestrebt. Alle Faktoren im Kräftefeld werden dabei positiv beeinflusst. Die formulierten *Zentralphänomene* beziehen sich auf die gelungene, aufgabenbezogene Beziehungsarbeit, insbesondere in der Balance von Verantwortungsübernahme und Verantwortungsrückgabe sowie auf das starke Engagement der Fachkraft in der Weiterentwicklung in institutionellen und infrastrukturellen Rahmenbedingungen des Angebotes.

3 Impulse für den weiteren Fachdiskurs

Inwiefern können nun diese exemplarischen Interpretationen weiterführend für methodisches Handeln und die Professionalisierung Sozialer Arbeit sein? Überlegungen dazu können an dieser Stelle nur knapp skizziert werden:

Impulse zur Konkretisierung von Beratungsprozessen in der Sozialen Arbeit: Die Fallschilderungen konkretisieren die notwendige Komplexität von Beratungsprozessen, die sich nicht auf die Umsetzung spezifischer Techniken reduzieren lässt. Vielmehr müssen die verschiedenen beruflichen Anforderungen begründbar ausbalanciert werden. Beratung erfordert darüber hinaus eine „Spannbreite des Engagements" – bezogen auf alle Einflussfaktoren des Kräftefeldes (also mit Blick auf Subjekte und Strukturen; Schneider 2014). Die Qualität des Handelns, der Beratungsprozesse, ist entscheidend auf das professionelle Selbstverständnis der Fachkräfte zurückzuführen – die Entwicklung von Beratungskompetenz muss also an diesem Punkt ansetzen (weniger an Methoden und Techniken).

Impulse für die ‚Methodenfrage': Trotz der herausgehobenen Bedeutung des professionellen Selbstverständnisses bleibt eine auf fachlichen Standards begründete Methodik – insbesondere als Planungsgrundlage, als Entwurf des Handelns in offenen Kontexten – wichtig. Die Reflexion methodischen Handelns sollte sich allerdings stärker auf Voraussetzungen „gelingender" Balancen bzw. „angemessener Positionierungen" zwischen den Polen möglicher Interventionen (im Rahmen der unterschiedlichen beruflichen Anforderungen) beziehen (Heiner 2004: 161). Diesbezüglich verweist die Studie auf weitere Forschungsbedarfe. Insbesondere bleibt offen, welche Kontexte zu einseitigen Positionierungen führen können – hier könnten Verknüpfungen zu den Überlegungen von Fritz Schütze (2000) weiterführend sein.

Impulse zur Professionalisierung der Sozialen Arbeit: Die empirischen Ergebnisse erweitern die Wissensbasis zu professionellem Handeln als wichtigem Ausgangspunkt für weitere Überlegungen zur Professionalisierung Sozialer Arbeit. Neben Beispielen professioneller Praxis zeigen sich weiterhin bestehende Professionalisierungsbedarfe im Bereich Sozialer Arbeit (insbesondere in den Rekonstruktionen der Deutungsmuster jener Fachkräfte, die Maja Heiner dem Dominanzmodell zuordnet). Das Vorgehen der ‚kasuistischen Interpretation' ermöglicht für Studierende eine Sensibilisierung für und Einübung in professionelles Fallverstehen – notwendige Voraussetzung für Professionalität. Schließlich macht das Verfahren der kasuistischen Interpretation deutlich: Einschätzungen professioneller Praxis zu Gelingen und Scheitern, basieren immer auf bestimmten theoretischen Vorüberlegungen bzw. einem ‚normativen Horizont' – diesen gilt es transparent zu machen und kritisch zur reflektieren.

Literatur

Bauer, Petra/Weinhardt, Marc (Hrsg.) (2014): Perspektiven sozialpädagogischer Beratung. Empirische Befunde und aktuelle Entwicklungen. Weinheim: Beltz Juventa

Heiner, Maja (2004): Professionalität der Sozialen Arbeit. Theoretische Konzepte, Modelle und empirische Perspektiven. Stuttgart: Kohlhammer

Heiner, Maja (2007): Soziale Arbeit als Beruf. Fälle - Felder - Fähigkeiten. München: Reinhardt

Heiner, Maja (2010): Kompetent handeln in der Sozialen Arbeit. München/Basel: Reinhardt

Nestmann, Frank/Engel, Frank/Sickendiek, Ursel (Hrsg.) (2004): Das Handbuch der Beratung. Band 1. Disziplinen und Zugänge. Tübingen: dgvt-Verlag

Schneider, Sabine (2006): Sozialpädagogische Beratung. Praxisrekonstruktionen und Theoriediskurse. Tübingen: dgvt-Verlag

Schneider, Sabine/Esser, Florian/Mangold, Katharina/Nord, Karin/Rein, Angela/Schöne, Mandy/Zipperle, Mirjana (2006): Ein Interview – Fünf Interpretationsskizzen. Illustrationen unterschiedlicher Auswertungsstile im Rahmen einer exemplarischen Forschungswerkstatt. In: ZBBS (2006) 1. 139-166

Schneider, Sabine (2014): Zur notwendigen Profilierung sozialpädagogischer Beratung. In: Bauer, Petra/Weinhardt, Marc (Hrsg.) (2014): 179-195

Schütze, Fritz (2000): Schwierigkeiten bei der Arbeit und Paradoxien des professionellen Handelns. Ein grundlagentheoretischer Aufriss. In: Zeitschrift für qualitative Bildungs-, Beratungs- und Sozialforschung (2000) 1. 49-96

Strauss, Anselm L. (1998): Grundlagen qualitativer Sozialforschung: Datenanalyse und Theoriebildung in der empirischen soziologischen Forschung, 2. Aufl., München: UTB Wissenschaft

Thiersch, Hans (2004): Sozialarbeit/Sozialpädagogik und Beratung. In: Nestmann, Frank et al. (Hrsg.) (2004): 115-124

Themenbezogene Weiterentwicklung

Durchblicken und verstehen, was der Fall ist? Zur ‚Unendlichen Geschichte' der Kontroversen um eine sozial(pädagogische) Diagnostik

Christian Schrapper

Auseinandersetzungen um die Frage ‚Wissen sie, was sie tun?' treiben die Entwicklung der Sozialen Arbeit voran und irritieren zugleich, vor allem wenn es um Erwartungen an die gesellschaftliche Funktion oder um sozialpolitische Aufgabenzuweisungen geht. ‚Wissen wir, was wir tun?' lautet die selbstreferentielle Version dieser Frage und die Versuche, Antworten zu finden, sind mindestens ebenso existentiell wie verunsichernd. In zwei Richtungen werden seit gut 100 Jahren Antworten erwartet und gesucht: Zum einen geht es um Begründungen oder Legitimationen für ‚soziale' Interventionen, um die Auswahl von Zielgruppen und Handlungsprogrammen – im Grundsätzlichen ebenso wie im konkreten Fall. Zum anderen wird die Wirkungsfrage aufgeworfen: Welches Wissen kann erarbeitet und angeführt werden, um für das Interventionshandeln Sozialer Arbeit zielführende von nicht zielführenden, oder nützliche von schädlichen Handlungsprogrammen zu unterscheiden; auch hier im Grundsätzlichen ebenso wie im konkreten Fall. Mit den Begriffen der benachbarten medizinischen Handlungstheorie[1] gefasst: Anamnese und Diagnostik auf der einen, sowie Evaluation auf der anderen Seite rahmen die Intervention, sollen klären, was wirken könnte und was gewirkt haben kann, wenn Soziale Arbeit folgenreich in das Leben von Menschen eingreift.

Genau in diesem weiten und grundsätzlichen Sinne hat Maja Heiner ihre wissenschaftliche Arbeit an Handlungskonzepten Sozialer Arbeit verstanden und betrieben; Diagnostik und Evaluation waren für sie zentrale Themen und Herausforderungen, so wie auch in den Beiträgen dieses Buches. In meinem Beitrag soll es ausschließlich um die Diagnostik gehen, die Heiner für die Soziale Arbeit überhaupt erst wieder besprechbar machte und in deren Konzeption und Methodik sie viel Arbeit und Energie investiert hat. Wichtig ist aber, ihr Nachdenken

---

[1] Burkhard Müller (2012) hat diese vier Schritte einer auf den Menschen und seine physische, psychische und soziale Verfassung zielende Handlungsstrategie in eindrucksvoller Weise für die soziale Pädagogik reformuliert.

und Entwickeln einer Sozialen Diagnostik in den skizzierten Zusammenhang einer ambitionierten professionellen Selbstaufklärung zu stellen, ernsthafte Antworten auf die Frage ,Wissen wir, was wir tun?' zu suchen und dieses Anliegen nicht auf eine sozialtechnologische Suche nach Kriterien und Instrumenten für den professionellen Blick zu verkürzen.
,Durchblicken und verstehen, was der Fall ist', so die im Titel angedeuteten zentralen Aspekte einer sozialen Diagnose; ihr Gegenstand, der ,Fall', und die beiden wesentlichen Erkenntnisstrategien, ,durchblicken' und ,verstehen wollen', sollen kurz skizziert werden:

- *Der Fall* ist eine komplizierte Melange aus aktueller Situation und Problemanzeige, oft komplexen Lebens- und Hilfegeschichten sowie ebenfalls nicht einfachen administrativen Zuständigkeiten und Regularien. Diese ,Fall-Mischung' ist daher mehr als eine Lebensgeschichte, aber auch mehr als in den Akten steht.
- *Durchblick* erfordert dabei die Anstrengung, die Dinge ,beim Namen zu nennen'. Dazu sind fundiertes Erklärungswissen und geklärte Begriffe (Theorie) ebenso unverzichtbar wie die Fähigkeit, anschaulich nachvollziehbar zu machen, was ,was' im konkreten Fall bedeutet. Hierfür ist eine eigene fachliche Position erforderlich, also eine begründbare Einschätzung zu Verhältnissen und Verhalten, vor allem aber eine fundierte Haltung zu den unveräußerlichen Rechten jedes Menschen auf Würde – für junge Menschen besonders auf Entwicklung und Bildung –, sowie zu den jeweils konkreten Bedingungen, sein Recht auch zu bekommen.
- Mit *Verstehen* soll die auf einfühlendes Nachvollziehen sich gründende Anstrengung benannt werden, kommunizierbare, also vor allem in Sprache gefasste Vorstellungen darüber zu erarbeiten, wie ein anderer Mensch seine Situation und seine Perspektiven verstehen und begreifen kann. Zugang und Mitgefühl sind dafür erforderlich, vor allem aber die Fähigkeit, in Worte zu fassen, was oft unsagbar scheint.

In vier Thesen wird im Folgenden umrissen, was aktuell als Stand der Bemühungen um Konzeption und Methodik einer Sozialen Diagnostik angesehen werden kann und dabei der besondere Beitrag von Maja Heiner zu diesem Diskurs gewürdigt.

1 Soziale Diagnostik ist für die Soziale Arbeit ein ebenso ambitioniertes wie kontroverses Projekt

Ambitioniert ist das Vorhaben einer Sozialen Diagnostik, da es als „systematische Informationsverarbeitung im Dienste beruflicher Entscheidungsfindung eine zentrale Handlungskompetenz (betrifft), die eine Klärung grundlegender professions- und handlungstheoretischer Positionen und auch erkenntnistheoretischer Fragen voraussetzt. Es geht um nichts weniger als die Frage: Was kann ich und was muss ich wie zuverlässig wissen, um Aussagen machen zu können, die es mir erlauben, kompetent und zielführend, also effektiv und effizient zu handeln?“ (Heiner 2011: 237). Nahezu alle grundlegenden Fragen, die eine Profession der Sozialen Arbeit ihren Adressaten und sich selbst beantworten muss, will sie als solche anerkannt sein und als handlungsfähig gelten, wirft also das Projekt einer Sozialen Diagnostik auf, so Heiner in ihrem Beitrag zum Stichwort „Diagnostik in der Sozialen Arbeit“ (Heiner 2011: 237ff) für die aktuelle vierte Ausgabe des „Handbuch Soziale Arbeit“ von Hans Uwe Otto und Hans Thiersch; sicher eines der anerkannten Referenz- und Standardwerke für Disziplin und Profession Soziale Arbeit gleichermaßen.

Kontrovers ist das Projekt einer Sozialen Diagnostik auch wegen seiner grundlegenden Bedeutung für Selbstverständnis und Selbstbehauptung der Profession. Vehement bestritten werden das zugrundeliegende Professionsbild, die erkenntnistheoretischen Annahmen sowie zentrale Vorstellungen des behaupteten Handlungskonzeptes; der Begriff ‚Diagnostik‘ wird zudem als untaugliche Adaption abgelehnt: „Die Renaissance der Diagnostik in der Sozialen Arbeit kann als eine freiwillige Unterwerfung der Profession unter die gesellschaftlichen Machtverhältnisse gedeutet werden, vor allem als eine Unterwerfung unter den mit den neuen Steuerungsmodellen verbundenen manageriellen Effizienzdiskurs“, so Timm Kunstreich, Michael Langhanky, Michael Lindenberg und Michael May in ihrem Beitrag im von Maja Heiner herausgegebenen „Handbuch Diagnostik und Diagnosen in der Sozialen Arbeit“ (Kunstreich et al. 2004: 26ff). Schon der Terminus ‚Diagnose‘, in Medizin oder Technik gebräuchlich für ein „expertenbestimmtes Gutachten mit Wahrheitsanspruch“, verfehle die Herausforderungen, Möglichkeiten und vor allem Grenzen sozial(pädagogischer) Handlungsprogramme bei weitem, so Joachim Merchel (2003). Und nicht zuletzt begründe die Professionsgeschichte der Sozialen Arbeit im 20. Jahrhundert eine große Skepsis gegenüber dem Versuch, unterscheidend durchschauen zu wollen, um selektieren zu können, wann gesellschaftliche Sorge nützlich erscheint (Schrapper 2004a: 40ff).

Dazu noch einmal Maja Heiner in der ersten Fassung ihres Artikels für das „Handbuch Sozialarbeit/Sozialpädagogik“ von Otto und Thiersch: „Die Ablehnung von Diagnosen und Diagnostik in der Sozialen Arbeit als medizinisch und naturwissenschaftlich geprägten Konzepten beruht auf der Sorge, dass damit drei zentrale Anliegen Sozialer Arbeit gefährdet sein könnten": Erstens Klienten als Partner begreifen zu können mit Einfluss auf partizipativ angelegte Prozesse; zweitens ein facettenreiches, ressourcen- und entwicklungsorientiertes Bild von Person, Situation und Aufgaben erarbeiten zu können mit drittens betont hypothetischen und vorläufigen Urteilen (Heiner 2001: 253). Mit viel Sachkenntnis erklärt Heiner zuerst geduldig, dass die Diagnostiken der Psychologie und Medizin so schlimm nicht seien, aber auch wo Unterschiede und Eigenheit der „psychosozialen Diagnostik" zu sehen sind: „Die psychosoziale Diagnostik liegt quer zu den zentralen Grundrichtungen der psychologischen Diagnostik und stellt eine spezifische Mischung der Elemente der Selektions- und Klassifikationsdiagnostik einerseits und der Modifikationsdiagnostik andererseits dar" (Heiner 2001: 255) Vor allem aber formuliert sie „Prinzipien", oder auch „Gütekriterien" als fachliche Orientierungsmarken: 1. partizipativ, 2. sozialökologisch, 3. mehrperspektivisch und 4. reflexiv müsse eine soziale Diagnose sein. Und sie ‚schafft Ordnung' in dem sie vorschlägt zu unterscheiden zwischen Orientierungsdiagnosen, Beschlussdiagnosen und Gestaltungsdiagnosen; später ergänzt um Risikodiagnosen (Heiner 2001: 258ff, 2011: 243ff).

Nichts weniger wollte Maja Heiner: ein kontroverses und ambitioniertes Projekt als zentralen Baustein der Profession Soziale Arbeit vorantreiben und zu einem tragfähigen Konzept entwickeln. Orientierung schaffen durch sichten, ordnen und nachvollziehbar bewerten, so versteht Heiner ihr integratives Konzept eines „diagnostischen Fallverstehens" (Heiner/Schrapper 2004: 201ff), dessen Gegenstand für „durchblicken und verstehen" immer auch der Professionelle und seine Organisation sind – der wohl bedeutsamste Unterschied zu psychologischen und medizinischen Diagnosevorstellungen und -praktiken.

2 Kontrovers ist das Vorhaben *Diagnostik und Fallverstehen* auch, weil es viel Projektionsfläche bietet für die traditionsreichen Widersprüche des sozialpädagogischen Projektes

Sozialpädagogik habe sich entwickelt als das „erzieherische Element jener Sozialpolitik, die als Begleiterscheinung der Hochindustrialisierung notwendig wurde, gleichsam als Antwort auf die Schäden und Leiden, die die moderne Gesellschaft dem einzelnen Menschen zufügt", so verortet Herwig Blankertz (1982: 256) in seiner „Geschichte der Pädagogik" die widersprüchliche Funktion der modernen Sozialpädagogik. Auch das Nachdenken und Reden der Sozialpädagogik sowie das Handeln in der Sozialen Arbeit, diese gesellschaftlich zugefügten Schäden und Leiden durchblicken und verstehen zu wollen, verweist auf eine lange und wechselvolle Geschichte. Auf der einen Seite kann Sozialpädagogik mit der Hermeneutik auf eine Tradition explizit pädagogischer Verstehens- und Deutungsmethoden menschlicher Lebenswirklichkeiten zurückgreifen. Gerade der hermeneutische Zirkel als Modell eines Erkenntnisverfahrens, das sowohl sorgfältig Einzelaspekte analysiert als auch das Ganze in den Blick nimmt, das regelgeleitete methodische Strenge mit intuitivem Verstehen zu vermitteln und wechselseitig zu kontrollieren sucht, bietet viel Nähe zu den Erhebungs- und Erkenntnisprozessen sozialpädagogischer Handlungsfelder. Nicht zufällig sind es gerade die modernen Nachfahren der geisteswissenschaftlichen Hermeneutik, die wesentliche Hinweise für die Weiterentwicklung originär sozialpädagogischer Verstehens- und Diagnosekonzepte gegeben haben (exemplarisch: Mollenhauer/Uhlendorff 1997; Oevermann 2000; Kraimer 2004).

Andererseits gibt es gemeinsame Wurzeln mit der modernen Medizin und Psychologie, gegründet in der Suche nach rationalen Erklärungen für menschliches Verhalten als Emanzipation von theologischen oder philosophischen Deutungen. Schon bei den Aufklärungspädagogen ersetzten empirische Beobachtungen die normative Interpretation menschlicher Handlungen und Orientierungen, eindrücklich nachzulesen im ersten Teil des Stanser Briefs (Pestalozzi 1977). Vor allem aber die Entwicklungen der modernen Heil- und Sonderpädagogik (für die Heilpädagogik: Möckel 1988; insgesamt: Müller 1982: 11ff) sowie der Sozialarbeit in den ersten 30 Jahren des 20 Jahrhunderts waren geprägt von zahlreichen Versuchen, wissenschaftlich begründetes systematisches Wissen und methodische Konzepte der praktischen Anwendung zu entwickeln, die durch fundierte Diagnosen einen besseren Einblick und sichere Vorhersagen erlauben sollten. So entstehen aus der gemeinsamen Arbeit von Medizinern und Pädagogen mit sog. idiotischen und schwachsinnigen Kindern umfangreiche Forschungen und Methodenentwicklungen, die z.B. in der 1895 von dem Jenaer Heilpädagogen Johannes Trüper (1855-1921) gegründeten Zeitschrift „Die Kinderfehler. Zeitschrift für pädagogische Pathologie und Therapie in Haus, Schule und sozialem Leben“ veröffentlicht wurden (Berger 1998; zur genannten Zeitschrift Heckes 1988: 54ff). Vor allem aber muss Alice Salomon erwähnt werden, die 1926 mit ihrer Übertragung des amerikanischen Lehrbuches von Mary E. Richmond (zuerst erschienen 1917) auch den Begriff der Sozialen Diagnose in die deutsche Sozialarbeit und Sozialpädagogik einführte (Kuhlmann 2004). In den 20er Jahren des letzten Jahrhunderts gab es in Deutschland einen ebenso vielfältigen wie international anerkannten Diskurs sozial- und heilpädagogischer Methodenentwicklungen für die Aufgaben der Diagnose und des Fallverstehens (Müller 1982; mit Beispielen aus der Heimerziehung: Heckes 1988).

Einen auch für die sozialpädagogische Methodenentwicklung bis heute kaum überwundenen Bruch bedeutete die schon in den zwanziger Jahren erstarkende Selektionsdiagnostik der Rassehygieniker und Euthanasieverfechter; konsequent zu Ende gedacht und praktiziert in der Aussonderung der nationalsozialistischen Fürsorge. Nach scheinbar objektiven, weil biologischen Merkmalen sollten die psychischen Dispositionen und Entwicklungspotentiale von Menschen analysiert werden, um die ‚rassisch Wertvollen' und ‚Förderungswürdigen' von den ‚Wertlosen und Gefährlichen' zu unterscheiden; diesen Selektionen folgte immer die Aussonderung und sehr häufig auch die Ermordung (Thöne 1988; Kuhlmann 1988; Dahl 2001).

Die skizzierten Traditionslinien sozialpädagogischer Methodenentwicklung werden nach Zerstörung, Zusammenbruch und Befreiung ab 1945 zuerst aufgehoben und überformt durch den (Re-)Import amerikanischer Sozialarbeitsmethoden nach Westdeutschland. Es waren vielfach die zurückgekehrten Emigrantinnen, die in dieser Lage mittels Methodenlehre eine neue fachliche Qualifikation begründen wollten (schön beschrieben in Müller 1988: 68 ff). Ohne die Leistungen vor allem der psychoanalytisch orientierten Case-Work-Konzepte, eingedeutscht als „vertiefende Einzelfallhilfe", schmälern zu wollen (Hege 1979; Geißler/Hege 1997: 42ff), gelang es doch lange Zeit kaum, an die weitaus vielfältigere Methodenentwicklung der Weimarer Zeit anzuschließen. Hierzu hat auch der Rückzug der wissenschaftlichen Sozialpädagogik in die bis in die 1970er Jahre durch Lehrerbildung geprägten Universitäten beigetragen, aus deren Schatten sie zuerst und vor allem durch kritische Gesellschaftsanalysen und weniger durch Beiträge zur Methodenentwicklung hervorgetreten ist.

Die diagnostischen Traditionen der ‚pädagogischen Pathologie' werden dagegen sehr viel stringenter in den Konzepten und Arbeitsweisen der entstehenden Kinder- und Jugendpsychiatrie weitergeführt, die bis in die 1970er Jahre hinein *die* fachliche Bezugsdisziplin für Diagnose- und Beurteilungsprozesse im bis heute größten sozialpädagogischen Handlungsfeld, der Jugendfürsorge, war und es zum Teil noch ist (Du Bois/Ide-Schwarz 2001; als historische Quelle eindrucksvoll Stutte 1958; aktuell z.B. auch Petermann 2002). Erst mit den Heimkampagnen Ende der 1960er Jahre wurden auch die bewährten Traditionen der Selektion und Ausgrenzung skandalisiert und mit ihnen zumindest in Teilen gebrochen. Allerdings geschah dies um den Preis einer zuerst theoretischen, dann auch praktisch wirksamen, zunehmenden wechselseitigen Entfremdung von (Sozial-)Pädagogik und (Sozial-)Medizin bzw. Psychiatrie.

Die gemeinsamen Wurzeln diagnostischer Konzepte und Methoden und die Erfahrung von Perversion und Missbrauch prägen und erklären das ambivalente Verhältnis der Sozialen Arbeit zu Konzepten und Methoden der Diagnostik in ihren Feldern bis heute: Einerseits werden Diagnosen gefordert und mit zum Teil naiver Gläubigkeit bei Psychologen und Medizinern bestellt und andererseits werden sie als unzulässige Psychologisierung oder Medizinisierung gesellschaftlicher Bedingungen und sozialer Prozesse abgelehnt. Von solchen grundlegenden Kontroversen und Traditionen wollte Maja Heiner sich weder erdrücken lassen, noch diese naiv ignorieren. In Tübingen fand sie hierfür ein produktives Umfeld, dem Ort an dem die Alltags- und Lebensweltorientierung ‚erfunden' wurde (zusammenfassend: Thiersch/Grunwald 2011). Dieses Konzept der Lebensweltorientierung kann auch verstanden werden als das ‚Godesberger Programm' der modernen Sozialpädagogik, das sie konstruktiv aussöhnen wollte mit ihren Geburtstraumata, als ‚Büttel des Kapitals' in die Welt gekommen zu sein – oder nochmals mit Blankertz „als erzieherisches Element jener Sozialpolitik", die für eine Gesellschaft Schäden ausbessern soll, die diese selbst und ständig neu Menschen zufügt.

Diagnostik, verstanden als durchblickende Unterscheidung bietet also breite Projektionsflächen, die Zumutungen und Unmöglichkeiten dieses ‚erzieherischen Elements' zu thematisieren und exemplarisch oder stellvertretend zu diskutieren, aber konfrontiert auch mit der Unausweichlichkeit und Notwendigkeit, wenigstens zu versuchen, es dennoch ‚ordentlich' zu machen. Dieses *dennoch* war auch bei Maja Heiner, in Gesprächen mehr als in ihren Texten, zu spüren, selten zwar, immer vornehm und zurückhaltend, aber deutlich mit der sicheren Zuversicht, es könne doch gelingen. Exemplarisch und eindrücklich hierfür sind ihre Beiträge in dem streitbaren Briefwechsel mit Burkhard Müller, Timm Kunstreich und Marianne Meinhold im Themenheft „Neodiagnostik – Modernisierung klinischer Professionalität?" der Zeitschrift Widersprüche (2003: 11ff).

3 Wissen wir, was wir tun? Diese Frage ist ‚Stachel im Fleisch' jeder Profession und professionsorientierten Disziplin

Die Begründung von Verstehens- und Deutungskompetenz hat herausragende Bedeutung für die professionelle (Selbst-)Behauptung der Sozialen Arbeit als Beruf. Prägend für diese Kompetenzbehauptungen ist das Dilemma, zwischen professioneller Expertise und dialogischer Verständigung eine Position zu begründen, die weder Menschen ihre Subjektivität enteignet noch naiv bleibt gegenüber Problemen und Gefährdungen konkreter Lebenspraxis. Hierzu tragen auch die skizzierten Erfahrungen aus der NS-Zeit, mit den Verlockungen und schrecklichen Konsequenzen einer behaupteten (biologisch begründeten) Objektivität sozialer Bewertungen und daraus abgeleiteter Selektionen, bei. Aktuell müssen die Folgen solcher diagnostischen Zuschreibungen im Namen angeblich unvermeidlicher ‚Fürsorge' an den Selbstzeugnissen und Forschungsarbeiten zur

Gruppe der Heimkinder und Fürsorgezöglinge aus der Frühzeit der Bundesrepublik zur Kenntnis genommen werden. Hier werden beschämend eindrucksvoll die verheerenden Folgen verweigerter Anstrengungen des Verstehens in der professionellen Fürsorge für ein ganzes Leben deutlich (zusammenfassend Schrapper 2014).

Tragfähig für eine reflexive Entwicklung professioneller Verstehens- und Deutungskompetenzen erscheint demgegenüber vor allem die Figur der „immanenten Kunstlehre des Fallverstehens", wie sie exemplarisch Regine Gildemeister (1992: 207ff) als eine Grundlage der Professionalisierung sozialer Arbeit herausgearbeitet hat. Danach müssen SozialarbeiterInnen ihre Berufsrolle „sozusagen selbst inszenieren", da hierfür kaum anerkannte kollektive Vorstellungen oder einfache Regeln existieren. Ausgehend vom Modell der stellvertretenden Deutung müsse das Ziel der Berufsvollzüge die (Wieder-)Herstellung der Autonomie der Lebenspraxis der Klienten sein. Durch einen Eingriff in die Autonomie der Lebensvollzüge eben diese Autonomie der Lebenspraxis zu wahren, sei das Dilemma aller sozialen Dienstleistungsarbeit. Nur in einer stellvertretenden Problemdeutung statt in stellvertretender Problemlösung könne daher die Autonomie der Lebenspraxis gewahrt werden. Diese stellvertretend gewonnenen Problemdeutungen müssen aber an die Klienten zurückgegeben werden, um diese bei der Wiedergewinnung ihrer autonomen Lebenspraxis maßgeblich zu unterstützen. In dieser stellvertretenden Problemdeutung allerdings „stoßen zwei prinzipiell nicht aufhebbare Komponenten professionellen Handelns zusammen, nämlich eine Orientierung am Komplex des wissenschaftlichen Wissens zum einen, und zum anderen eine Orientierung am Komplex ganz praktischer Interessen der Gesellschaftsmitglieder" (Gildemeister 1992: 213). Der Professionelle muss also einerseits die im engeren Sinne wissenschaftliche Kompetenz des Verständnisses von Theorien und der Verfahren ihrer Konstruktion haben und andererseits die (hermeneutische) Kompetenz des Verstehens eines ‚Falles' in der Sprache des Falles selbst, d.h. außerhalb des Bereiches der Theorieanwendung. Diese Gleichzeitigkeit von Theorieverstehen und Fallverstehen sei grundlegend für die Logik des professionellen Handelns und sie konstituiert sich durch die Person des Handelnden hindurch, der ja im konkreten Fall handeln muss. „Jeder Professionelle muss also die lebenspraktischen Probleme von Klienten unter Rückgriff auf den Kanon wissenschaftlichen Wissens erschließen. Gleichzeitig aber dürfen die individuellen Probleme des Klienten nicht unter dem wissenschaftlichen Wissen subsumiert und damit als individuelle getilgt werden. Genau dieser Prozess ist gemeint, wenn von der ‚Kunstlehre' des Fallverstehens die Rede ist, in der der Professionelle nach Maßgabe seiner spezifischen professionellen Perspektive den Fall auslegt. (...) Diese Kunstlehre des Fallverstehens wird in einem langdauernden Prozess professioneller Sozialisation eingeübt und mündet in einen spezifischen professionellen Habitus" (Gildemeister 1992: 214; 1995).

Befunde empirischer Fallanalysen zu dieser Einschätzungs- und Entscheidungspraxis in der Sozialen Arbeit, hier vor allem der Kinder- und Jugendhilfe (z.B. Urban 2004, Neuberger 2004 oder Ader 2006), konfrontieren immer wieder eindrucksvoll mit dem ‚Nicht-Verstehen' der Professionellen und dessen Folgen für die Menschen. Nicht verstanden werden insbesondere der Eigen-Sinn junger Menschen und ihrer Familien, aber auch die Eigendynamik in den Organisationen Sozialer Arbeit. Erscheinungsformen und Ursachen hierfür werden gesehen in:

- Überbewertung der Organisationsinteressen: *Fälle lösen statt Probleme verstehen*
- Symptomorientierung: *Störungen feststellen statt Potentiale entdecken*
- Überbewertung normativer Orientierungen: *Gute Eltern, glückliche Kindheit und ordentliche Jugend; Rettung in die Ideale angesichts der schrecklichen Realitäten*
- Der ‚*Verstrickung der Hilfesysteme*' in die Problemdynamiken z.B. von Kindern und Familien durch Wiederholung und Re-Inszenierung.

Festzuhalten bleibt ein zwiespältiges, ebenso ambivalentes wie doppeldeutiges Bild der Debatten, Entwicklungen und Kontroversen um eine professionelle sozialpädagogische Einschätzungs- und Beurteilungskompetenz und entsprechender Methoden und Instrumente: Einerseits eine grundlegende Skepsis gegen „Diagnosen" als „üble Nachrede" (Hekele 1988) oder technokratische Zumessung und Stigmatisierung (Langhanky 2004: 39ff); andererseits die Idee, mittels reflexiver Verfahren und beteiligungsorientierter Methoden zu anerkannten und praktikablen Lösungen des Einschätzungsproblems zu kommen (für die Jugendhilfe insbesondere Uhlendorff 1992; Uhlendorff 2008; Heiner/Schrapper 2004; Heiner 2011; Schrapper 2012). Festzuhalten bleibt aber auch: Klienten haben ein Recht darauf, dass die Professionellen, die sich in ihr Leben einmischen, wissen was sie tun – so eine moderne verbraucherschutzrechtliche Begründung der durchaus zwiespältigen Frage: *Wissen sie, was sie tun?* Maja Heiner hat nie aufgegeben, den Anspruch, wissen zu wollen, was man tut – bei aller begründeten Skepsis – theoretisch tragfähig behaupten und methodisch handlungsorientierend konkretisieren zu können (zuletzt Heiner 2013).

4 Zur Unendlichen Geschichte: Braucht es einen „*neuen Namen für das Reich der kindlichen Kaiserin?*" – Wie geht es weiter mit den Projekt ‚Diagnostik in der Sozialen Arbeit'?

Für eine Fachtagung zum Stand einer Sozialen Diagnostik im vorletzten Jahr, die Maja Heiner wesentlich noch mit vorbereitet hatte, dann aber selbst nicht mehr teilnehmen konnte, war mir als Vortragsthema aufgetragen, etwas über die ‚Unendliche Geschichte' der Suche nach den ‚richtigen' Konzepten für Diagnosen in der Sozialen Arbeit zu sagen. Aus Michael Endes wunderbarer Geschichte über die Kraft der kindlichen Phantasie habe ich seinen Plot aufgegriffen, der erzählt vom Reich der kindlichen Kaiserin, das tödlich bedroht wird vom ‚Nichts menschlicher Phantasielosigkeit'. Auch die wunderbare Welt sozialpädagogischer Konzepte und Methodenvorschläge sei von einem ‚Nichts' bedroht, so meine Analogiethese, ein Nichts, das ebenso unaufhörlich vordringt und schwarze Ödnis verbreitet, wie das Nichts im Reich der kindlichen Kaiserin, hier vom ‚Nichts der Nutzlosigkeit'. Fälle verstehen und durchschauen, so die behauptete Analyse, erscheint zu oft nutzlos für die für wesentlich gehaltenen Belange sozialpädagogischer Praxis in Heimen, Beratungsdiensten oder Jugendämtern. Eine steile These zugegeben, aber nicht ‚aus der Luft gegriffen': So lange ich in Fortbildungen und auf Fachtagungen die hier skizzierten Überlegungen zur Konzeption und zu den Arbeitsweisen für ein sozialpädagogisches Fallverstehen und Diagnostizieren präsentiere und vor allem an konkreten Fällen aus der Praxis mit Teilnehmenden erarbeite, so lange höre ich immer wieder eine Rückmeldung: ‚*Die Konzeptionen und vor allem das konkrete Arbeiten finden wir gut, es hilft wichtige Fragen in unseren Fällen zu klären, es erkennt unsere Kompetenzen an und entspricht unserem professionellen Selbstverständnis – aber in unserer Praxis haben wir dafür keine Zeit.*' Neben einem möglichen Hinweis auf einen kritischen Zeitverbrauch in eben dieser Praxis ist diese Resonanz vor allem ein Hinweis auf ein notwendiges Kosten-Nutzen-Kalkül der Praxis: Lohnt der Aufwand für Diagnostizieren und Fallverstehen den Ertrag? Liefern die hier begründeten und skizzierten Anstrengungen für Verstehen und Durchdringen der aufgetragenen Fälle tatsächlich die geforderten ‚Fall-Lösungen'? Oder verunsichern sie nicht vielmehr, erhöhen die Komplexität der Problemeinsichten und vervielfältigen die Vorstellungen über mögliche Antworten, die dann doch nicht realisiert werden können?

Das ‚Schlimme' ist, diese Vermutungen sind berechtigt. Fälle konzeptionell begründet und methodisch angeleitet verstehen und durchblicken zu wollen, kann hilfreich sein, um besser und angemessener zu verstehen, ‚was der Fall ist' und um tragfähige Ideen zu erarbeiten, was getan werden kann. Aber Fall-Verstehen ‚liefert' keine unzweifelhaften und ‚objektiv richtigen' Fall-Lösungen.

Über das, was geht, was gewollt wird und was bezahlt werden will, muss trotz aller Verstehens-Bemühungen immer noch zumeist anstrengend gestritten, mindestens aber mühsam verhandelt werden. Wozu dann also die Anstrengung, durchblicken und verstehen zu wollen, was doch nicht lösbar scheint? Das Paradox jeder Anstrengung, verstehen und durchblicken zu wollen, kann also so umrissen werden: Zuerst bedeutet das um Verstehen bemühte Eindringen in die Welt- und Selbstsichten eines anderen Menschen mehr Verunsicherung und Irritation über all das, was jetzt erst recht unverständlich erscheint. Nur wenn dieses ‚Tal der Irritation' und Verunsicherung durch die Anstrengung der Verständigung darüber, was vielleicht doch begreifbar geworden und was unbegreiflich geblieben ist, gemeinsam durchschritten werden kann, wird erkennbar, was ‚der Fall ist'. Zu jedem diagnostischen und verstehenden Arbeiten gehört also zentral die Erfahrung, dass erste ‚echte' Verunsicherung gespürt werden muss, bevor tragfähige Versicherung erarbeitet werden kann (anschaulich für einen aktuellen Kinderschutzfall: Schrapper 2013).

So verstanden kann Diagnostizieren und Fallverstehen in der Sozialen Arbeit allerdings Erhebliches leisten:

- Doppelte Zugänge eröffnen durch einfühlendes Nachvollziehen und systematisierendes Durchdringen
- Prozesse des Selbstverstehens und Fremdverstehens für Adressaten und Profis anregen und aufeinander beziehen
- Bedingungen, Optionen und Grenzen sozialpädagogischer Leistungen ausloten und einschätzen, sowie vor allem grundlegende Menschenrechte einfordern.

Gelänge den sozialpädagogischen Fachkräften der hier angedeutete mehrfache Spagat zwischen respektvoller Verständigung und sachkundigem Erklärungsangebot, reflexiver Verunsicherung und praktischer Vergewisserung, politischer Skepsis und konkretem Optimismus, also zwischen ‚Fallverstehen' und ‚Theorieverstehen' (Gildemeister), so könnte der Nutzen tatsächlich erheblich sein. Denn diagnostisches Fallverstehen (Heiner/Schrapper 2004) bleibt ein unausweichliches Projekt, denn im Handlungsfeld Sozialer Arbeit kann *nicht nicht diagnostiziert werden.* Sozialpädagoginnen und Sozialarbeiter sind in vielen Arbeitsfeldern gefordert, Einschätzungen zu treffen, die in mehrfacher Hinsicht folgenreich sind. Diese Einschätzungen begründen oder verweigern sozialstaatliche Leistungen, sie ermöglichen Schutz vor Gefahr und Bedrohung oder lösen massive Eingriffe in die Privatsphäre von Menschen aus. Nicht selten sind alle genannten Aspekte sozialpädagogischer Einschätzungen komplex und manchmal auch widersprüchlich ineinander verwoben, auf jeden Fall aber sind die getroffenen Beurteilungen folgenreich – und unausweichlich.

Zurück zur *Unendlichen Geschichte*. Der Kampf gegen das Nichts gelingt den mutigen und skurrilen Bewohnern Phantasiens erst, als ein kleiner dicklicher Junge, Balthasar Bux, den Mut aufbringt, so tief in die Lektüre der Unendlichen Geschichte einzutauchen, dass die Grenze zwischen Realität und Phantasie schwindet und er der Kindlichen Kaiserin einen neuen Namen geben kann: *Mondenkönigin*. Wie kann das ‚Nichts der Nutzlosigkeit' für das Projekt einer Sozialen Diagnostik besiegt werden? Braucht es dann auch einen ‚neuen Namen'? Die Theorie- und Konzeptdiskurse zum Thema *Soziale Diagnostik* waren und sind von kontroversen und zum Teil unvereinbaren Positionen gekennzeichnet. Mit je spezifischen Methodenvorstellungen stehen sich die Erkenntniskonzepte *‚objektiv Wirklichkeit erfassen'* auf der einen und *‚subjektive Wirklichkeitsdeutungen verstehen'* auf der anderen Seite immer noch und immer wieder scheinbar unvereinbar gegenüber. Auch die Handlungskonzepte sind in der Polarität *Klassifikation,* d.h. die *‚Vielheit der Fälle'* unter ordnenden Gesichtspunkten/Kriterien auf einen Typus zu reduzieren vs. *Fallverstehen,* d.h. *das Besondere* des Einzelfalls verstehend rekonstruieren, eher gegensätzlich und wenig versöhnlich aufgespannt. Und nicht zuletzt sind in vielen Feldern der Sozialen Arbeit die Erkenntnisinteressen diagnostischer Anstrengungen zwischen *‚Störungsbilder klassifizieren'* vs. *‚Ressourcen checken'* zu verorten. Bringt hier ein ‚neuer Name' wirklich weiter und wofür müsste dieser Name stehen? Für die Suche nach einem ‚neuen Namen', also dem *integrativen Dach-Konzept* ist z.Z. niemand erkennbar, der Maja Heiner nachfolgen könnte; dies zeigen auch die Programme aktueller Tagungen zum Thema.[2] Weiterführend ist möglicherweise eine Differenzierung von *sozialen Diagnosen* und *sozialpädagogischer Diagnostik*: Ist erstere zentral daran orientiert, ‚soziale Probleme' und mögliche ‚Lösungswege und -ressourcen' zu erkennen und einzuschätzen, so muss für die sozialpädagogische Diagnostik die Einschätzung und Gestaltung von *Prozessen der Erziehung und Bildung* in den Mittelpunkt gestellt werden (Überblick zur Diagnostik-Debatte in der Sozialpädagogik seit 1970: Schrapper/Hinterwälder 2013).

Die Profession der Sozialen Arbeit fordert zu Recht Orientierungswissen und Handlungskonzepte, insbesondere für das immer riskante Unterfangen, durchblicken und verstehen zu wollen, was der Fall ist. Die Disziplin der Sozialpädagogik muss dazu den ebenso riskanten Spagat wagen zwischen kritischer Reflexivität und pragmatischer Handlungsorientierung. Maja Heiner konnte glaubwürdig machen, dass dieser Spagat anstrengend ist, aber gelingen kann, wenn die Bereit-

---

[2] Z.B.: ExpertInnengespräch an der Katholischen Hochschule Münster: Sozialpädagogische Diagnostik und Fallverstehen in der Jugendhilfe, 6./7. März 2014; 5. Tagung Soziale Diagnostik: Diagnostik in der Sozialen Arbeit - Wissenschaft trifft Praxis, 17./18. Oktober 2014, Olten (Schweiz).

schaft zur Anstrengung den Wunsch nach einfachen Lösungen überwiegt – auch hierfür vermisse ich sie.

Literatur

Ader, Sabine (2006): Was leitet den Blick. Wahrnehmung, Deutung und Intervention in der Jugendhilfe. Weinheim/München: Juventa

Berger, Manfred (1989): Johannes Trüper . In: Maier (1989): 593-594

Blankertz, Herwig (1982): Die Geschichte der Pädagogik. Von der Aufklärung bis zur Gegenwart. Wetzlar: Büchse der Pandora

Dahl, Mathias (2001): Diagnostik, Selektion Ausgrenzung - Die unheilige Allianz von Jugendpsychiatrie und Jugendhilfe in der NS-Zeit am Beispiel des Jugend-KZ Mohringen. In: Fegert et al. (2001): 9-23

Du Bois, Reinmar/Ide-Schwarz, Henning (2001): Psychiatrie und Jugendhilfe. In: Otto/ Thiersch (2001): 1424-1433

Fegert, Jörg Michael/Salgo, Ludwig/Späth, Karl (Hrsg.) (2001): Freiheitsentziehende Maßnahmen. Münster: Reinhardt

Fröhlich-Gildhoff, Klaus (Hrsg.) (2002): Indikation in der Jugendhilfe. Grundlagen für Entscheidungsfindung in Hilfeplan und Hilfeprozess. Weinheim/München: Juventa

Gahleitner, Silke/Hahn, Gernot/Glemser, Rolf (Hrsg.) (2013): Psychosoziale Diagnostik. Klinische Sozialarbeit. Beiträge zur psychosozialen Praxis und Forschung 5. Köln: Psychiatrieverlag

Geißler, Karlheinz A./Hege, Marianne (1997): Konzepte sozialpädagogischen Handelns. Ein Leitfaden für soziale Berufe, 8. Aufl. Weinheim/Basel: Beltz

Gildemeister, Regine (1992): Neuere Aspekte der Professionalisierungsdebatte. In: neue praxis 22. 3. 207-219

Gildemeister, Regine (1995): Kunstlehre des Fallverstehens als Grundlage der Professionalisierung sozialer Arbeit? In: Langhanky (1995): 26-37

Heckes, Claudia (1998): Der Fall Rosalinde K. Traditionen des gesellschaftlichen Umgangs mit Behinderten und anderen Normabweichenden. In: Schrapper/Sengling (1998): 35-57

Hege, Marianne (1979): Engagierter Dialog - Ein Beitrag zur sozialen Einzelhilfe, 2. Aufl. München/Basel: Reinhardt

Heiner, Maja (2001): Diagnostik: psychosoziale. In: Otto/Thiersch (2001): 253-265

Heiner, Maja (Hrsg.) (2004): Diagnostik und Diagnosen in der sozialen Arbeit. Ein Handbuch. Frankfurt a.M.: VSTP

Heiner, Maja (2005): Konzeptionelle und methodische Ansätze der Diagnostik in der Sozialen Arbeit. In: neue praxis. 5. 2005. 535- 539

Heiner, Maja (2010): Diagnostik in der Sozialen Arbeit: Zielsetzung, Gegenstand und Dimensionen. In: Archiv für Wissenschaft und Praxis der sozialen Arbeit 39. 4. 14-28

Heiner, Maja (2011): Diagnostik in der Sozialen Arbeit. In: Otto/Thiersch (2011): 237- 250

Heiner, Maja (2013): Wege zu einer integrativen Grundlagendiagnostik in der Sozialen Arbeit. In: Gahleitner/Hahn/Glemser (2013): 18-34

Heiner, Maja/Schrapper, Christian (2004): Diagnostisches Fallverstehen in der Sozialen Arbeit. Ein Rahmenkonzept. In: Schrapper (2004b): 201- 222

Hekele, Kurt (1988): Psychosoziale Diagnose in der Heimerziehung: Stigmatisierung anstatt Hilfe? In Sozial-Extra 12. 11/12. 20

Kraimer, Klaus (Hrsg.) (2000): Die Fallrekonstruktion. Sinnverstehen in der sozialwissenschaftlichen Forschung. Frankfurt a.M.: Suhrkamp

Kraimer, Klaus (2004): Mündigkeit im Fadenkreuz einer fallrekonstruktiven sozialpädagogischen Diagnostik. 12 Thesen zum ‚Einleben' des hermeneutischen Fallverstehens in der Jugendhilfe. In: Schrapper (2004b): 181-186

Kuhlmann, Carola (1988): Sozialer Rassismus als ‚Endlösung' der Sozialen Frage - Zur nationalsozialistischen Wohlfahrts- und Jugendpolitik. In: Schrapper/Sengling (1988): 245-267

Kuhlmann, Carola (2004): Zur historischen Dimension der Diagnostik am Beispiel Alice Salomon. In: Heiner (2004): 11-25

Kunstreich, Timm/Müller, Burkhard/Heiner, Maja/Meinhold, Marianne (2003): Diagnose oder Dialog? Ein Briefwechsel. In: Widersprüche 88. 23. 11-32

Kunstreich, Timm/Langhanky, Michael/Lindenberg, Michael/May, Michael (2004): Dialog statt Diagnose. In: Heiner (2004): 26-39

Langhanky, Michael (1995): Verständigungsprozesse der Sozialen Arbeit. Beiträge zur Theorie- und Methodendiskussion. Hamburg: Agentur des Rauhen Hauses

Langhanky, Michael (2004): Handeln ohne Diagnostik. In: Schrapper (2004b): 39-48

Maier, Hugo (Hrsg.) (1989): Who is who der Sozialen Arbeit, Freiburg i.Br.: Lambertus

Merchel, Joachim (2003): Diagnose in der Hilfeplanung: Anforderungen und Problemstellungen. In: neue praxis 33. 6. 527-542

Merchel, Joachim (Hrsg.) (2014): Handbuch Allgemeiner Sozialer Dienst. München, Basel: Reinhardt

Möckel, Andreas (1988): Geschichte der Heilpädagogik. Stuttgart: Ernst Klett Verlag

Mollenhauer, Klaus/Uhlendorff, Uwe (1992): Sozialpädagogische Diagnosen I. Über Jugendliche in schwierigen Lebenslagen. Weinheim/München: Juventa

Müller, Burkhard (2012): Sozialpädagogisches Können. Ein Lehrbuch zur multiperspektivischen Fallarbeit. 7. überarb. und erw. Aufl. Freiburg i.Br.: Lambertus

Müller, C. Wolfgang (1982): Wie helfen zum Beruf wurde. Eine Methodengeschichte der Sozialarbeit. Bd. 1.Weinheim/Basel: Beltz

Müller, C. Wolfgang (1988): Wie helfen zum Beruf wurde. Eine Methodengeschichte der Sozialarbeit 1945-1985. Bd. 2. Weinheim/Basel: Beltz

Neuberger, Christa (2004): Fallarbeit im Kontext flexibler Hilfen zur Erziehung. Sozialpädagogische Analysen und Perspektiven. Wiesbaden: Deutscher Universitätsverlag

Oevermann, Ulrich (2000): Die Methode der Fallrekonstruktion in der Grundlagenforschung sowie der klinischen und pädagogischen Praxis. In: Kraimer (2000): 58-155

Otto, Hans-Uwe/Thiersch, Hans (Hrsg.) (2001): Handbuch Sozialarbeit/Sozialpädagogik, 2. Aufl. Neuwied/Kriftel: Luchterhand

Otto, Hans-Uwe/Thiersch, Hans (Hrsg.) (2011): Handbuch Soziale Arbeit. Grundlagen der Sozialarbeit und Sozialpädagogik, 4. vollst. neubearb. Auflage. München/Basel: Reinhardt

Pestalozzi, Johann Heinrich (1977): Pestalozzi über seine Anstalt in Stans. Mit einer Interpretation und neuer Einleitung von Wolfgang Klafki. Weinheim/Basel: Beltz

Petermann, Franz (2002): Bedeutung von Diagnose und Indikationsstellung im Prozess der Hilfeplanung. In: Fröhlich-Gildhoff (2002): 17-32

Rasler, Michaela/Siedler, Reinhard (Hrsg.) (2014): Die Kinder des Staates. Österreichische Zeitschrift für Geschichtswissenschaften 25. 1 & 2. 331-344

Schrapper, Christian (2004a): Sozialpädagogische Diagnostik zwischen Durchblick und Verständigung. In: Heiner (2004): 40-54

Schrapper, Christian (Hrsg.) (2004b): Sozialpädagogische Diagnostik und Fallverstehen in der Jugendhilfe. Anforderungen, Konzepte, Perspektiven, Weinheim/München: Juventa

Schrapper, Christian (2012): Sozialpädagogische Diagnosen und sozialpädagogisches Fallverstehen. In: Merchel (2014): 199-207

Schrapper, Christian (2013): Betreuung des Kindes Anna. Rekonstruktion der fachlichen Arbeitsweisen und organisatorischen Bedingungen des Jugendamtes der Stadt Königswinter im „Fall Anna". In: Das Jugendamt1. 1. 2-16

Schrapper, Christian (2014): Systematisches Unrecht im sozialen Rechtsstaat? Eine sozialhistorische Analyse der Auseinandersetzung um die „Heimerziehung der 1950er und 60er Jahre" in (West-)Deutschland. In: Rasler/Siedler (2014): 331-344

Schrapper, Christian/Sengling, Dieter (Hrsg.) (1988): Die Idee der Bildbarkeit. 100 Jahre sozialpädagogische Praxis in der Heilerziehungsanstalt Kalmenhof. Weinheim/München: Juventa

Schrapper, Christian/Hinterwälder, Michaela (2013): Geschwisterbeziehungen verstehen und durchblicken. Eine Übersicht gängiger diagnostischer Konzepte und Instrumente. SOS-Kinderdorf Materialien 12. München: Eigenverlag

Stutte, Hermann (1958): Grenzen der Sozialpädagogik. Ergebnisse einer Untersuchung praktisch unerziehbarer Fürsorgezöglinge. In: Neue Schriftenreihe des Allgemeinen Fürsorgeerziehungstages 12.

Thiersch, Hans/Grunwald, Klaus (2011): Lebensweltorientierung. In: Otto/Thiersch (2011): 854-863

Thole, Werner (Hrsg.) (2002): Grundriss Soziale Arbeit, 2. überarb. und akt. Aufl. Wiesbaden: Springer VS

Thöne, Ulrike (1988): Rassenanthropologie und Rassenhygiene. Der Sozialdarwinismus vor 1933. In: Schrapper/Sengling (1988): 233-243

Uhlendorff, Uwe (2002): Sozialpädagogisch-hermeneutische Diagnosen in der Jugendhilfe. In: Thole (2002): 577-588

Urban, Ulrike (2004): Professionelles Handeln zwischen Hilfe und Kontrolle. Sozialpädagogische Entscheidung in der Hilfeplanung. Weinheim/München: Juventa

Widersprüche (2003): Themenheft Neo-Diagnostik - Modernisierung klinischer Professionalität?, H. 88

Situative Kasuistik – Die Relationierung von Theorie und Praxis durch Schlüsselsituationen

Regula Kunz

1 Kasuistik als Kunstlehre und als Antwort auf das Theorie-Praxis Problem

> „Reflektiertes professionelles Handeln erfordert ständig eine begründete Auswahl aus Handlungsalternativen. Bei einer fallbezogenen Darstellung fehlt ein Ort, um die Fachkenntnisse und Wertvorstellungen, die als Hintergrundwissen eine wichtige Rolle spielen, umfassend und logisch stringent, also systematisch darzustellen. Kasuistische Darstellungen illustrieren das Partikulare" (Heiner 2010b: 11).

Illustrieren kasuistische Darstellungen immer nur das Partikulare? Ich gehe mit Maja Heiner darin einig, dass zwar jede Fallbetrachtung einzigartig ist, aber Kasuistik auch den Anspruch erhebt, das Besondere und das Allgemeine zu verbinden, Fallverstehen und Theorieverstehen zusammenzubringen (vgl. Spiegel 2006: 327; Heiner 2012). Doch wie könnte nun dieser fehlende Ort aussehen, der Fachkenntnisse und Wertvorstellungen systematisch und doch fallbezogen darstellt und damit Theorie und Praxis relationiert? Kann es für Soziale Arbeit eine Kasuistik geben, die im Besonderen das Allgemeine darzustellen vermag und damit über den einzelnen Fall hinausweisen könnte?[1]

Jede Profession muss ihr Wissen in irgendeiner Weise dokumentieren, zugänglich machen und in einem gemeinsamen öffentlichen Fachdiskurs wie in der Forschung weiterentwickeln. In der Sozialen Arbeit fehlt jedoch bisher eine systematische Dokumentation des kasuistischen Wissens. Einige Expertenforen (z.B. bei www.sozialinfo.ch) diskutieren zwar einzelne kasuistische Fragestellungen, doch existiert nach meinem Informationsstand aktuell keine allgemein zugängliche Falldatenbank im deutschsprachigen Raum.[2]

Kasuistik gibt es jedoch seit Beginn der Sozialen Arbeit (Hörster 2010). Die Pionierinnen der Sozialen Arbeit wie Mary Richmond und Alice Salomon haben

---

[1] Dieser Beitrag basiert auf meiner Dissertation, die ich im Sommer 2014 bei der Philosophischen Fakultät der Universität Basel eingereicht habe.

[2] In Holland ist unter folgendem Link eine Falldatenbank zu finden, auf der Expertinnen und Experten Fälle diskutieren: www.casusconsult.nl.

aus Fallanalysen ihre Theorien und Methoden entwickelt (vgl. Giebeler et al. 2008: 10; Braun et al. 2011: 12f). Schwerin hatte bereits vor der Jahrhundertwende und ab 1906 in der „Zentrale für private Fürsorge" begonnen, ein Informationssystem aufzubauen; 1911 blickte man dort bereits auf 35.000 bearbeitete Fälle zurück (Müller 1992: 3).

Im Laufe der Zeit haben sich verschiedene Positionen von Kasuistik herausgebildet: Zum einen eine *normativ illustrative* Kasuistik, die lehrt ‚wie man's macht', eine *deskriptive*, die eher zu erschließen sucht, ‚wie's geschehen konnte', ohne Lösungen zu produzieren, eine *heuristische*, die das Spektrum von Erklärungs- und Handlungsalternativen erweitert (vgl. Müller et al. 1986: 5) und schließlich werden sozialwissenschaftliche Verfahren aus der Hermeneutik zum Fallverstehen genutzt, welche zu einer *rekonstruktiven Kasuistik* geführt haben (vgl. Wernet 2006). Der Begriff Kasuistik wurde erst im Zuge der professionstheoretischen Bestimmung von Sozialer Arbeit als Disziplin und Profession zunehmend genutzt und steht neben den bisherigen Begriffen wie Fallarbeit, Fallbearbeitung, Fallbericht oder Falldarstellung.

Ganz allgemein kann *Fallarbeit* als die praktische Bearbeitung von Fällen bezeichnet werden, als Oberbegriff für alle Ansätze und Methoden, die den Umgang mit Fällen systematisieren (vgl. Müller 1993). Kasuistik hingegen verschiebt den Fall in einen neuen Rahmen ohne Handlungsdruck. Es geht nicht primär um die Problemlösung, sondern um das Verstehen des Falles im weiteren Zusammenhang (vgl. Hörster 2002: 552).

> „Die kasuistische Aufgabe ist demnach nicht nur, einen Fall zu verstehen, sondern, mehr noch und zuerst, die Art seines immer schon verstanden Seins zu verstehen und dieses überprüfbar zu machen" (Müller 2008: 395).

Erklärtes Ziel aller kasuistischen Herangehensweisen ist es, den Fall in seiner Besonderheit zu verstehen und darin das Allgemeine im Sinne von Theorien, gültigen Regeln, ethischen Grundsätzen u.v.m. zu entdecken, um daraus wiederum Rückschlüsse für Theoriebildung und Methodenentwicklung zu ziehen und zu lernen. Kasuistik gilt als grundlegendes didaktisches Element in der Ausbildung der Sozialen Arbeit.

> „Der Umgang mit Fällen wird vornehmlich in denjenigen Disziplinen gepflegt, die sich als Theorie einer bestimmten (beruflichen) Praxis verstehen. Kasuistik gilt hier als ein Instrument zur Vorbereitung auf bzw. Einübung in die entsprechende Profession. An ‚typischen' wie auch an 'besonderen' Fällen soll gelernt werden - in der Hoffnung, dass hierdurch eine doppelte Transferleistung initiiert wird: zum einen die Übertragung allgemeiner Ausbildungsinhalte auf eine exemplarisch ausgewählte Problemsituation des zukünftigen Berufsfeldes, zum anderen die Übertragung dieser ersten, ‚am Fall' geübten Übertragungskompetenz auf andere, wenn möglich: alle zukünftigen beruflichen Problemsituationen" (Terhart 1985: 284).

Dewe et al. (1987: 35) merken an, „dass es für sozialpädagogisches professionelles Handeln möglicherweise Regeln der Erfahrung und Klugheit gibt, aber keine unmittelbar handlungsanleitende wissenschaftliche Theorie. Somit bleibt professionelles Handeln ein Stück weit ‚Kunst', die sich sehr wohl auf Wissen stützt, aber nicht selbst direkt methodisieren, also nach dem Muster wissenschaftlicher Arbeit ordnen lässt." Kasuistik wird dazu betrieben, Novizinnen und Novizen in die Profession einzuführen. Auch Müller (1992: 82) weist auf diese wichtige Funktion von Kasuistik hin. „Es gibt in sozialer Arbeit keine Fachentwicklung ohne Feldentwicklung – und umgekehrt. Auch hier gilt: Lehrfälle sind nicht sozialtechnologische Musterfälle, sondern Beispiele, zu ‚lernen wie man lernt' bzw. wie diejenigen am Fall lernen, die das Lernen ‚können'." Im Eingangszitat dieses Abschnitts greift Terhart diese *didaktische Perspektive* auf. „Der Fall scheint damit genau zwischen Theorie und Praxis zu stehen, das Lernen am Fall wird zum Übungsfeld für den Umgang mit Wissen, wobei hier sowohl das auf Allgemeinheit gerichtete wissenschaftliche Wissen als auch das persönliche Erfahrungswissen zu einer auf die jeweilige Situation bezogenen Verknüpfung und Umsetzung gelangen müssen" (Terhart 1985: 284). Kasuistische Tätigkeit wird aufgrund des Technologiedefizites von Professionen zudem als wesentlicher Beitrag zur Habitusbildung erachtet (Müller 2008).

Terhart (1985) nimmt noch eine weitere Perspektive auf, nämlich die *doppelte Transferleistung*. Damit sind wir bei der *Frage der Relationierung*. Wie werden Theorie und Fall aufeinander bezogen? Weil dies in der Kasuistik nicht unmittelbar im Handlungsfluss geschieht, sondern der Fall in einen anderen Raum ohne Entscheidungs- und Handlungsdruck verschoben wird (Hörster 2002), können explizite Verfahren durchlaufen werden, um Relationierung herzustellen. Kasuistische Modelle gehen heute nicht mehr von einem Transfer aus, sondern haben sich das Verstehensmodell zu eigen gemacht. Theorie wie Fall müssen verstanden, das Fremde darin ergründet werden. Beide Verstehensprozesse, Fall- wie Theorieverstehen, werden in der Kasuistik ineinander gewoben, nur so ist das Eine im Anderen, das Allgemeine im Besonderen, das Besondere im Allgemeinen, erkennbar.

> „Solche Deutungen erfordern eine Kompetenz des Fallverstehens, das heißt, die Fähigkeit der Verknüpfung von verallgemeinerbaren, wissenschaftlich fundierten Erkenntnissen mit der Erfassung der Besonderheiten des Einzelfalles, der immer zugleich ganz ähnlich und doch ganz anders ist als der vergleichbare Regelfall. (…) Parallel zum Auffinden des Allgemeinen im Besonderen findet daher zugleich der umgekehrte Vorgang statt: die Herausarbeitung der Differenz zwischen Einzelfall und Regelfall" (Heiner 2004: 91).

Fischer (2008: 26) bringt es so auf den Punkt: „Es geht nicht nur um Regel*anwendung*, sondern immer auch um Modifikationen, also Regel*entwicklung* angesichts neuer Umstände. (…) Kasuistik ist Hermeneutik im Vollzuge, ohne diese selbst zum Thema zu machen." Hier sehe ich nun einen Anknüpfungspunkt an die zweite Transferleistung gemäß Terhart (1985). Das Einüben von Transfer – respektive heutzutage von Verstehen – wird zur Kompetenz, um möglichst alle weiteren Fallproblematiken zu verstehen. Es geht also um das Einsozialisieren in solche Verstehensprozesse, die zur professionellen Handlungskompetenz gehören.

In der Praxis geschehen kasuistische Überlegungen meist mündlich. Der Einzelfall steht im Zentrum, wird reflektiert. Handlungsoptimierungen und -lösungen sind im konkreten Fall erklärtes Ziel der Reflexion. So illustrieren kasuistische Darstellungen in der Tat meist nur das Partikulare und interessieren deshalb in der Regel nicht über den Fall hinaus. Ich gehe mit Homfeldt (2004: 337) darin einig, dass „(...) unbegriffene Theorie in der Ausbildung und begriffslose Praxis im Berufsfeld (...) eine duale Einheit [bilden]." Wir brauchen deshalb eine systematisierte und dokumentierte Kasuistik der Sozialen Arbeit, welche einerseits die Studierenden das Regelwissen und die Regelmodulation begreifen lässt und andererseits den Professionellen erlaubt, ihr implizites Wissen, das sie sich über Erfahrung erworben haben, wieder in Begriffe zu fassen, um es diskursfähig zu machen. Eine solche Kasuistik würde durch die systematisierte Dokumentation und die Relationierung von Wissen und Handeln einen Fachdiskurs zu professioneller Praxis über die Grenzen von *scientific* und *professional community* hinweg ermöglichen und eine Antwort auf das Theorie-Praxis-Problem geben.

2 Schlüsselsituationen als neue Systematik für eine Kasuistik

> „Professionelle Arbeit wird als Gleichzeitigkeit von Theorieverstehen als Allgemeinem und Fallverstehen als Besonderem konzipiert. Beide Komponenten stehen in logischem Widerspruch zueinander und sind nicht dauerhaft miteinander in Einklang zu bringen, sondern nur situativ." (Spiegel 2004: 56).

Ich werde nun einen Vorschlag für eine systematisierte Kasuistik anhand von Schlüsselsituationen entwickeln. Bereits 2005 haben wir – ausgehend vom Ansatz des „Situated learning" (Lave/Wenger 1991) – erste Grundlagen dazu erarbeitet und diese Ideen in einem internen Weiterbildungszyklus mit Fachkollegen und -kolleginnen diskutiert, zu welchem auch Maja Heiner als Referentin eingeladen war. Sie hat in vielfältiger Weise ebenfalls Situationen der Sozialen Arbeit für ihre Forschungstätigkeit genutzt, um daraus Methoden, Arbeitsfeldbeschreibungen und Kompetenzprofile zu entwickeln (Heiner 2004; 2010a, b).

Dem Modell ‚Schlüsselsituationen' liegen diverse Theorien zugrunde, welche ich hier aus Platzgründen nur skizzieren kann. In aller Ausführlichkeit sind sie zu finden in Tov et al. (2013) und Kunz (2015). So basiert das Modell auf der Situiertheit von Wissen, was u.a. mit dem ‚Integrierenden Lernmodell' (Kaiser 2005a), dem Ansatz des ‚Situated learning in Communities of Practice' (Lave/Wenger 1991) sowie der ‚Sozialen Theorie des Lernens' (Wenger 1998) begründet wird. Wissen entsteht demzufolge kontextgebunden und wird auch situiert gespeichert und durch Assoziationen ähnlicher Situationen erinnert. In Communities of Practice (CoP) entsteht über die Erfahrung, dass die Bedeutung von Wissen gemeinsam ausgehandelt werden muss, ein geteiltes Verständnis von Begriffen, Verfahrensweisen, Produkten etc., die Wenger (1998) als *„Reifikate"* bezeichnet. Über Personen können solche Reifikate in andere CoP's hineingetragen werden und werden so zu *"Grenzobjekten"*, um in den dortigen Aushandlungsprozess erneut einzufließen.

2.1 Empirische Untersuchung: Typologie der Schlüsselsituationen

Neben der Situationsorientierung als theoretischer Prämisse für unser Modell, stellten wir uns aufgrund der generalistischen Studiengänge die Frage, ob sich nicht *Situationen* finden ließen, *welche handlungsfeldübergreifend das Allgemeine der Sozialen Arbeit beschreiben.* In ihnen müssten sich das generelle Grundlagenwissen und -können zeigen, das in einem generalistischen Studium die Basis bildet und den Kern der Sozialen Arbeit ausmacht. Die Vielfalt der Handlungsfelder der Sozialen Arbeit führt nämlich zur Gefahr einer Spezialisierung oder Oberflächlichkeit bei zu vielen Themen hin:

> „Oberflächlich, weil es im Versuch, das Ganze vollständig abzubilden, auf Tiefenbohrungen verzichtet. Oder spezialisiert, weil es eine Auswahl zu treffen hat, wo es seine Tiefenbohrungen ansetzt. Es kann aber auch generalistisch sein, wenn es die Auswahl als exemplarische begreift und das deutlich zu machen versucht. Wenn also im Besonderen das Allgemeine entdeckt wird. Die Zukunft der Bachelor-Studiengänge wird also exemplarisch-generalistisch sein müssen" (Pantucek 2011: 53).

Wir beabsichtigten deshalb in einer *empirischen Untersuchung*, eine Typologie von Situationen zu erheben, welche einerseits Strukturgeneralisierungen zulässt und andererseits das Exemplarische und damit Partikulare in konkreten Situationen beschreibt. *Dies führte zu folgender Fragestellung für die empirische Erhebung: Welches sind die handlungsfeldübergreifenden, ähnlich wiederkehrenden Situationen, welche die Professionellen der Sozialen Arbeit gestalten?* Für diese Art von Situationen legten wir einen eigenen Begriff – *Schlüsselsituationen* – fest, um sie zu definieren:

> „Schlüsselsituationen der Sozialen Arbeit sind jene Situationen des professionellen Handelns, die durch Fachkräfte der Sozialen Arbeit als typisch und im professionellen Geschehen wiederkehrend beschrieben werden. Schlüsselsituationen zeichnen sich einerseits durch generalisierbare und verallgemeinerbare Merkmale aus, die für eine gelingende Professionalität als bedeutsam er-

achtet werden, andererseits werden die erlebten Situationen in ihrer spezifischen Ausprägung beschrieben. Die Anzahl solcher Situationen wie die Situationen selbst passen sich im Laufe der Zeit den sich verändernden gesellschaftlichen Bedingungen an. Situationen werden aus der Perspektive der Fachkraft als zeitlich nicht unterbrochener Handlungsfluss erlebt und als symbolisch strukturierter Sinnzusammenhang erfahren“ (Tov et al. 2013: 38).

Da die Situationsdarstellung durch die Professionellen erfolgt und ihr Handeln im Zentrum steht, ist eine darauf aufbauende Kasuistik eher *akteursorientiert* ausgerichtet (Wernet 2006: 183). Sie macht also das professionelle Handeln zum Fall.

Wir haben als Basis ein empirisches Verfahren aus der curricularen Forschung (Norton 1997; Tippelt/Edelmann 2007) genutzt, das den *qualitativen Gruppenverfahren* zuzurechnen ist. Das Verfahren wurde im deutschsprachigen Raum gerade erst bekannt und durch die Orientierung auf Situationen nochmals neu akzentuiert (Kaiser 2005b; Ghisla 2007; Ghisla et al. 2008; Zbinden-Bühler/Volz 2007). Es weist Elemente der Gruppendiskussionsverfahren nach Bohnsack (1997) und Nentwig-Gesemann (2010) und der dazugehörenden dokumentarischen Methode nach Bohnsack (2010) auf. So geht das Verfahren davon aus, dass sich Akteure in einem „konjunktiven Erfahrungsraum“ unmittelbar verstehen, ohne zuerst interpretieren zu müssen, und dass es eine habituelle Übereinstimmung gibt (Bohnsack 2010: 249). Jedoch werden die kollektiven, handlungsleitenden Orientierungsmuster und deren (Sozio-)Genese (Nentwig-Gesemann 2010:259) nicht in einem rekonstruktiven Verfahren ausgewertet, wie bei Bohnsack und Nentwig-Gesemann beschrieben, sondern durch kommunikative Verständigung und diskursive Validierung herausgearbeitet. Solche Gruppendiskussionen sind vorstrukturiert und moderiert, weshalb sie den Verfahren in Fokusgruppen entsprechen.

Mit 22 Expertinnen und Experten der Sozialen Arbeit, welche gemäß der Heterogenität der Handlungsfelder ausgewählt waren, wurde in mehreren Workshops und in der dazwischen liegenden Zeit mittels einer interaktiven virtuellen Plattform durch Narration, intersubjektive Verständigung und diskursive Validierung Schlüsselsituationen der Sozialen Arbeit erhoben. Mit diesen Schlüsselsituationen haben wir eine Typologie der Handlungsfelder der Sozialen Arbeit empirisch fundieren können, was in dieser Weise bisher einzigartig ist. Insgesamt wurden rund 130 Schlüsselsituationen beschrieben, welche sich Themen- bzw. Aufgabenbereichen zuordnen lassen. Jede Schlüsselsituation ist mit einem Titel versehen und durch drei bis fünf generalisierte Merkmale charakterisiert, welche für alle Situationen zutreffen müssen, die zu dieser Schlüsselsituation gezählt werden.

Die Systematik in Form der Titelsammlung der Schlüsselsituationen erlaubt nun, auf diese Weise eine Kasuistik der Sozialen Arbeit zu strukturieren. Die Titel fungieren dabei als ‚Reifikate‘ und die Erfahrung in der Arbeit mit Schlüs-

selsituationen zeigt, dass sie sogar taugliche ‚Grenzobjekte' sind, da sie sowohl von der scientific wie von der professional community verstanden werden.

2.2 Situative Kasuistik – Die Relationierung von Theorie und Praxis durch Schlüsselsituationen

„Handelnde Menschen wissen immer, was sie tun" (Giddens 1997: 79).

Dieser Satz ist dem gängigen Verständnis so wohltuend entgegengesetzt und darin liegt gerade die Essenz: Es ist nur eine Frage des Wissensformates, ob wir wissen was wir tun. Unser Tun zu beschreiben, gelingt uns in aller Regel gut, zu erzählen, was uns widerfahren ist, ebenso. Nur aus dem Stegreif die wissenschaftlichen Begriffe und Theorien benennen zu können, die das Handeln erklären und begründen, ist eine andere Herausforderung. Darin liegt das Theorie-Praxis Problem. Um diese Wissensformate zu explizieren, braucht es Reflexion und Diskussion. Wir haben deshalb auf der Grundlage der Typologie der Schlüsselsituationen ein *Reflexionsmodell* entwickelt, wie selbst erlebte Situationen auf diese Typologie bezogen und beschrieben werden können, um dadurch das Spezifische wie auch das Allgemeine herausarbeiten zu können. Die folgende Darstellung illustriert diesen achtschrittigen Prozess (detailliert ist er beschrieben in Tov et al. 2013).

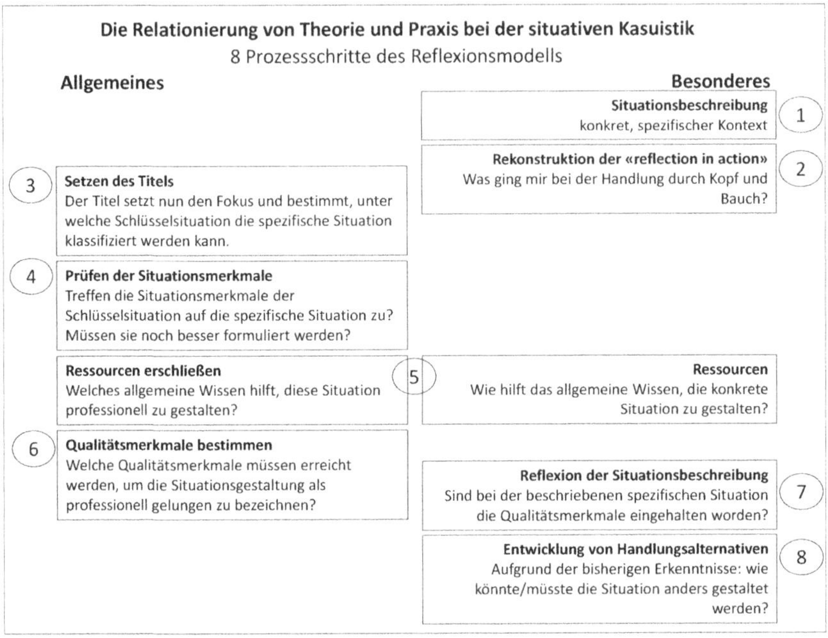

Abbildung 1: Die Relationierung von Allgemeinem und Besonderem in der situativen Kasuistik (eigene Darstellung).

Den Wert der Schlüsselsituationen sehe ich gerade darin, dass die *Typologie der Schlüsselsituationen für ein Klassifikationssystem einer situativen Kasuistik der Sozialen Arbeit genutzt werden kann*, um Allgemeines und Besonderes nachvollziehbar aufeinander zu beziehen. In den *Situationsbeschreibungen* wird das Spezifische, Konkrete, Kontextgebundene beschrieben. Gemäß dem Ansatz von Schön (1983), nach welchem beim „Reflective Practitioner" implizites und explizites Wissen zusammenfließen, wird durch Nachspielen der Situation die *„reflection in action"* rekonstruiert, um möglichst konkret Emotionen und Gedanken während der Handlung beschreiben zu können. Anschließend wird ein erster Abstraktionsschritt vollzogen, indem die spezifische Situation der Klassifikation der Schlüsselsituationen zugeordnet wird. Das Besondere wird nun dem Allgemeinen subsumiert. Dazu muss für die spezifische Situation ein *Titel* gesetzt werden und entschieden werden, welchem Titel der Schlüsselsituation dies entspricht. Anhand der *Situationsmerkmale* kann nun bestimmt werden, ob diese Zuordnung triftig ist, ob die Merkmale präzisiert oder erweitert werden müssen oder ob die Situation einer anderen Schlüsselsituation zugeordnet wird. Der gewählte Fokus bestimmt diese Zuordnung. Zum Beispiel kann bei einer konfliktreichen Essenssituation mit Kindern im stationären Bereich, die Essenssituation im Vordergrund stehen und entsprechend dieser Titel gewählt werden. Oder man betrachtet eine Konfliktsituation, die sich hier nun beim Essen ergibt oder man könnte auch die Beziehung zwischen Kindern und Professionellen betrachten. Dann stünde das Gestalten eines Arbeitsbündnisses im Vordergrund, welches hier am Beispiel einer Essenssituation betrachtet wird. Indem man durch Analogie und Assoziation die Ähnlichkeit der besonderen Situation mit einer Schlüsselsituation entdeckt, erschließt man sich dadurch das Allgemeine im Besonderen. Die Schlüsselsituationen mit ihren Titeln fungieren hier als ‚Reifikate'. Man muss nicht selbst in einem rationalen aufwendigen Verfahren das Allgemeine entschlüsseln, sondern kann über den menschlich einfacheren Weg von Assoziation und Analogie die Ähnlichkeit herstellen. Das ist der Gewinn einer Klassifikation. Die Zuordnung kann anhand der Situationsmerkmale dann aber systematisch überprüft werden. Dies vereinfacht die Verknüpfung von Theorie- und Fallverstehen. *‚Situativ'* weist aber auch auf einen weiteren Aspekt hin: Alles ist situiert. Eine Deutung ist immer situativ auszuhandeln. Welche Ähnlichkeitsmerkmale ich entdecke, ist situativ. Ich kann die gleiche typische Situation eben verschiedenen Titeln der Typologie subsumieren, d.h. erst die Titelsetzung macht den Fall zum Fall. Auch hier lässt die situative Kasuistik Offenheit zu und fördert Mehrdeutigkeit, wie sie von Heiner (2004) für Kasuistiken gefordert wird. Zum andern ist die Systematik selbst nicht abschließend, sondern das Ergebnis einer intersubjektiven Verständigung und diskursiven Validierung. Das bedeutet, dass es auch neue Schlüsselsituationen geben wird, allein schon durch den stetigen Wandel der gesellschaftlichen Bedingungen.

Im nächsten Prozessschritt werden Wissensbestände, die für die gelingende Gestaltung der Situation hilfreich sein können als *Ressourcen* beschrieben. Danach wird dieses allgemeine Wissen konkret auf diese spezifische Situation bezogen. Um dem Anspruch einer professionellen Praxis gerecht zu werden, werden als nächstes *Qualitätsmerkmale* für die Schlüsselsituation genannt. Diese sind wieder allgemein für diese Schlüsselsituation, können allenfalls für die spezifische Situation konkretisiert werden. Darauf folgt eine Reflexion der zu Beginn beschriebenen Situation anhand dieser Qualitätsmerkmale. Schließlich bilden die aus der Reflexion und den benannten Wissensressourcen entwickelten konkreten *Handlungsalternativen* den Abschluss der Beschreibung einer Schlüsselsituation.

Im Folgenden möchte ich nun die wesentlichen Aspekte bündeln. Ich habe für die vorgeschlagene Kasuistik bewusst die Bezeichnung *‚situativ'* gewählt, nicht ‚situationsorientiert'. Warum? Mit ‚situativ' verbinde ich zum einen die

Orientierung an Situationen. Sie sollen die Referenzgröße für die Kasuistik sein, weil das Wissen dann bereits situativ verankert wird und situativ bezogen ist. Zum andern deutet ‚situativ' an, dass jedes Wissen situiert ist, also kontextgebunden entsteht und memoriert wird. Damit verstehe ich unter situativer Kasuistik, dass das Wissen, das darin repräsentiert wird, ebenfalls immer situativ bleibt: Es lassen sich daraus Verallgemeinerungen ableiten, Reifikate können entstehen, doch müssen diese dann erneut situativ verankert werden. Für diesen Prozess braucht es ein weiteres Element der angestrebten Kasuistik: den *Diskurs*. Die Bedeutung von Wissen und Handeln muss diskursiv ausgehandelt werden. Diese Verständigung braucht es, um vom praktischen zum diskursiven Bewusstsein zu gelangen (Giddens 1997) – sie geschieht häufig in ‚Communities of Practice'. Eine Kasuistik kann außer im wissenschaftlichen Modus kein allgemeingültiges Wissen hervorbringen, objektives Wissen, das als richtig oder falsch bezeichnet werden kann. Es ist immer eine Frage der Perspektive, der Begründung, der Bezüge, der Interpretation, zu welchem Ergebnis eine kasuistische Betrachtung kommt. Doch genau dieser Prozess macht sie so wertvoll. Denn wie weiter oben begründet wurde, liegt genau darin ihr Potenzial: Sie ist der Ort der Theorie-Praxis-Relationierung und kann zugleich diesen Prozess aufzeigen. Daran lernen wir alle, durch diesen Prozess werden wir zu Professionellen – im Austausch mit anderen Professionellen. Gemeinsam können wir mit und durch diesen Prozess ein Verständnis von *Professionalität* in der entsprechenden Situation unter der jeweiligen Perspektive entwickeln. Die Beteiligten müssen sich also selbst als *Akteure* in den Blick nehmen, um ihre subjektiven Theorien zu erkennen, die ihr Handeln leiten. Erst so lässt sich erkennen, wie in welchem Modus eine Situation zu einem Fall gemacht wird oder wie der Fall zum Fall wird.

Diese drei Merkmale, *situativ, diskursiv und akteursorientiert,* sind die wesentlichen Bestimmungsgrößen für eine situative Kasuistik, die eine Theorie-Praxis-Relationierung fördern soll. Es ist mir wichtig zu vermerken, dass es auch andere Formen von Kasuistik geben kann und soll, denn jedes Modell einer Kasuistik hat seine Vor- und seine Nachteile. Beim vorliegenden Modell sehe ich die konkrete Relationierung von Theorie und Praxis und die Systematik als Stärke. Bei anderen Modellen mag die Klientenperspektive im Vordergrund stehen, oder es mag ein Fallverstehen in einem wissenschaftlich-empirischen Sinn durch Fallrekonstruktion mittels hermeneutischer Verfahren ermöglicht werden. Doch in der situativen Kasuistik wird die Dialektik von Allgemeinem und Besonderem auf ganz besondere Weise durch die Systematik und die Beschreibungen der typischen Schlüsselsituationen aufrechterhalten und durch die permanente Aushandlung von Bedeutung und die eigene Auseinandersetzung als Akteur gestärkt.

3 Ausblick: Kasuistik-Datenbank und online-Netzwerk zu Schlüsselsituationen

Unser Modell verfolgt im Grunde die gleiche Absicht, die Maja Heiner auch mit der Selbstevaluation und ihren methodischen Konzipierungen verfolgte (vgl. Bestvater/Bewyl in diesem Band). Unser aller Anliegen ist letztendlich, die Profession der Sozialen Arbeit weiterzuentwickeln. Ohne Diskurs, aus welchem ein geteiltes Verständnis von Professionalität entsteht, ist dieser Anspruch nicht einzulösen. Der dargelegte kasuistische Ansatz soll einen innovativen Beitrag dazu leisten. Zur Zeit sind wir daran, in einem durch die Gebert Rüf Stiftung[3] und die Hochschule für Soziale Arbeit FHNW finanzierten Projekt, eine virtuelle Plattform aufzubauen, welche eine Kasuistik-Datenbank anhand der hier vorgestellten Systematik und einen Diskurs über das Verständnis von Professionalität unter Professionellen der Sozialen Arbeit ermöglichen soll. In unser *Netzwerk* lade ich alle herzlich ein: *www.schluesselsituationen.ch*

Literatur

Becker-Lenz, Roland/Busse, Stefan/Ehlert, Gudrun/Müller-Hermann, Silke (Hrsg.) (2012): Professionalität Sozialer Arbeit und Hochschule. Wissen, Kompetenz, Habitus und Identität im Studium Sozialer Arbeit. Wiesbaden: Springer VS

Bock, Karin/Miethe, Ingrid (Hrsg.) (2010): Handbuch Qualitative Methoden in der Sozialen Arbeit. Opladen: Barbara Budrich

Bohnsack, Ralf (1997): Gruppendiskussionsverfahren und Milieuforschung. In: Friebertshäuser/Prengel (1997): 492-502

Bohnsack, Ralf (2010): Dokumentarische Methode. In: Bock/Miethe (2010): 247-258

Braun, Andrea/Grasshoff, Gunther/Schweppe, Cornelia (2011): Sozialpädagogische Fallarbeit. München: Reinhardt

Dewe, Bernd/Ferchhoff, Wilfried/Peters, Friedhelm/Stüwe, Gerd (1987): Professionelle Arbeit kann warten, bis man sie braucht. Sozialmagazin 12. 2. 30-36

Erpenbeck, John/Rosenstiel, Lutz von (Hrsg.) (2007): Handbuch Kompetenzmessung. Erkennen, Verstehen und Bewerten von Kompetenzen in der betrieblichen, pädagogischen und psychologischen Praxis, 2. überarb. und erw. Aufl. Stuttgart: Schäffer-Poeschel

Fischer, Wolfram (2008): Fallrekonstruktion und Intervention. In: Giebeler et al. (2008): 23-34

Friebertshäuser, Barbara/Prengel, Annedore (Hrsg.) (1997): Handbuch Qualitative Forschungsmethoden in der Erziehungswissenschaft. Weinheim: Juventa

Ghisla, Gianni (2007): Überlegungen zu einem theoretischen Rahmen für die Entwicklung von kompetenzorientierten Curricula (Work in progress, Fassung vom 2.6.2007). Zollikofen: EHB. www.documents.iuffp-svizzera.ch/user_doc/CoRetheorieGG2_6_07.pdf)

Ghisla, Gianni/Bausch, Luca/Boldrini, Elena (2008): CoRe - Kompetenzen-Ressourcen: Ein Modell der Curriculumentwicklung für die Berufsbildung. Zeitschrift für Berufs- und Wirtschaftspädagogik 104. 3. 431-466

[3] http://www.grstiftung.ch/de/portfolio/projekte/alle/y_2013/GRS-055-13.html

Giddens, Anthony (1997): Die Konstitution der Gesellschaft. Grundzüge einer Theorie der Strukturierung, 3. Aufl. Frankfurt a.M.: Campus

Giebeler, Cornelia/Fischer, Wolfram/Goblirsch, Martina/Miethe, Ingrid/Riemann, Gerhard (Hrsg.) (2008): Fallverstehen und Fallstudien. Interdisziplinäre Beiträge zur rekonstruktiven Sozialarbeitsforschung, 2. Aufl. Opladen: Barbara Budrich

Heiner, Maja (2004): Fallverstehen. Typen der Falldarstellung und kasuistische Kompetenz. In: Hörster et al. (2004): 91-108

Heiner, Maja (2010a): Soziale Arbeit als Beruf. Fälle - Felder - Fähigkeiten, 2. Auflage. München: Reinhardt

Heiner, Maja (2010b): Kompetent handeln in der Sozialen Arbeit. München: Reinhardt

Heiner, Maja (2012): Handlungskompetenz ‚Fallverstehen'. In: Becker-Lenz et al. (2012): 201-217

Homfeldt, Hans Günther (2004): Wissenschaftlich ausgebildete Professionelle. In: Hörster et al. (2004): 336-354

Hörster, Reinhard (2002): Sozialpädagogische Kasuistik. In: Thole (2002): 449-558

Hörster, Reinhard (2010): Kasuistik. In: Bock/Miethe (2010): 377-386

Hörster, Reinhard/Küster, Ernst-Uwe/Wolff, Stephan (Hrsg.) (2004): Orte der Verständigung. Beiträge zum sozialpädagogischen Argumentieren. Burkhard Müller zum 65. Geburtstag gewidmet. Freiburg i.B.: Lambertus

Kaiser, Hansruedi (2005a): Wirksames Wissen aufbauen. Ein integrierendes Modell des Lernens. Bern: hep

Kaiser, Hansruedi (2005b): Wirksame Ausbildungen entwerfen. Das Modell der Konkreten Kompetenzen. Bern: hep

Kraus, Björn/Effinger, Herbert/Gahleitner, Silke Birgitta/Miethe, Ingrid/Stövesand, Sabine (Hrsg.) (2011): Soziale Arbeit zwischen Generalisierung und Spezialisierung. Das Ganze und seine Teile. Opladen: Barbara Budrich

Kunz, Regula (2015): Wissen und Handeln in Schlüsselsituationen der Sozialen Arbeit. Empirische und theoretische Grundlegung eines neuen kasuistischen Ansatzes. Dissertation (im Erscheinen)

Lave, Jean/Wenger, Etienne (1991): Situated learning: Legitimate peripheral participation. New York: Cambridge University Press

Müller, Burkhard (1992): Kasuistik der sozialen Arbeit – historische Bezüge und aktuelle Entwicklungen. Ein Blick zurück nach vorn. Soziale Arbeit 41. 3. 81-84

Müller, Burkhard (2008): Was ist der Fall? Kasuistik und ‚Konstruktion des Adressaten'. Reinhard Hörster zum 60. Geburtstag. Zeitschrift für Sozialpädagogik 6. 4. 391-406

Müller, Burkhard/Niemeyer, Christian/Peter, Hilmar (Hrsg.) (1986): Sozialpädagogische Kasuistik. Analysen und Arbeitsmaterial zu einem Fall. Bielefeld: Böllert KT

Nentwig-Gesemann, Iris (2010): Das Gruppendiskussionsverfahren. In: Bock/Miethe (2010): 259-268

Norton, Robert E. (1997): DACUM Handbook. Columbus, Ohio: State University

Pantucek, Peter (2011): Soziale Arbeit generell und speziell. Tiefenbohrungen in der österreichischen Landschaft. In: Kraus et al. (2011): 43-56

Schmocker, Beat (Hrsg.) (2006): Liebe, Macht und Erkenntnis. Silvia Staub-Bernasconi und das Spannungsfeld Soziale Arbeit. Freiburg/B., Luzern: Lambertus/Interact

Schön, Donald Alan (1983): The Reflective Practitioner. How professionals think in action. London: Temple Smith

Spiegel, Hiltrud von (2006): Reflexionen zur Bearbeitung des Theorie-Praxis-Verhältnisses. In: Schmocker (2006): 313-331

Terhart, Ewald (1985): Das Einzelne und das Allgemeine – über den Umgang mit Fällen im Rahmen erziehungswissenschaftlicher Forschung. In: Zeitschrift für erziehungs- und sozialwissenschaftliche Forschung 2. 2. 283-312

Thole, Werner (Hrsg.) (2002): Grundriss Soziale Arbeit. Ein einführendes Handbuch. Opladen: Leske & Budrich

Tippelt, Rudolf/Edelmann, Doris (2007): DACUM (Developing a Curriculum). In: Erpenbeck/Rosenstiel (2007): 737-757

Tov, Eva/Kunz, Regula/Stämpfli, Adi (2013): Schlüsselsituationen der Sozialen Arbeit. Professionalität durch Wissen, Reflexion und Diskurs in Communities of Practice. Bern: hep

Wenger, Etienne (1998): Communities of practice. Learning, meaning, and identity. Cambridge: Cambridge University Press

Wernet, Andreas (2006): Hermeneutik - Kasuistik - Fallverstehen. Eine Einführung. Stuttgart: Kohlhammer

Zbinden-Bühler, André/Volz, Chantal (2007): Analyse des beruflichen Handlungsfeldes zur Entwicklung kompetenzorientierter Bildungspläne auf der Basis von Situationsbeschreibungen. Empirische Pädagogik 21. 3. 322–339

Methodenkompetenzerwerb im Studium: Das Beispiel Beratungslernen in Simulationsumgebungen

Petra Bauer/Marc Weinhardt

1 Methodenlernen als Kompetenzentwicklung

Die Weiterentwicklung sozialpädagogisch relevanter Handlungsmethoden gehört zu den Kernbestandteilen disziplinärer Auseinandersetzung und prägte den Professionalisierungsprozess in der Sozialen Arbeit in besonderer Weise (Müller 2011). Ein wichtiger Bestandteil dieser Beschäftigung mit Methoden im Kontext der Verberuflichung Sozialer Arbeit bestand von Anfang an darin zu überlegen, wie Methoden bzw. methodisch geleitetes Handeln im Studium vermittelt und in und durch Praxis erlernt werden kann. Auch Maja Heiner hat sich über Jahrzehnte durch die (Weiter-)Entwicklung und Implementierung spezifischer Handlungsmethoden wie der Selbstevaluation (1996) und der sozialpädagogischen Diagnostik (2004) damit befasst, durch Methodenvermittlung eine ‚bessere', systematisierte und zielorientierte sozialpädagogische Praxis zu befördern. Dabei bildeten nicht nur die berufliche Praxis, sondern auch die Bildungsprozesse angehender Fachkräfte einen wichtigen Referenzpunkt ihrer Beschäftigung mit Handlungsmethoden. Ein Studium war für sie nichts, was allein im Kontext von Wissenschaft betrachtet und allein disziplinär verortet werden konnte, sondern immer auch als Teil der Profession gesehen werden muss. Lernen an Universität und Hochschule und die zugehörigen Bildungsprozesse sind vor dem Hintergrund ihres Verständnisses nicht auf den Erwerb von deklarativem Wissen und Reflexionswissen zu begrenzen. Vielmehr ist das Studium – so wie dies auch in neueren Konzeptionen zur „reflexiven Professionalität" (Dewe 2009) betont wird – immer auch als Ort einer systematischen Vermittlung von Theorie und Praxis und damit der professionellen Identitätsbildung zu sehen und zu gestalten (Busse/Ehlert 2012). In diesem Punkt hat sich Maja Heiner von einer Dichotomisierung von Disziplin und Profession, von Studium als institutionalisiertem Ort der theoretischen Auseinandersetzung einerseits und Praxis als ‚theoriefernem' Ort andererseits dezidiert abgegrenzt. Professionalität basiert aus ihrer handlungstheoretisch fundierten Perspektive auf der Beherrschung spezifischer Methoden und Techniken, aber ebenso auf der Klarheit über die eigene Berufsrolle als Basis beruflicher Identität. Diese gilt es systematisch zu entwickeln und immer wieder vor dem Hintergrund der Anforderungen des jeweiligen Feldes zu reflektieren.

Auch wenn Maja Heiner die Strukturbedingungen professionellen Handelns nie außer Acht gelassen hat, besteht der Kern ihres Professionalitätsverständnisses in der Realisierung spezifischer (Handlungs-)Kompetenzen (Heiner 2010). Handlungskompetenzen lassen sich in diesem Sinn als Teilbereich von Professionalität betrachten. Mit ihrer Thematisierung rücken das individuelle Vermögen und die Fertigkeiten der Professionellen ins Blickfeld. ‚Handlungskompetenz' im Sinne von Maja Heiner bezeichnet Potenziale, über die eine Person verfügt und die notwendig sind, um komplexe und bedeutende Aufgaben zu bewältigen. Ihr aus mehreren Dimensionen bestehendes Konzept von Handlungskompetenz in der Sozialen Arbeit verweist dabei auf die Komplexität, die durch das spezifische Zusammenspiel von Anforderungen in den verschiedenen Arbeitsfeldern entsteht. So verknüpft sie bereichsbezogene Kompetenzmuster auf der einen Seite (Fallkompetenz, Systemkompetenz, Selbstkompetenz) und prozessbezogene Kompetenzmuster auf der anderen Seite (Analyse- und Planungskompetenz, Interaktions- und Kommunikationskompetenz, Reflexions- und Evaluationskompetenz) (Heiner 2010: 12ff). Dabei sind in diesem Modell die Differenzen zwischen den Strukturbedingungen und Handlungslogiken unterschiedlicher Arbeitsfelder dezidiert aufgenommen: Um konkrete Handlungsstrategien in Bezug auf ein Arbeitsfeld und die dort vorherrschenden Aufgabenstellungen zu entwickeln und umzusetzen, ist eine je spezifische Kombination aller bereichsbezogenen und prozessbezogenen Kompetenzmuster erforderlich. So steht im Arbeitsfeld Beratung die Interaktions- und Kommunikationskompetenz in besonderer Weise im Mittelpunkt, auch haben Selbstkompetenzen eine größere Bedeutung als z.B. in stärker sozialmanageriell oder administrativ zugeschnittenen Feldern und Aufgabenbereichen. Auf diese Weise lässt sich das von Heiner entwickelte Modell produktiv nutzen, um kompetenzorientiert Anforderungsstrukturen der vielfältigen Arbeitsfelder zu charakterisieren. Exemplarisch wurde dies von Maja Heiner mit Hilfe der von ihr vorgeschlagenen fünf Handlungstypen konkretisiert, entlang derer sich das gesamte System sozialer Hilfen kompetenzorientiert strukturieren lässt: Fokussierte Beratung, koordinierende Prozessbegleitung, (begleitende) Unterstützung und Erziehung, niedrigschwellige Förderung und Vermittlung (Bildung) und Leiten/Führen (ebd.: 2010: 76ff).

Methoden, Professionalität und Handlungskompetenz bilden so eine aufeinander verwiesene Trias, deren innerer Zusammenhang von Maja Heiner zwar immer mitgedacht, aber erst in Ansätzen systematisch untersucht wurde (Heiner 2012). In der Lehre und auch in der Fortbildung sozialpädagogischer Fachkräfte wurde ihr deutlich, dass sowohl die Vermittlung konkreter Fertigkeiten als auch fallbasierte Lernformen einen zentralen Stellenwert für die Herausbildung einer sozialpädagogischen Handlungskompetenz besitzen.

Wir wollen im Folgenden darstellen, wie sich aufbauend auf ihren grundsätzlichen Überlegungen und Prinzipien eine kompetenzorientierte Vermittlung von Methoden in Bezug auf Beratung umsetzen und empirisch untersuchen lässt. Beratung lässt sich dabei im weiten Sinne des von Galuske (2011: 26ff) propagierten Verständnisses von Methoden als umfassende Handlungs- und Reflexionsanleitung fassen. Sie beinhaltet aber immer auch die Aneignung spezifischer Fertigkeiten, die im landläufigen Sinne häufig ebenso als Methoden bezeichnet werden (z.B. Fragetechniken). Beratung ist dabei in besonderer Weise darauf ausgerichtet, interaktionsbasiert und auf Kommunikation zentriert, AdressatInnen zu befähigen, Probleme besser zu bewältigen und wieder handlungs- und entscheidungsfähig zu werden. Beratung findet in ganz unterschiedlich institutionalisierten Formen statt, die von stark spezialisierten Organisationen und Einrichtungen (Beratungsstellen) bis zu sehr offenen Formen der Tür-und-Angel-Beratung reichen. Dabei lässt sich eine kontinuierliche Ausweitung und Ausdifferenzierung von Beratungsformen und Settings beobachten, die traditionelle disziplinspezifische Zuordnungen weitgehend obsolet werden lässt (Bauer/Weinhardt 2014b). Als „fokussierte Beratung“ bezeichnet Maja Heiner einen von ihr vorgeschlagenen Handlungstypus, der dadurch charakterisiert ist, dass die professionelle Unterstützung in einem zeitlich und räumlich stark fixierten Setting stattfindet. Damit einher geht eine geringere Lebenswelt- und Alltagsnähe als in den anderen von ihr vorgeschlagenen Handlungstypen. So verstanden zielt Beratung vor allem auf Veränderung von Verhalten und Lebensweisen bei einem relativ hohem Formalisierungsgrad der Interaktion: „Fokussierte Beratung ist idealtypisch als ein spezifisch strukturierter, klientenzentrierter, problem- und lösungsorientierter Interaktionsprozess bestimmt, mit dem Ziel, Menschen bei der Bewältigung aktueller Probleme so zu unterstützen, dass sie lernen, diese in eigener Regie zu beheben oder zumindest zu mildern“ (Stimmer/Weinhardt 2010: 24).

Während das von Maja Heiner vorgeschlagene, generalistisch angelegte Modell von Kompetenzmustern die Spezifik von Beratung als Handlungstypus analytisch sehr deutlich aufzeigt, ist für Forschungs- und Entwicklungszwecke wieder eine konkretere Operationalisierung vorzunehmen. Neuere kompetenzorientierte Zugänge und Studien versuchen dabei, Bestandteile von Beratungskompetenz in ihrem Zusammenspiel als abgrenzbare Domäne zu beschreiben. Eine solche Forschungs- und Entwicklungsarbeit für den Handlungstypus Beratung zu leisten war Maja Heiner ein besonderes Anliegen. So hat sie am Ende ihrer aktiven Tätigkeit als Professorin am Institut für Erziehungswissenschaft mit viel Engagement in der Sache die notwendigen Ressourcen und konzeptuellen Ausgangsideen für die Einrichtung einer Lehrberatungsstelle im Sinne einer Hochschulambulanz bereit gestellt und diese gemeinsam mit Marc Weinhardt aufgebaut. In deren kontinuierlichen Weiterentwicklung wurden Neuorientierungen wichtig, die sich auch in der Umbenennung zur „Arbeitsstelle für Beratungsforschung“ widerspiegeln: So folgen die forschungs- und lehrbezogenen Arbeiten der von der neueren Beratungsforschung gut belegten Einsicht, dass Beratung eine eigenständige Domäne bildet, die von anderen Domänen und Handlungsformen (wie Erziehen, Managen, Unterrichten, Begleiten) unterschieden werden kann und muss, um nicht im Allerlei unspezifischer Kommunikations- und Interaktionskompetenzen oder gar als schwammige Ansammlung von ‚soft skills‘ missachtet zu werden.

Nimmt man diese Unterscheidung ernst, so resultiert daraus, dass auch Beratungs*lernen* domänenspezifisch erfolgen muss und idealerweise auf empirisch erfassbare Kompetenzen bezogen sein sollte. Auf dieser Basis entstanden verschiedene Projekte, die auf die Entwicklung innovativer Zugänge für Lehre und Forschung für die Domäne Beratung zielen (Bauer/Weinhardt 2014c; Weinhardt, 2013, 2014). Eines dieser Projekte, das sich zwischenzeitlich hochschulübergreifend etabliert hat und derzeit von der Evangelischen Hochschule Darmstadt und der Universität Tübingen gemeinsam getragen wird, stellen wir im Folgenden vor.

2 Beraten lernen in innovativen Arrangements

Das Lernkonzept KES (Kompetenzerwerb in der Systemischen Beratung) kann in seiner transdisziplinären Ausrichtung prototypisch für das Konzept der Arbeitsstelle für Beratungsforschung gelten: KES vereint die Forschungs- und Lehrkomponente im Rahmen eines Projektes. Dabei steht sowohl in der Forschung als auch der Lehre ein handlungsorientierter Zugang im Mittelpunkt. Eine solche performanzorientierte Konzeptualisierung von Beratungskompetenz kann sich dabei u.a. auf Ergebnisse der Berufspädagogik stützen, die vielfältige Verfahren entwickelt hat, mit der feldspezifisches Können erfasst werden kann (z.B. Winther/Prenzel 2014). Die Lehrkomponente umfasst entsprechend drei didaktische Elemente:

- zwei Übungsgespräche, in denen trainierte SimulationsklientInnen prototypische Fälle aus der Sozialen Arbeit darstellen
- ein Kompaktwochenende (16 UE) zur fertigkeitsorientierten Vermittlung systemischer Gesprächsführung

- eine selbstgesteuerte Reflexionsphase, in der die videographierten Beratungsgespräche entlang wissenschaftlicher Kriterien von den Studierenden bilanziert werden

Die Ausrichtung der Lehrkomponente entlang systemischer Beratung basiert auf der Überlegung, dass Handlungskonzepte einer modernen Sozialen Arbeit häufig komplexe Zuweisungskontexte berücksichtigen müssen. Gerade systemische Beratung bietet für diese Erfordernisse, z.B. in der Handhabung von Mehrpersonenkonstellationen oder der Vermischung von Zwang und Freiwilligkeit, theoretisch begründbare und praktisch vermittelbare Herangehensweisen.

Die Forschungskomponente umfasst zwei durchgängig enthaltene Elemente, die in manchen KES-Durchgängen durch Vertiefungsstudien mit weiteren Instrumenten ergänzt werden:

- ein standardisierter Fragebogen (allgemeine Selbstwirksamkeitserwartung; Schwarzer/Jerusalem 1995, zentrale Persönlichkeitsmerkmale nach dem Konzept der Big Five, BFI-S; Gerlitz/Schupp 2005, Vorerfahrungen, Studienverlauf etc.)
- eine hoch inferente Videostudie

KES wird seit 2007 durchgängig im Rahmen der überfachlichen Qualifikationen als freiwillig wählbare Veranstaltung für Studierende der Erziehungswissenschaft (Bachelor und Master) und der Schulpsychologie (Master) angeboten. Damit ist Beratungslernen unter Dauerbeobachtung gestellt, was interessante Perspektiven ermöglicht. So lässt beispielsweise der bisher angefallene Datensatz (ca. 250 Studierende, ca. 400 videographierte Beratungsgespräche) durch das Zusammentreffen der Implementierung von KES mit dem Auslaufen der alten Diplomstudiengänge und der Einführung des BA/MA-Systems auch einen Vergleich dieser beiden Studiensysteme auf breiter Datengrundlage zu.

2.1 Simulationsumgebungen für die Kompetenzerfassung beraterischen Handelns

Aus Sicht der Kompetenzforschung stellt KES eine Art ‚Skills Lab‘ für psychosoziale Beratung dar. Solche Simulationsumgebungen finden in der Medizin, der Pflege, der Pilotenausbildung etc. seit Jahren vermehrt Verbreitung. In den aktuellen Modellstudiengängen für Medizin, beispielsweise an der Charité in Berlin, stellt diese Form des Lernens sogar einen didaktischen Schwerpunkt dar (Wündrich et al., Schultz et al. 2007, Causer et al. 2013). In der Sozialen Arbeit zählt das Lehren, Lernen und Forschen mit Simulationsumgebungen aber noch als Novum (Weinhardt, 2013; Widulle, 2012). Der auf diesem Weg realisierte Zugang zu Beratungskompetenz hat aus Sicht der Forschung den Vorteil, dass er in Anlehnung an die Taxonomie (Abbildung 1) von Schiersmann (2013) und Iller & Wick (2009) den Erfordernissen der Kompetenzerfassung handlungswissenschaftlich gerahmter Studienberufe weitaus besser gerecht wird als beispielsweise kognitive Wissenstests und Fragebogenstudien.

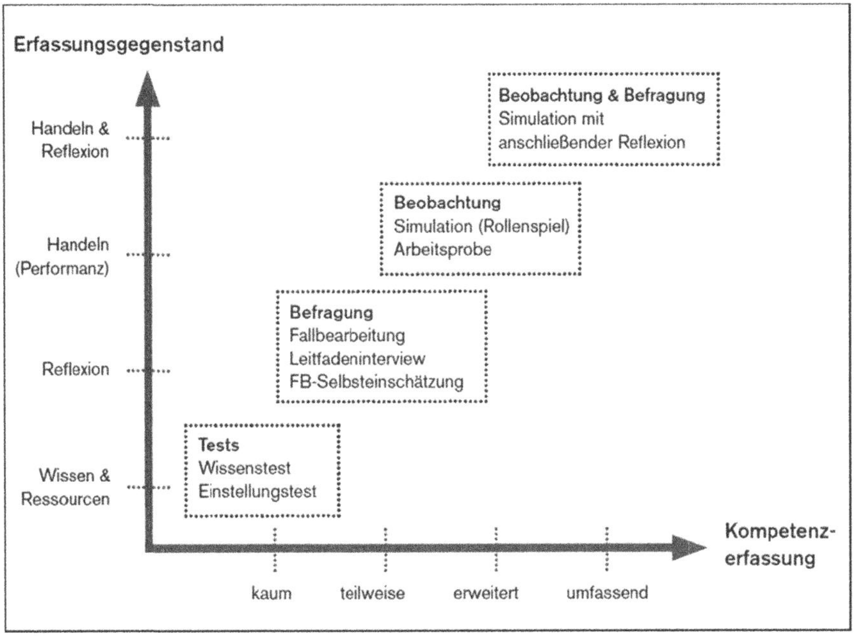

Abbildung 1: Methoden und Instrumente zur Kompetenzerfassung nach Iller & Wick (2009) und Schiersmann (2013)

Um diese Vorteile auch realisieren zu können, müssen jedoch spezifische Bedingungen erfüllt sein, die weit über den in der Beratungsausbildung üblichen Rollenspielcharakter von Übungen hinausgehen. So ist die Simulation der Beratungsgespräche in KES eingebettet in einen realistischen Kontext, der die schriftliche Voranmeldung des Falles, die Raumgestaltung des Beratungszimmers (inklusive einem Wartebereich, in dem die KlientInnen abgeholt werden müssen) etc. umfasst. Teilnehmende Studierende und auch erfahrene Fachkräfte, die an KES als TestprobandInnen teilgenommen haben, bestätigen die hohe Realitätsnähe. So schreibt eine Studentin in ihrem Kompetenzentwicklungsbericht, der

Teil der selbstgesteuerten Reflexionsphase ist: „*Ich habe das Seminar nach meinem Praktikum besucht. Das Beratungsgespräch mit der Voranmeldung war sehr realistisch, schon bei der Begrüßung meiner Klientin habe ich vergessen, dass sie eine Schauspielerin ist und eine Videokamera mitläuft.*" Neben der realitätsnahen Ausgestaltung des Kontextes sind die Auswahl und Ausbildung der SimulationsklientInnen sowie die Berücksichtigung forschungsmethodischer Erfordernisse bei ihrem Einsatz wichtige Punkte. Die in KES zum Einsatz kommenden SimulationsklientInnen werden im Rahmen einer Informationsveranstaltung sorgfältig ausgewählt. Kriterien sind u.a. psychische Belastbarkeit, passendes Alter für die einzunehmenden Rollen sowie Akzeptanz der Ziele von KES, die gerade nicht auf ‚Schauspiel', sondern realistische Darstellung abstellen. Die Ausbildung der SimulationsklientInnen erfolgt dann durch theaterpädagogisches Personal im Rahmen einer 20 UE umfassenden Schulung. Grundlage der Ausbildung sind verdichtete, vorgegebene Fallvignetten aus der psychosozialen Beratungspraxis, die entlang der mitgebrachten eigenen lebensweltlichen Hintergründe der SimulationsklientInnen zu umfangreichen Rollenbiographien verarbeitet werden. Am Ende der Ausbildung (und stichprobenartig regelmäßig während des Einsatzes) prüfen erfahrene Beratungsfachkräfte die Konsistenz der Simulation und die Schwierigkeit der Darstellung, die auf einem mittleren Niveau liegen sollte, um einen möglichst breiten Bereich beraterischer Kompetenzen erfassen zu können.[1]

Wichtig für die Forschung ist neben der Realitätsnähe eine weitere Eigenschaft der SimulationsklientInnen in KES: Die Rollen sollen zeitlich stabil bleiben. Bei ständig wechselnder Darstellung hätte das Datenmaterial lediglich die Qualität, die sich auch in Feldstudien zu Beratung und Psychotherapie finden ließe: Über die Fälle und damit den Charakter und die Schwierigkeit der ‚Aufgabe' wäre wenig bis nichts bekannt, da jeder Fall als einmalig aufzufassen wäre. Der Vorteil einer Simulation – unterstellt, dass die Gespräche realitätsnah ablaufen – ist, dass die geschulten SimulationsklientInnen mehrfach eingesetzt werden. In KES erfolgt eine randomisierten Zuordnung auf die teilnehmenden Studierenden. In der Folge lassen sich durch statistische Auswertungen der Videographiedaten nicht nur Kompetenzwerte für die Probanden in KES ermitteln, sondern KES-Daten erlauben auch Fragen nach der zeitlichen Konstanz und der spezifischen Qualität der durch die SimualtionsklientInnen dargestellten ‚Bera-

1 Derzeit wird zudem geprüft, ob zukünftig eine adaptive Darstellung der Beratungsfälle möglich ist, in der die SimulationsklientInnen vorab definierte Schwierigkeitsgrade durch eine unauffällige Rückmeldung einnehmen (‚adaptives Testen').

tungsaufgaben'.[2] Diese Fragen werden derzeit intensiv bearbeitet und erste Ergebnisse weisen sehr deutlich darauf hin, dass die ‚Beratungsaufgaben' das Erfordernis der zeitlichen Konstanz erfüllen und sich zudem in ihrer Beschaffenheit, z.B. der kommunikativen Zugänglichkeit und der Motivation, Veränderungsimpulse aufzunehmen, beschreiben lassen. Die statistische Auswertung kann dann zukünftig neben dem Abstellen auf Randomisierungseffekte der Zuteilung auch durch die gezielte Berücksichtigung der Aufgaben erfolgen.

2.2 Hoch inferente Erfassung von Beratungskompetenz

Die Beforschung der videographierten Beratungsgespräche erfolgt in KES derzeit durch die TBKS (Tübinger Beratungskompetenz-Skala), einer adaptierten und übersetzten Version der Counseling Skills Scale (Eriksen/McAuliffe 2003, 2006). Auf 19 Items erfasst die TBKS sechs Merkmale psychosozialer Beratungskompetenz. Das Instrument wurde dabei durch die Analyse von Beratungsfachliteratur gewonnen und durch Pilotstudien durch die ErstautorInnen optimiert. Ein besonderer Vorteil der TBKS ist, dass gezielt Anforderungen psychosozialer Beratung für die Konstruktion der Items berücksichtigt wurden und das Instrument beraterische Fertigkeiten unabhängig von spezifischen, schulgebundenen Vorgehensweisen abzubilden vermag. Die sechs erfassten Merkmale psychosozialen Beratungshandelns sind: 1. Interesse und Anerkennung zeigen/Kontakt herstellen, 2. Problem explorieren, 3. Beratungssitzung vertiefen, 4. Veränderungen abwägen und initiieren, 5. beraterisch-therapeutische Beziehung gestalten und 6. Kontakt/Rahmen strukturieren. Sie werden jeweils auf einer Skala von -2 bis +2 bewertet. Die Stufen sind dabei wie folgt kompetenzorientiert definiert: -2: größere Korrekturen notwendig, -1: weiterüben, 0: sich entwickelnde Kompetenz, 1: gut entwickelte Kompetenz, 2: stark entwickelte Kompetenz. Die Festlegung auf dieses Format entspricht der konzeptionellen Idee der Autoren, das Instrument sowohl für die Fremd- als auch Selbstbeurteilung von Lernenden zu nutzen und die Ratingskala mit leicht erfassbaren, konkret operationalisierten Stufen auszustatten. Der Gesamtwert der Skala entsteht durch Addition der Werte der sechs Teildimensionen und umfasst den Bereich von -12 bis +12 Punkten. Das Instrument weist beim Einsatz geschulter Rater gute bis sehr gute Kennwerte auf (α-Werte der Skalen in der hier berichteten Auswertung ,75 bis ,87 bei faktorenanalytisch nachweisbarer Eindimensionalität, Intercoderreliabilität ICC (3,1) ,73 bis ,89). Tabelle 1 zeigt einen Überblick über die so gewonnenen Daten

[2] Derzeit werden zwei Fallszenarien durch sieben SimulationsklientInnen dargestellt, was in dieser Auffassung 14 ‚Beratungsaufgaben' entspricht, die von derzeit ca. 250 Studierenden in ca. 400 Beratungsgesprächen bearbeitet worden sind.

in einer ersten, aber schon aufschlussreichen Differenzierung nach Vorerfahrung und studienbiographischem Status.

	Interesse & Anerkennung zeigen		*Exploration fördern*		*Sitzung vertiefen*		*Veränderungen planen & initiieren*		*beraterisch-therapeutische Beziehung entwickeln*		*Sitzung Gestalten*	
	M	SD	M	SD	M	SD	M	SD	M	SD	M	SD
Vorerfahrung												
gar keine	-,05	,80	-,26	,67	-,70	,51	-,80	,61	-,34	,88	-,95	,96
wenig	,02	,71	-,21	,63	-,73	,40	-,73	,56	-,30	1,01	-,76	,89
etwas	,21	,67	-,11	,59	-,60	,53	-,62	,65	-,12	,85	-,51	,96
viel	,36	,54	,07	,54	-,62	,47	-,54	,59	,00	,78	-,50	,76
Fachsemester												
1-3	-,14	,75	-,37	,49	-,86	,33	-,86	,49	-,44	,75	-1,11	,80
4-6	,11	,69	-,24	,56	-,66	,47	-,65	,58	-,26	,86	-,66	,89
7-12	,21	,71	,04	,69	-,59	,54	-,66	,70	-,05	1,00	-,51	1,01

Tabelle 1: TBKS-Werte in Abhängigkeit von Vorerfahrung und Studienphase

Die intensive interferenzstatistische Auswertung der KES-Daten hat mit Erreichen einer genügend großen Stichprobe erst vor einiger Zeit begonnen. Die zukünftigen Analysen werden sich auf drei Gebiete erstrecken: (a) Untersuchung der Eigenschaften der Simulationsumgebung, also Fragen der Beschreibbarkeit von Simulationsaufgaben und deren zeitliche Konstanz, (b) Strukturaufklärung und Modellierung der Beratungskompetenz sowie (c) Erfassung von Kompetenzerwerbsprozessen und Fragen der Beeinflussbarkeit von Beratungskompetenz durch verschiedene Lern- und Bildungsangebote.[3]

[3] KES enthält schon verschiedene Interventionskomponenten in Form einer randomisierten Zuteilung zu Lernangeboten zwischen den Simulationsgesprächen.

3 Fazit

Welchen Beitrag kann die hier vorgestellte Beschäftigung mit Beratungskompetenz und Beratungskompetenzerwerbsprozessen für das Methodenlernen in der Sozialen Arbeit leisten?

Zunächst stellt dies einen aus unserer Sicht originär erziehungswissenschaftlichen Beitrag dar, der auf Lern- und Bildungsprozesse der Fachkräfte hin orientiert ist und Fragen des ‚Outputs' und der Effizienz gewollt und methodisch gestützt zunächst einmal außen vor lässt.[4] Damit eng verknüpft sind die großen Diskursstränge in Disziplin und Profession – Fragen nach der Professionalisierbarkeit und der Professionalisierungsbedürftigkeit Sozialer Arbeit, der Gestaltung von Hochschullehre und Studiengängen und schließlich auch die Frage nach dem Stellenwert lebenslangen Lernens sozialpädagogischer Fachkräfte. Schon alleine die in unseren Studierendensamples gemessenen Kompetenzwerte zeigen auf, dass Beratungslernen zwar im Studium beginnt und nachweisbar ist, wesentliche Entwicklungsschritte jedoch entweder in der Zeit nach Ende des Studiums folgen müssen oder als Konsequenz einer veränderten Studienstruktur zukünftig in dieses integriert werden sollten, wenn man die Idee tatsächlich berufsqualifizierender Studiengänge ernst nimmt. Dies muss – wie bisweilen kritisch geäußert wird – gerade nicht bedeuten, Studium zur Berufsausbildung zu degradieren. Denn gegenstandsorientiertes Lernen, wie es in Simulationsumgebungen par excellence verwirklicht ist, kann Bildungsprozesse wie die Beschäftigung mit abstrakten Theorien oder die Persönlichkeitsbildung umfangreich anregen, wie die Erfahrungen mit KES zeigen. Es geht dann darum, die Bedeutung von Erfahrungsbildung als Grundlage für die Herausbildung einer theoretisch reflektierten professionellen Praxis ernst zu nehmen (Strasser 2006; Strasser/Gruber 2014) und hierfür konsequenterweise schon im Studium systematisch Orte zu schaffen.

Dabei zeigen sich inzwischen auch dringliche Fragen dahingehend, die insgesamt sehr generalistisch angelegten Studiengänge stärker zu individualisieren und in ihrer zeitlichen und inhaltlichen Ausgestaltung flexibler an die je unterschiedliche Lernbereitschaft und an die je verschiedenen Ausgangsbedingungen von Studierenden anzupassen. So erweisen sich bestimmte Zeitfenster im Studium in besonderer Weise als geeignet oder auch ungeeignet für bestimmte Lernsettings; es zeigt sich auch, dass Lernerfolge in derartigen Settings grundsätzlich

---

4 Ein häufig geäußerter Einwand ist dabei der Koproduktionscharakter personengebundener Dienstleistungen, der verhindere, dass Kompetenzen von Fachkräften in Simulationen erfasst werden können. Dies trifft jedoch nur auf eine bestimmte Gruppe von Simulationsarrangements zu, denn in KES ist dieser Aspekt durch die Hereinnahme und Kontrolle des ‚Aufgabencharakters' integraler Bestandteil der Auswertung.

von der vorhandenen Erfahrungstiefe abhängen (Bauer/Weinhardt 2014c, Weinhardt 2013). Ebenso wird deutlich, dass gerade die Einstiegsphase ins Studium von den Studierenden große Anstrengungen erfordert, sich zu orientieren und zurechtzufinden, so dass häufig nur eine eingeschränkte Auseinandersetzung mit den dargebotenen Inhalten möglich ist (Weinhardt 2014).

Performanzorientierte Lernsettings wie das vorgestellte KES-Konzept schließen an fundierte Formen des fallbasierten und problemorientierten Lernens an, wie sie bezogen auf die Soziale Arbeit vor allem von Burkhard Müller (2009) aber auch von Maja Heiner vorgeschlagen wurden (Heiner 2012; Braun et al. 2011). Auch in anderen erziehungswissenschaftlichen Teildisziplinen hat das fallbasierte Lernen inzwischen seinen festen Stellenwert, so z.B. in der Erwachsenenbildung (z.B. Schrader et al. 2010) und in der Schulpädagogik (z.B. Schelle 2011; Pieper et al. 2014). Neue technische Möglichkeiten wie Onlinelaboratorien etc. bieten ähnlich wie die vorgestellte Simulationsumgebung spannende Ansatzpunkte, um fallbasiertes Lernen mit neuen medialen Möglichkeiten gut zu verknüpfen. Darüber hinaus lassen sich diese Formen fallbasierten Lernens auch nutzen, um interdisziplinäre bzw. interprofessionelle Lernsettings zu schaffen, in denen bereits im Rahmen des Studiums eine Vermittlung unterschiedlicher disziplinärer Perspektiven deutlich gemacht, aber auch systematisch begleitend untersucht werden kann.[5]

Insgesamt zeigt sich in den bisherigen Erfahrungen und auch in den inzwischen vorliegenden Untersuchungen zu fallbasierten Lernszenarios und Simulationsumgebungen das von Maja Heiner immer schon vermutete Potential von Lernformen, die bereits in der didaktischen Umsetzung auf eine systematische Vermittlung von theoretischen Zugängen und Handlungsformen setzen. Daher wird es im Weiteren sicher darum gehen, dieses Potential noch bewusster auszuschöpfen und auch stringenter in die Konzeptualisierung von Studiengängen zu implementieren.

[5] Hierzu wird derzeit beispielsweise an der EH Darmstadt ein Beratungslabor eingerichtet und finanziert (BeraLab), in dem Studierende bezogen auf drei Handlungsfelder – Soziale Arbeit, Inclusive Education und Pflegewissenschaft – psychosoziale Beratungsgespräche beispielsweise zu Themen in der Jugend- und Familienberatung, der Palliative Care oder der Inklusion führen werden. Forschungsdaten aus diesen Gesprächen können dann auch dazu genutzt werden, unterschiedliche professionelle Zugänge und beraterische Handlungsstrategien in einer vergleichenden Perspektive zu analysieren.

Literatur

Bauer, Petra/Weinhardt, Marc (Hrsg.) (2014a): Perspektiven sozialpädagogischer Beratung. Empirische Befunde und aktuelle Entwicklungen. Weinheim: Beltz Juventa

Bauer, Petra/Weinhardt, Marc (2014b): Perspektiven sozialpädagogischer Beratung - einführende Überlegungen. In: Bauer/Weinhardt (2014a): 9-17

Bauer, Petra/Weinhardt, Marc (2014c): Die Entwicklung von Beratungskompetenz an der Hochschule. In: Faas et al. (2014): 85-101

Braun, Andrea/Graßhoff, Gunther/Schweppe, Cornelia (2011): Sozialpädagogische Fallarbeit. München: Reinhardt

Becker-Lenz, Roland/Busse, Stefan/Ehlert, Gudrun/Müller-Hermann, Silke (Hrsg.) (2012): Professionalität Sozialer Arbeit und Hochschule. Wiesbaden: Springer VS

Busse, Stefan/Ehlert, Gudrun (2012): Die allmähliche Heraus-Bildung von Professionalität im Studium. In: Becker-Lenz et al. (2012): 85-110

Causer, Joe/Barach, Paul/Williams, Andre Mark (2014): Expertise in medicine. Using the expert performance approach to improve simulation training. In: Med Educ 48. 2. 115-123

Dewe, Bernd (2009): Reflexive Professionalität: Maßgabe für Wissenstransfer und Theorie-Praxis-Relationierung im Studium der Sozialarbeit. In: Riegler et al. (2009): 47-63

Eriksen, Karen/McAuliffe, Garrett (2003): A measure of counselor competency. In: Counselor Education and Supervision 43.2. 120-133

Eriksen, Karen/McAuliffe, Garrett (2006): Constructive development and counselor competence. In: Counselor Education and Supervision 45.3.180-192

Faas, Stefan/Bauer, Petra/Treptow, Rainer (Hrsg.) (2014): Kompetenz, Performanz, soziale Teilhabe. Sozialpädagogische Perspektiven auf ein bildungstheoretisches Konstrukt. Wiesbaden: Springer VS

Galuske, Michael (2011): Methoden der Sozialen Arbeit. Eine Einführung. München/Weinheim: Juventa

Gerlitz, Jean-Yves/Schupp, Julia (2005): Zur Erhebung der Big-Five-basierten Persönlichkeitsmerkmale im SOEP Dokumentation der Instrumentenentwicklung BFI-S auf Basis des SOEP-Pretests 2005. DIW Research Notes 4, Berlin

Heiner, Maja (2010): Kompetent handeln in der Sozialen Arbeit. München: Reinhardt

Heiner, Maja (2012): Handlungskompetenz „Fallverstehen". In: Becker-Lenz et al. (2012): 201-217

Heiner, Maja (Hrsg.) (1996): Selbstevaluation in der sozialen Arbeit. Fallbeispiele zur Dokumentation und Reflexion. Freiburg i. Br.: Lambertus

Heiner, Maja (Hrsg.) (2004): Diagnostik und Diagnosen in der Sozialen Arbeit. Ein Handbuch. Berlin: Deutscher Verein für öffentliche und private Fürsorge

Iller, Carola/Wick, Alexander (2009): Prüfungen als Evaluation der Kompetenzentwicklung im Studium. In: Das Hochschulwesen 57. 6. 195-200

Schwarzer, Rolf/Jerusalem, Matthias (1995): Generalized Self-Efficacy scale. In: Weinman et al. (1995): 35-37

Müller, Burkhard (2009): Sozialpädagogisches Können. Ein Lehrbuch zur multiperspektivischen Fallarbeit. Freiburg i. Br.: Lambertus

Müller, Burkhard (2011): Methoden in der Sozialpädagogik. In: Schröer/Schweppe (2011): 32 Seiten

Pieper, Irene/Frei, Peter/Hauenschild, Katrin/Schmidt-Thieme, Barbara (Hrsg.) (2014): Was der Fall ist. Beiträge zur Fallarbeit in Bildungsforschung, Lehramtsstudium, Beruf und Ausbildung. Wiesbaden: Springer VS

Riegler, Anna/Hoijnk, Sylvia/Posch, Klaus (Hrsg.) (2009): Soziale Arbeit zwischen Profession und Wissenschaft. Vermittlungsmögñchkeiten in der Fachhochschulausbildung. Wiesbaden: Springer VS

Schelle, Carla (2011): Fallarbeit in der Lehrerbildung - Strukturmerkmale schulischer und unterrichtlicher Interaktion. In: Erziehungswissenschaft 22. 85-92

Schiersmann, Christian (2013): Ein Kompetenzprofil für Beratende - Resultat eines offenen Koordinierungsprozesses. In: Engagement für die Erwachsenenbildung. Wiesbaden: Springer VS. 157-168

Schrader, Josef/Hohmann, Reinhard/Hartz, Stefanie (Hrsg.) (2010): Mediengestützte Fallarbeit. Konzepte, Erfahrungen und Befunde zur Kompetenzentwicklung von Erwachsenenbildnern. Bielefeld: Bertelsmann

Schröer, Wolfgang/Schweppe, Cornelia (Hrsg.) (2011): Fachgebiet Soziale Arbeit der Enzyklopädie Erziehungswissenschaft Online (EEO). Weinheim, München: Juventa

Schultz, Jobst-Hendrik/Schönemann, Jochen/Lauber, Heike/Nikendei, Christoph/Herzog, Wolfgang/Jünger, Jana (2007): Einsatz von Simulationspatienten im Kommunikations- und Interaktionstraining für Medizinerinnen und Mediziner (Medi-KIT): Bedarfsanalyse, Training & Perspektiven. In: Gruppendynamik und Organisationsberatung 38. 1. 7-23

Stimmer, Franz/Weinhardt, Marc (2010): Fokussierte Beratung in der Sozialen Arbeit. München: Ernst Reinhardt

Strasser, Josef (2006): Erfahrung und Wissen in der Beratung - theoretische und empirische Analysen zur Entstehung und Entwicklung professionellen Wissens in der Erziehungsberatung. Göttingen: Cuvillier

Strasser, Josef/Gruber, Hans (2014): Learning processes in the professional development of mental health counselors: knowledge restructuring and illness script formation. In: Advances in Health Sciences Education. Epub ahead of print

Weinhardt, Marc (2013). Methodenkompetenzerwerb im Studium? - Chancen und Grenzen der Methodenausbildung an der Hochschule am Beispiel psychosozialer Beratung. In: Sozialmagazin 11/12. 60-69

Weinhardt, Marc (2014): Kompetenzentwicklung in der psychosozialen Beratung am Beispiel von Studierenden der Erziehungswissenschaft. In: Bauer/Weinhardt (2014a): 214-231

Weinman, John/Wright, Stephen/Johnston, Marie (Hrsg.) (1995): Measures in health psychology: A user's portfolio. Causal and control beliefs. Windsor: NFER-NELSON

Widulle, Wolfgang (2012): 'Ich hab' mehr das Gespräch gesucht'. Kommunizieren lernen im Studium Sozialer Arbeit. Wiesbaden: Springer VS

Winther, Esther/Prenzel, Manfred (2014): Berufliche Kompetenz und Professionalisierung - Testverfahren und Ergebnisse im Spiegelbild ihrer Accountability. In: Zeitschrift für Erziehungswissenschaft 17. 1-7

Wündrich, Martina/Peters, Tim/Philipsen, Alexandra/Kopasz, Marta/Berger, Mathias/Voderholzer, Ulrich (2008): Einsatz von Simulationspatienten in den Lehrfächern Psychiatrie und Psychotherapie. In: Der Nervenarzt 79. 11. 1273-1282

Konfliktkompetenz als Teil professioneller Handlungskompetenz in der Sozialen Arbeit

Franz Herrmann

Ein wichtiger Teil der wissenschaftlichen Arbeit von Maja Heiner war die Beschäftigung mit Fragen zu Professionalität und Professionalisierung im Kontext Sozialer Arbeit (z.B. Heiner 2004; 2007). In den letzten Jahren stand dabei die Frage im Mittelpunkt, wie professionelle Handlungskompetenz theoretisch und praktisch erfasst werden könne (Heiner 2010). Sie entwickelte dazu ein theoretisches Modell, das als Grundlage einer mehrteiligen Buchreihe diente und Handlungskompetenz damit z.B. als „Fokussierte Beratung" (Stimmer/Weinhardt 2010) oder „Begleitende Unterstützung und Erziehung" (Schwabe 2010) berufsfeldspezifisch und an Fallbeispielen anschaulich konkretisierte. Ich beschäftige mich seit längerem in Forschung, Lehre, Weiterbildung und Praxisberatungen mit Konflikten in der Sozialen Arbeit. Heiners Modell von Handlungskompetenz war dabei eine Inspirationsquelle, über die Erfassung und Systematisierung grundlegender Fähigkeiten und Werkzeuge bei der Bearbeitung von Konflikten in der Sozialen Arbeit nachzudenken. Dabei wurde deutlich, dass auch ‚Konfliktkompetenz' mit ihrem Modell erfasst werden kann. Im Folgenden wird zuerst Heiners Modell von Handlungskompetenz vorgestellt. Danach folgen einige Bemerkungen über den Ort und die Rolle von Konflikten in der Sozialen Arbeit. Abschließend soll dann mein Modell von Konfliktkompetenz in der Sozialen Arbeit skizziert werden – in seiner methodischen und politischen Dimension.

1 Heiners Modell von Handlungskompetenz in der Sozialen Arbeit

Als Handlungskompetenz bezeichnet Heiner „Potenziale, über die eine Person verfügt und die notwendig sind, um komplexe und bedeutende Aufgaben zu bewältigen" (Heiner 2010: 12). Sie unterscheidet drei grundlegende Kompetenzbereiche, die in der Praxis Sozialer Arbeit relevant sind:

> „Die *Fallkompetenz* ist bezogen auf das Klientensystem (Probleme und Ressourcen der KlientInnen und ihres sozialen und institutionellen Umfelds); Die *Systemkompetenz* ist bezogen auf die Organisation (Konzept und Angebot) der Fachkraft und auf das Leistungssystem, mit dem

kooperiert wird (...); Die *Selbstkompetenz* ist bezogen auf die Person der Fachkraft (Einstellung, Haltung, Qualifikation, Motivation)" (ebd.: 12; Herv. i .O.).

In allen drei Bereichen werden *prozess*bezogene Kompetenzen zur Bearbeitung von Anforderungen und Problemen aus der Praxis benötigt, die Heiner anhand von folgenden Schritten des methodischen Handelns erfasst:

- *Planungs- und Analysekompetenz:* Die kompetente Analyse einer Handlungssituation, der beteiligten Akteure und der Rahmenbedingungen ist Ausgangspunkt jeglichen professionellen Handelns. Auf dieser Grundlage können Handlungsziele entwickelt und die entsprechenden Umsetzungsschritte geplant werden.
- *Interaktions- und Kommunikationskompetenz:* Diese wird zwar auch in der Analysephase gebraucht (z.B. um Informationen einzuholen oder Ziele auszuhandeln), der Schwerpunkt dieser Kompetenz liegt aber in der Umsetzung der geplanten Ziele und Handlungsschritte mit den Beteiligten.
- *Reflexions- und Evaluationskompetenz:* Diese dient vor allem zur Steuerung und Überprüfung des Handelns der Fachkraft sowie dazu, die eigenen Emotionen und Motive zu erkennen und zu reflektieren.

All diese prozessbezogenen Kompetenzen werden im problemlösenden methodischen Handeln nacheinander gebraucht, kein Schritt kann übersprungen werden, jedoch kann die Rückkehr zu früheren Schritten immer wieder notwendig sein: „Der Gesamtprozess ist ein zirkulärer, der mit dem letzten Schritt wieder zur ersten Phase, zur Analyse und Planung zurückkehrt. Jede längere Handlungsfolge (z.B. ein einjähriger Interventionsprozess) lässt sich in kleinere Sequenzen aufteilen (...). Jeder einzelne Abschnitt und jede Intervention in diesem Zeitabschnitt verlangt alle drei prozessbezogenen Interventionsmuster" (ebd.: 65).

2 Konflikte in der Sozialen Arbeit

Konflikte sind arbeitsfeldübergreifend ständige Begleiter von Fachkräften in der Sozialen Arbeit. Sie sind Teil der Arbeit mit AdressatInnen und KooperationspartnerInnen, der Interaktion mit KollegInnen im Team, sie sind aber auch als Ambivalenzen oder Rollenkonflikte *in* den Subjekten wirksam.

Die Allgegenwärtigkeit von Konflikten in der Sozialen Arbeit ist kein Zufall, sondern kann aus ihrem Ort und Auftrag innerhalb des Sozialstaats erklärt werden: Soziale Arbeit agiert als Teil des Sozialstaats und als intermediäre Instanz zwischen den Lebenswelten der Subjekte und verschiedenen Teilsystemen der Gesellschaft (mit ihren Institutionen wie Schulen, Ämtern, Betrieben etc.). Ziel ist, Menschen eine eigenverantwortliche Lebensführung durch Hilfe zur Selbsthilfe zu ermöglichen. Fachkräfte werden dabei „in doppeltem Sinne als ‚VermittlerInnen' tätig: Sie vermitteln die Leistungen von Organisationen und ermöglichen oder erleichtern den KlientInnen damit Teilnahme oder Mitgliedschaft (Inklusion) (...) und sie vermitteln bei Konflikten zwischen Personen oder zwischen Personen und Organisationen" (ebd.: 34). Dabei sind sie nicht nur dem Wohl ihrer KlientInnen, sondern auch dem Gemeinwohl verpflichtet.

Mit dieser Verortung sind Konfliktpotentiale im System der Sozialen Arbeit bereits *strukturell* angelegt, die in der Praxis häufig zu realen Konflikten zwischen Fachkräften und KlientInnen, bzw. KooperationspartnerInnen oder zu inneren Konflikten werden. Exemplarisch seien hier genannt (Herrmann 2006: 60ff):

- *Balancearbeit im Spannungsfeld widersprüchlicher Interessen:* Wie finde ich als Fachkraft eine Balance zwischen den Bedürfnissen meiner KlientInnen, meinem gesetzlichen bzw. institutionellen Auftrag und meinem eigenen professionellen Selbstverständnis?
- *Freiwilligkeit versus Zwang:* Wie können unter Bedingungen begrenzter bzw. nicht vorhandener Freiwilligkeit trotzdem produktive Arbeitsbündnisse mit KlientInnen gestaltet werden?

Neben solchen arbeitsfeldübergreifend-allgemeinen Konfliktpotentialen kommen je nach Arbeitsfeld und institutionellem Setting, in dem eine Fachkraft tätig ist, weitere strukturelle Konfliktpotentiale hinzu. Die Fähigkeit, konstruktiv und kompetent mit Konfliktpotentialen und Konflikten im eigenen Arbeitssetting umzugehen, ist angesichts dessen ein wichtiges Element professioneller Handlungskompetenz.

Was aber sind Konflikte und welche besonderen Herausforderungen stellen sie an Fachkräfte? Nach Glasl (2008: 24) ist ein Konflikt eine soziale Situation zwischen Individuen, Gruppen, Organisationen etc. mit folgenden Charakteristika: *Unvereinbarkeiten* zwischen den Beteiligten in Bedürfnissen, Werten, Zielen etc.; *Interaktionen* zwischen den Beteiligten (verbale Auseinandersetzungen, Ignorieren von Forderungen, Angriffe o.ä.) sowie *Beeinträchtigungen*, die mindestens eine(r) der Beteiligten erlebt. Die Herausforderung bei der Analyse und Bearbeitung von Konflikten ist dreifacher Art:

- *Komplexität:* In Konflikten wirken sachbezogene, emotionale und strukturelle Aspekte zusammen.
- *Dynamik:* Konflikte haben eine immanente Tendenz, weiter zu eskalieren.
- *Intransparenz:* Nur ein Teil der relevanten Aspekte einer Konfliktsituation ist zu Beginn der Bearbeitung erkennbar, auch Ursache-Wirkungszusammen-

hänge sind oft unklar. Die Wirkung von Interventionen ist deshalb gerade zu Beginn nur schwer einschätzbar.

Unter solchen Bedingungen ist flexibles fachliches Handeln erforderlich, das immer wieder danach fragt, welcher nächste Schritt zur aktuellen Entwicklung eines Konflikts passt: Analyse, Planung, Handeln, Evaluation und die Reflexion des eigenen Ortes einer Fachkraft in der Situation müssen flexibel kombiniert werden und gerade in der Anfangsphase der Bearbeitung kurzfristig zirkulär durchlaufen werden. Erst wenn die Situation entschärft oder stabilisiert ist, ist es sinnvoll, längerfristige Ziele und Handlungspläne anzugehen.

Das heißt zusammengefasst: Angesichts der Vielfalt der Konfliktformen in der Sozialen Arbeit gibt es keine Einzelmethode (wie z.B. Beratung, Mediation, konfrontative Pädagogik, Moderation), mit der all diese Konstellationen bearbeitet werden können. Ein angemessener Zugang zu Konfliktarbeit ist vielmehr eine Kombination aus Situationsverstehen und flexiblem methodischen Handeln. Ein Konflikt sollte als soziale Situation mit konkreten Beteiligten in einem spezifischen Kontext verstanden werden. Auch die Fachkraft, die den Konflikt bearbeitet, ist Teil dieser Situation. Sie muss möglichst rasch einen Ort und Auftrag für ihr Handeln finden, und von hier aus Analyse-, Planungs- und Reflexionswerkzeuge und Interventionen flexibel auf den Konflikt und seinen Verlauf hin kombinieren.

3 Konfliktkompetenz als Teil professioneller Handlungskompetenz

Wenn Konflikte eine so zentrale Rolle in der Praxis Sozialer Arbeit einnehmen, stellt sich die Frage, welche grundlegenden Fähigkeiten zur Analyse und Bearbeitung bereits in der Ausbildung von Fachkräften erworben werden sollten. Meine eigenen Erfahrungen aus der Hochschullehre und Weiterbildung von Fachkräften dienten als Grundlage einer Sammlung, die über Jahre hinweg mit ExpertInnen zum Thema aus Wissenschaft, Praxis und Weiterbildung diskutiert und weiterentwickelt wurde (u.a. auch mit Maja Heiner). Im Folgenden wird Heiners Modell als Bezugspunkt genommen, um *grundlegende* professionelle Kompetenzen bei der Bearbeitung von Konflikten in der Sozialen Arbeit näher zu bestimmen.

3.1 Fallkompetenz in Konflikten

‚Fallkompetenz' bedeutet, dass eine Fachkraft in der Lage ist, Konflikte einfacher bis mittlerer Komplexität[1] in ihrem beruflichen Feld analysieren und bearbeiten zu können. Dazu gehören Konflikte mit KlientInnen, aber auch mit KollegInnen der eigenen Organisation oder KooperationspartnerInnen.

Im Prozessschritt *Analyse und Planung* geht es darum, eine strukturierte Informationssammlung und Interpretation der jeweiligen Konfliktsituation durchführen zu können – z.B. mit Hilfe von Glasls Eskalationsmodell (2002) und Beniens Unterscheidung grundlegender Konfliktformen (2003: 74ff). Bei Konflikten zwischen KlientInnen ist es sinnvoll, auch den lebensweltlichen Kontext und seine Auswirkungen auf die Beteiligten näher zu betrachten. Dazu ist z.B. Böhnischs Modell (2008) der ‚Lebenslage' und ‚biografischen Lebensbewältigung' ein geeignetes Instrument. Auf dieser Grundlage können dann weitere Handlungsschritte entwickelt werden.

Im Prozessschritt *Interaktion und Kommunikation* liegt der Fokus auf *personen*bezogenen Handlungsmethoden.[2] Wichtig für die alltägliche Praxis ist insbesondere, bestimmte Grundmodelle des Handelns in Konflikten zu kennen und anwenden zu können. Dazu gehören drei spezifische Formen der Gesprächsführung:

- Die *Vermittlung* zwischen mehreren Konfliktbeteiligten (Grundmodell I, vgl. z.B. die Konfliktmoderation nach Redlich 1997)
- Die *Konfliktberatung* bei Einzelpersonen (Grundmodell II, vgl. z.B. Widulle 2011: 142ff)
- Das *konfrontative Gespräch* mit Personen, die wichtige Regeln verletzen oder sich nicht an wichtige Abmachungen gehalten haben (Grundmodell III, ebd.: 219ff).

---

1 ‚Einfache bis mittlere Komplexität' bedeutet, dass ein Konflikt noch nicht zu stark eskaliert ist und nicht zu viele Parteien involviert sind. Friedrich Glasl (2002: 215ff) hat ein weitverbreitetes Eskalationsmodell mit neun Stufen formuliert, das mit einer „Verhärtung" von Standpunkten (Stufe 1) beginnt und bis zur Vernichtung des Gegners bzw. dem „Gemeinsam in den Abgrund" gehen endet, wenn keine Partei die andere besiegen kann (Stufe 9). Ohne vertiefende Aus- und Weiterbildungen in der Konfliktarbeit sollten sich Fachkräfte auf Konflikte bis einschließlich Stufe 3 beschränken („Taten statt Worte": d.h. die Kommunikation zwischen den Beteiligten funktioniert nur noch begrenzt, die Parteien schaffen deshalb durch eigenes, nicht gesprochenes Handeln Fakten, die die andere Seite unter Druck setzen).

2 Davon zu unterscheiden sind *struktur*bezogene Interventionen, die im Bereich der Systemkompetenz eine zentrale Rolle spielen. Diese zielen auf den Kontext, in dem der Konflikt stattfindet, auf die Gestaltung von Handlungsregeln und Spielräumen, die Verteilung von Ressourcen oder auch die Strukturen und Handlungsabläufe in Organisationen (vgl. 3.2).

Fachkräfte in stationären Einrichtungen, aber auch in Jugendfreizeiteinrichtungen und Schulen, sind manchmal mit Situationen konfrontiert, in denen AdressatInnen aggressiv oder gewalttätig gegen sie oder andere werden. Hier *deeskalierend handeln* zu können (Grundmodell IV), ist anspruchsvoll und braucht Training und Übung. Bestimmte Grundregeln können zwar bei AutorInnen wie Korn/Mücke (2006) oder Schwabe (2002) nachgelesen werden, Fachkräfte in stationären Einrichtungen sollten allerdings weitergehende Trainings für solche Situationen (z.B. PART, Papenberg 2008) absolvieren.

Schließlich geht es im Prozessschritt *Reflexion und Evaluation* darum, den Stand einer Konfliktbearbeitung auswerten zu können: Einerseits *prozessbegleitend*, um rasch erkennen zu können, ob eine Veränderung der Intervention erforderlich ist, andererseits *bilanzierend* am Ende, um zu sehen, ob ein für die Beteiligten tragfähiger Zustand erreicht wurde.

3.2 Systemkompetenz in Konflikten

Systemkompetenz in Konflikten bedeutet, den *fallübergreifenden Kontext* von Konflikten im eigenen Arbeitsfeld (d.h. die konfliktrelevanten Strukturen in der eigenen Institution, ihre Verortung im Hilfesystem sowie im gesellschaftlichen und politischen Umfeld) zu erkennen und zumindest teilweise bearbeiten zu können. Im Prozessschritt *Analyse und Planung* geht es darum, strukturelle Konfliktpotentiale und ihre Wirkungen im eigenen Arbeitsfeld und der eigenen Institution analysieren zu können. Ein geeignetes Werkzeug dazu ist z.B. die Arbeitsfeld- und Kontextanalyse (Herrmann 2013: 199ff). Im Prozessschritt *Interaktion und Kommunikation* liegt der Fokus – im Gegensatz zur Fallebene – auf *strukturbezogenem* Handeln. Beispiele hierfür sind Verfahren zur Bearbeitung wiederkehrender Konfliktkonstellationen in der Praxis (z.B. Kinderschutzfällen im Allgemeinen Sozialen Dienst oder gewalttätigen Eskalationen in stationären Einrichtungen). Ein zweiter relevanter Bereich ist hier die (fallbezogene) Kooperation mit anderen Institutionen, in der es zu Konflikten um Zuständigkeiten, Entscheidungskompetenz etc. kommen kann.

Präventive bzw. deeskalierende Verfahren dieser Art zu entwickeln, ist anspruchsvoll. Im Sinne von Basiskompetenzen ginge es bei einer Vermittlung solcher Inhalte im Studium vor allem darum, den Einstieg in die Thematik zu finden, d.h. eigene Erfahrungen der Studierenden aus Praktika etc. zu analysieren sowie einfachere Werkzeuge für strukturbezogene Interventionen mit ihnen zu erproben (z.B. Verfahren der Konzeptionsentwicklung oder der Gestaltung von Schlüsselsituationen und -prozessen in der eigenen Institution; Herrmann 2013: 212ff).

In der Praxis arbeiten Fachkräfte häufig mit VertreterInnen anderer Professionen (LehrerInnen, ÄrztInnen, JuristInnen, Verwaltungskräften etc.), aber auch Freiwilligen zusammen. Diese Kooperation ist nicht selten konflikthaft. Im Prozessschritt *Reflexion und Evaluation* geht es deshalb darum, die Logik des Denkens und Handelns der eigenen Profession sowie der anderer Professionen, mit denen kooperiert wird, analysieren und reflektieren zu können, um die hier innewohnenden Konfliktpotentiale zu erkennen. Auch hier können eigene Praxiserfahrungen der Studierenden einen guten Ausgangspunkt bieten.

3.3 Selbstkompetenz in Konflikten

Konfliktkompetenz ist keine rein methodische Kompetenz und vor allem nicht nur ein ‚Management von Konflikten', sondern berührt immer auch persönliche Aspekte der Fachkraft sowie eine Auseinandersetzung mit dem ‚Eigenen' (der eigenen Haltung zu Konflikten, persönlichen Empfindlichkeiten und Handlungsmustern in Konflikten oder die eigene Konfliktbiographie). Diesen Aspekt thematisiert die Dimension der Selbstkompetenz. Sie bedeutet, dass eine Fachkraft subjektive Aspekte erkennen, reflektieren und als Ressource nutzen kann, um z.B. in der Arbeit eigene Anteile möglichst nicht mit klienten- oder kontextbezogenen Konfliktanteilen zu vermischen.

Im Prozessschritt *Analyse und Planung* geht es darum, den eigenen Ort und Auftrag für das Handeln im Konflikt analysieren zu können. Dies kann schwierig sein, denn Konflikte sind von außen betrachtet häufig undurchschaubare und dynamische Gebilde mit längerer Entstehungsgeschichte; es besteht Handlungsdruck, aber nicht immer sind die Beteiligten kooperationsbereit, auch wenn vielleicht ein gesetzlicher oder institutioneller Auftrag für das Handeln vorliegt. Außerdem macht es einen Unterschied, ob die Fachkraft selbst Konfliktbeteiligte ist oder als Unbeteiligte lediglich einen äußeren Auftrag zur Bearbeitung hat. Hier ohne eine vorherige (Kurz)Analyse und ggf. Klärung einfach dem Handlungsdruck nachzugeben bzw. in guter Absicht helfen zu wollen, kann fatale Folgen haben und zur weiteren Eskalation beitragen. Neben der Analyse der Ausgangssituation bzgl. Aufträge und eigener Verwicklungen geht es in diesem Prozessschritt ferner darum, mögliche Widersprüche und Unklarheiten rasch zu klären.

Im Prozessschritt *Interaktion und Kommunikation* sind zwei grundlegende Fähigkeiten erforderlich: Erstens sollte eine Fachkraft mit Konflikten, in die sie selbst verwickelt ist, selbstbewusst und konstruktiv umgehen können (Grundmodell V). Je nach eigener Konfliktbiografie und der hier erworbenen Grundhaltung zu Konflikten kann dies ein längerer Lernprozess werden. Rein methodisch gesehen bietet z.B. das Modell des kooperativen Konfliktgesprächs von Berkel (2008) dazu gute Anhaltspunkte für das Vorgehen. Zweitens sollten Kenntnisse und Erfahrungen mit grundlegenden professionellen Haltungen in Konflikten erworben werden:

- der parteilichen Haltung, die bei der Beratung von Einzelpersonen relevant ist
- der allparteilichen Haltung, die besonders bei der Vermittlung zwischen mehreren Konfliktbeteiligten erforderlich ist sowie
- der konfrontierenden Haltung. Studierende und Fachkräfte in der Praxis tun sich teilweise schwer mit konfrontierendem Handeln und dem Kontrollauftrag Sozialer Arbeit und identifizieren sich stärker mit der für die KlientInnen parteilichen Seite der Arbeit. Allerdings kann in der Praxis nicht ganz auf konfrontierende bzw. kritische Handlungen den KlientInnen gegenüber verzichtet werden, denn diese können unter bestimmten Voraussetzungen (z.B. Selbst- oder Fremdgefährdung; Verstoß gegen wichtige Absprachen) notwendige Interventionen sein. Konfrontierendes Handeln, das produktiv und nicht blockierend sein will, ist allerdings anspruchs- und voraussetzungsvoll (Widulle 2011: 219ff).

Im Schritt *Reflexion und Evaluation* geht es darum, bei der Bearbeitung von Konflikten reflexiv mit eigenen Emotionen und Mustern umzugehen. Grundsätzlich ist es wichtig, als Fachkraft eine konstruktive Grundhaltung zu Konflikten zu entwickeln (d.h. Konflikte als Chance zur Veränderung und nicht nur als Bedrohung zu sehen). Denn ohne eine solche Grundhaltung besteht die Gefahr falscher Handlungsweisen in Konflikten (Ignorieren, Flucht etc.) mit negativen Ergebnissen.

Alle in diesem Kapitel beschriebenen Kompetenzen lassen sich auch folgender Neun-Felder-Tabelle zuordnen (Heiner 2010: 13):

	Analyse- und Planungs-kompetenz	**Interaktions- und Kommuni-kationskompe-tenz**	**Reflexions- und Evaluations-kompetenz**
Selbstkompetenz (subjektive Aspekte der Fachkraft: eigene Konfliktbiografie, Handlungsmuster in Konflikten etc.)			
Fallkompetenz (Analyse und Bearbeitung konkreter Konflikte im beruflichen Kontext: Bei KlientInnen, mit KollegInnen etc.)			
Systemkompetenz (Fallübergreifende, strukturelle Dimension von Konflikten bzgl. der eigenen Institution, dem regionalen Hilfesystem etc.)			

Tabelle 1: Dimensionen von Konfliktkompetenz in der Sozialen Arbeit

Bei der Bearbeitung konkreter Konflikte werden Fachkräfte in der Regel analysierend, planend, interagierend und reflektierend in mehreren Bereichen (Fall, System, eigene Person) tätig und benötigen dazu Kompetenzen aus mehreren der neun Felder der Tabelle (zur Veranschaulichung vgl. das Fallbeispiel in Herrmann 2013: 34ff). Professionelle Handlungskompetenz in Konflikten bedeutet, hier immer wieder der jeweiligen Situation angemessene Verknüpfungen von Elementen (Wissen, methodische Werkzeuge, persönliche Haltungen) zu finden und umzusetzen. Meist lässt sich dabei nicht einfach eine zu Beginn formulierte Handlungsstrategie umsetzen, vielmehr muss die Entwicklung der Situation mehrfach evaluiert und reflektiert und das eigene Handeln modifiziert werden.

4 Erweiterung des Blicks: Die politische Dimension von Konfliktarbeit

Neben der bisher geschilderten gibt es noch eine andere Form von Konfliktarbeit, die angesichts des begrenzten Raums nur skizziert werden kann. Stand bei der im vorigen Kapitel dargestellten Form der *methodische* Aspekt bei der Bearbeitung konkreter Konflikte im Fokus, so geht es hier um eine *politische* Form von Konfliktarbeit im normativen Horizont von Menschenrechten und sozialer Gerechtigkeit.

Politisch verstandene Soziale Arbeit hat international eine lange Tradition (mit VertreterInnen wie Jane Addams, Saul Alinsky etc.) und versucht, bei der Analyse und Bearbeitung sozialer Probleme auch die strukturellen, gesellschaftlich bedingten Verursachungsbedingungen dieser Probleme anzugehen. „Politische SozialarbeiterInnen" lassen sich „nicht zum Objekt herrschender Verhältnisse machen (...), sondern (versuchen) als Subjekte, auf gesellschaftspolitische Verhältnisse, die die Problemlage ihrer Klientel mitbedingen, Einfluss zu nehmen und Sozialpolitik mitzugestalten" (Stark 2007: 70). Auch die International Federation of Social Workers (IFSW) hat sich in ihrer aktuellen Definition Sozialer Arbeit in diesem Sinne klar positioniert.[3]

Im deutschsprachigen Raum wird unter Begriffen wie „Einmischung" (z.B. Münchmaier 2013), „Kritische Soziale Arbeit" (z.B. Anhorn et al. 2012), „Konfliktorientierung" (Bitzan 2000) oder „Soziale Arbeit als Menschenrechtsprofession" (Staub-Bernasconi 1995) sowie in fachpolitischen Foren (wie z.B. www.einmischen.com) mit unterschiedlichen Blickrichtungen und Strategien versucht, Soziale Arbeit als gesellschaftspolitisches Instrument zu konzeptualisieren und profilieren (zur aktuellen Debatte: Benz et al. 2014). Soziale Konflikte, ihre Bearbeitung, strategische Nutzung oder gar Inszenierung können dabei eine wichtige Bedeutung haben. Bitzan und Klöck (1993: 25) formulieren dazu: „Soziale Konflikte und deren Verursachungszusammenhänge als Folgen gesellschaftspolitischer Interessengegensätze sind der Stoff der sozialen Arbeit. (...) Politisierende (gemeinwesenorientierte) Arbeit verweist in ihrer Grundrichtung auf das Sichtbarmachen dieser Konfliktstrukturen und ist somit gekennzeichnet durch das Aufdecken von und der Arbeit mit Konflikten." Versteht man Konflik-

---

3 Die IFSW vertritt über 750.000 Mitglieder in 90 Ländern und beschreibt als zentrale Aufgaben Sozialer Arbeit: „Die zentralen Aufgaben der Sozialen Arbeit umfassen die Förderung des Sozialen Wandels, der sozialen Entwicklung, des sozialen Zusammenhalts und die Stärkung und Befreiung der Menschen. (...) Strukturelle Hindernisse tragen zur Verfestigung von Ungleichheiten, Diskriminierung, Ausbeutung und Unterdrückung bei. Die Entwicklung eines kritischen Bewusstseins durch Betrachtung der strukturellen Quellen für Unterdrückung und/oder Privilegien (...) und die Entwicklung von Maßnahmen zur Beseitigung struktureller Hindernisse sind für eine emanzipatorische Praxis unverzichtbar, deren Ziele die Stärkung und Befreiung der Menschen sind" (IFSW 2014: 1).

tarbeit in diesem politisch erweiterten Sinne, wird neben der in Kapitel drei erläuterten fallbezogenen Bearbeitung von Konflikten noch eine weitere Analyse- und Handlungsdimension geöffnet.

‚Konfliktkompetenz' hat hier andere Facetten, die zum Abschluss kurz skizziert werden sollen:

‚Selbstkompetenz' bedeutet zuerst einmal die individuelle Klärung und Vergewisserung einer Fachkraft zu folgenden Fragen: Wie verstehe und begründe ich die politische Dimension Sozialer Arbeit in meinem professionellen Selbstverständnis? Wie verstehe ich ‚Gesellschaft' und die Konflikte darin, und wie verorte ich mich dazu als Akteur? Welche theoretischen Modelle Sozialer Arbeit sind zentrale Bezugspunkte für mein berufliches Handeln? Und schließlich: Wie groß ist meine persönliche Risikobereitschaft, mich beruflich im Sinne von Menschenrechten und sozialer Gerechtigkeit einzusetzen? Denn kritisches, politisch orientiertes Handeln im Beruf kann einiges an Problemen mit Vorgesetzten, KollegInnen u.a. nach sich ziehen. Je nachdem, wie eine Fachkraft diese Fragen für sich beantwortet, wird die Ausrichtung ihres beruflichen Handelns auf der Fall- und Systemebene in politischer Hinsicht sehr unterschiedlich ausfallen. Wichtig als Teil von Selbstkompetenz ist ferner auch ein Bewusstsein darüber, dass politische Soziale Arbeit eine individuelle und eine kollektive Dimension hat: Fachkräfte brauchen BündnispartnerInnen für ihr Handeln (andere Fachkräfte, Gewerkschaften, fachliche und politische Gremien, soziale Bewegungen etc.), und sie brauchen Orte und Gleichgesinnte zur gemeinsamen Vergewisserung, Bestärkung und der Entwicklung von Handlungsstrategien.

„Fallkompetenz" hat primär die AdressatInnen in ihrer Lebenswelt im Blick und bedeutet erstens ein konfliktorientiertes ‚Lesen und Verstehen Können' von Lebenssituationen und Problemen: „Das Aufsuchen von Widersprüchen in den Erfahrungen der Subjekte und in den Anforderungen an sie ist somit entscheidend (a) als Erkenntnisquelle für das Verstehen von Lebenswelt, und (b) für Ansatzpunkte, um Konfliktverhältnissen und Konfliktquellen auf die Spur zu kommen und sie zu öffnen, zugänglich, bearbeitbar zu machen" (Bitzan 2000: 339). Denn nur ein Teil sozialer Konflikte sind auf den ersten Blick als solche erkennbar, viele sind im Alltag der Subjekte versteckt in Form widersprüchlicher Anforderungen, Zumutungen, Benachteiligungen etc., die individuell bewältigt werden müssen.

Das Konzept des *Empowerment* (z.B. Herriger 2010) mit seinem mehrdimensionalen, ressourcenorientierten Blick bietet hierzu Orientierungspunkte für die Entwicklung von Handlungsstrategien: Auf der *individuellen Ebene* steht die Suche nach Stärken und Ressourcen in der Person und Lebenswelt der jeweiligen AdressatIn im Mittelpunkt sowie die gemeinsame Gestaltung einer geeigneten Form der Unterstützung. Auf der *Gruppenebene* geht es um das Gestalten von sozialen Zusammenhängen, den Aufbau bzw. die Weiterentwicklung von fördernden Netzwerkstrukturen, die die Selbstorganisation von Menschen unterstützen (Familien- und Nachbarschafts-Systeme, Selbsthilfegruppen, Bürgerinitiativen).[4]

Die *„Systemkompetenz"* zielt in Richtung einer adressatInnengerechteren Gestaltung von Lebensbedingungen und sozialer Infrastruktur im Sozialraum, sowie einer Arbeit an den Verursachungsbedingungen sozialer Probleme. Gesellschaft und Politik werden als soziale Felder interpretiert, in denen verschiedene Akteure, ausgestattet mit unterschiedlichen Machtpotentialen, ausgerichtet an unterschiedlichen Interessen und strategischen Zielen, Auseinandersetzungen über die Deutung von sozialen Problemen, die Verteilung von Ressourcen etc. führen und dabei auch konflikthaft aneinander geraten. Fachkräfte versuchen, sich individuell und in Bündnissen mit anderen Akteuren strategisch einzumischen und so Politik im Sinne von mehr sozialer Gerechtigkeit mitzugestalten.

Methodisch orientierte und politisch konzipierte Konfliktarbeit haben unterschiedliche historische Wurzeln (Herrmann 2006: 121ff) und können durchaus unabhängig voneinander umgesetzt werden. Sie können sich aber auch im produktiven Sinne ergänzen und inspirieren, denn im Alltag Sozialer Arbeit verweisen sie im Grunde aufeinander: Zur fachlichen Bearbeitung von Konflikten in der Praxis werden die in Kapitel drei skizzierten Kompetenzen und Werkzeuge methodischen Handelns gebraucht, bei der Entstehung bzw. Eskalation dieser Konflikte wirken aber nicht selten Formen sozialer Ungleichheit, struktureller Gewalt, Armut, verwehrter Anerkennung, Missbrauch von Macht etc. mit, für deren Veränderung sich politische Soziale Arbeit mit anderen Methoden und Werkzeugen einsetzt.

Literatur

Anhorn, Roland/Bettinger, Frank/Horlacher, Cornelis/Rathgeb, Kerstin (Hrsg.) (2012): Kritik der Sozialen Arbeit - kritische Soziale Arbeit. Wiesbaden: Springer VS

Benien, Karl (2003): Schwierige Gespräche führen. Modelle für Beratungs-, Kritik- und Konfliktgespräche im Berufsalltag. Reinbek: Rowohlt

Benz, Benjamin/Rieger, Günter/Schönig, Werner/Többe-Schukalla, Monika (Hrsg.) (2014): Politik Sozialer Arbeit, 2 Bände. Weinheim/Basel: BeltzJuventa

Berkel, Karl (2008): Konflikttraining. Konflikte verstehen, analysieren, bewältigen, 9. Aufl. Frankfurt a. M.: Recht und Wirtschaft

[4] Die dritte Ebene von Empowerment geht über die fallbezogene Arbeit hinaus in Richtung Sozialpolitik und würde im Konfliktkompetenz-Modell auf der Ebene der Systemkompetenz angesiedelt. Empowerment arbeitet hier in Richtung von BürgerInnen-Beteiligung und -Engagement mit dem Ziel, mehr Gestaltungsspielräume für bürgerschaftliche Teilhabe im Gemeinwesen zu eröffnen.

Bitzan, Maria (2000): Konflikt und Eigensinn. In: neue praxis (2000). 33. 4. 335-346
Bitzan, Maria/Klöck, Tilo (1993): Wer streitet denn mit Aschenputtel? Konfliktorientierung und Geschlechterdifferenz. München: AG SPAK
Böhnisch, Lothar (2008): Sozialpädagogik der Lebensalter, 5. Aufl. Weinheim/München: Juventa
Brinkmann, Hans-Ulrich/Frech, Siegfried/Posselt, Ralf-Erik (Hrsg.) (2008): Gewalt zum Thema machen. Gewaltprävention mit Kindern und Jugendlichen. Bonn: Bundeszentrale für politische Bildung
Glasl, Friedrich (2002): Konfliktmanagement, 7. Aufl. Stuttgart/Bern: Haupt
Glasl, Friedrich (2008): Selbsthilfe in Konflikten. Konzepte, Übungen, praktische Methoden, 5. Aufl. Stuttgart/Bern: Haupt
Heiner, Maja (2004): Professionalität in der Sozialen Arbeit. Theoretische Konzepte, Modelle und empirische Perspektiven. Stuttgart: Kohlhammer
Heiner, Maja (2007): Soziale Arbeit als Beruf. Fälle, Felder. Fähigkeiten. München/Basel: Reinhardt
Heiner, Maja (2010): Kompetent handeln in der Sozialen Arbeit. München/Basel: Reinhardt
Herriger, Norbert (2010): Empowerment in der Sozialen Arbeit. Eine Einführung, 4. Aufl. Stuttgart: Kohlhammer
Herrmann, Franz (2006): Konfliktarbeit. Theorie und Methodik Sozialer Arbeit in Konflikten. Wiesbaden: Springer VS
Herrmann, Franz (2013): Konfliktkompetenz in der Sozialen Arbeit. Neun Bausteine für die Praxis. München/Basel: Reinhardt
IFSW (International Federation of Social Workers) (2014): Global Definition of Social Work; in deutscher Übersetzung unter: www.dbsh.de
Korn, Judy/Mücke, Thomas (2006): Gewalt im Griff 2: Deeskalations- und Mediationstraining, 2. Aufl. Weinheim/München: Juventa
Kreft, Dieter/Mielenz, Ingrid (Hrsg.) (2013): Wörterbuch Soziale Arbeit, 7. Aufl. Weinheim/Basel: Beltz
Lallinger, Manfred/Rieger, Günter (Hrsg.) (2007): Repolitisierung Sozialer Arbeit. Stuttgart: Akademie der Diözese Rottenburg-Stuttgart
Münchmaier, Richard (2013): Einmischungsstrategie. In: Kreft/Mielenz (2013): 224-227
Papenberg, Wolfgang (2008): Professionell handeln in Gewaltsituationen. In: Brinkmann et al. (2008): 224-231
Redlich, Alexander (1997): Konfliktmoderation. Hamburg: Windmühle
Schwabe, Matthias (2002): Eskalation und De-Eskalation in Einrichtungen der Jugendhilfe, 3. Aufl. Frankfurt a. M.: IGfH
Schwabe, Matthias (2010): Begleitende Unterstützung und Erziehung in der Sozialen Arbeit. München/Basel: Reinhardt
Stark, Christian (2007): Politisches Engagement in der Sozialarbeit - Ist die politische Sozialarbeit tot? In: Lallinger et al. (2007): 69-82
Staub-Bernasconi, Silvia (1995): Systemtheorie, soziale Probleme und Soziale Arbeit: lokal, national, international oder: Vom Ende der Bescheidenheit. Bern/Stuttgart/Wien: Haupt
Stimmer, Franz/Weinhardt, Marc (2010): Fokussierte Beratung in der Sozialen Arbeit. München/Basel: Reinhardt
Widulle, Wolfgang (2011): Gesprächsführung in der Sozialen Arbeit. Grundlagen und Gestaltungshilfen. Wiesbaden: Springer VS

Qualitätsmanagement als methodisch gestütztes und auf Kriterien bezogenes Konzept

Klaus Grunwald

1 Einführung

Seit Mitte der 1990er Jahre haben Konzepte des Qualitätsmanagements die Praxis der Organisationsgestaltung erkennbar geprägt, wohingegen inzwischen ein „Rückgang der in Veröffentlichungen sichtbaren Betriebsamkeit“ konstatiert wird (Merchel 2013: 212). Gleichwohl ist das Thema für Theorie und Praxis der Sozialwirtschaft nach wie vor sehr relevant (zum Begriff der Sozialwirtschaft Grunwald 2014). Sowohl das Thema ‚Qualität‘ als auch das Thema ‚Qualitätsmanagement‘ wurden und werden intensiv diskutiert (z.B. Beckmann et. al. 2004; Kühl 2001; Meinhold/Matul 2011; Müller 2000a, 2000b).

Eine erste Begriffsbestimmung baut auf dem Terminus der *Qualität* und deren Merkmalen auf. Dabei ist Qualität immer auf Erwartungen bezogen, die von unterschiedlichen Seiten formuliert werden und insofern abhängig von den teils widersprüchlichen Kriterien, an denen die Güte eines Produkts oder einer Dienstleistung gemessen wird (Grunwald 2013a). *Qualitätsmanagement* bedeutet vor diesem Hintergrund zunächst einmal die Gesamtheit aller Anstrengungen in einer Organisation, die Qualität der Dienstleistungen zu entwickeln, aufrecht zu erhalten und zu fördern mit dem Ziel, die Kundenbedürfnisse zu erfüllen oder mindestens zu berücksichtigen (Grunwald 2013b). Qualitätsmanagement baut auf unterschiedlichen sozialgesetzlichen Regelungen auf, die allgemein eine nachzuweisende Qualitätsorientierung oder spezielle Verfahren des Qualitätsmanagements fordern (Merchel 2013: 23ff). Es gibt vielfältige Qualitätsbestrebungen in verschiedenen Arbeitsfeldern der Sozialwirtschaft, sei es beispielsweise im Gesundheitswesen, der Altenpflege, der Behinderten- oder der Jugendhilfe. Gerade in den arbeitsfeldbezogenen Konzepten und Modellen des Qualitätsmanagements zeigt sich die Verknüpfung von Fragen der fachlichen Qualität sozialer Arbeit mit Fragen der organisationalen Qualität in besonderer Weise.

Maja Heiner hat sich bereits seit Mitte der 1990er Jahre mit Fragen des Qualitätsmanagements befasst (Heiner 1995, 1996b, 1996c, 1998b, 1998c) und diese Thematik auch in den folgenden Jahren immer wieder aufgegriffen (Heiner

2004, 2007). Sie hat dabei sorgfältig differenziert zwischen Qualitätsentwicklung, Qualitätssicherung und Qualitätsmanagement (Heiner 1996c, 1998b) und vielfältige Querverbindungen zu Fragen der (Selbst-)Evaluation und der Qualifizierung von Fachkräften der Sozialen Arbeit (Heiner 1995, 1996b, 1998c, 2004) bis hin zur Lernenden Organisation (Heiner 1998d) hergestellt. Gerade vor dem Hintergrund des Stands der aktuellen Debatte (Grunwald 2013a, 2013b; Merchel 2013) ist es aber besonders spannend, ausgewählte Texte von Maja Heiner zu dieser Thematik erneut zu lesen und auf ihre Schnittstellen und Akzente bezüglich immer noch relevanten oder wieder neu zu diskutierenden Themen hin genauer zu analysieren.

Im Folgenden werden deswegen der Beitrag „Ziel- und kriterienbezogenes Qualitätsmanagement in der sozialen Arbeit. Vom Katalogisieren der Aktivitäten zur Reflexion von Qualitätskriterien" (Heiner 1996c) sowie eines der Hauptwerke von Heiner, der Titel „Soziale Arbeit als Beruf. Fälle – Felder – Fähigkeiten" (Heiner 2007) bezüglich der Qualitätsthematik genauer betrachtet. Der Duktus der folgenden Ausführungen ist dabei weder systematischer Art noch ist eine Vollständigkeit ihrer diesbezüglichen Überlegungen angestrebt, sondern es werden gezielt einige Gedanken Maja Heiners aufgegriffen, die für die heutige Debatte von Bedeutung sind.[1]

2 Kennzeichen des Konzepts Qualitätsmanagement

„Qualität" ist – so Maja Heiner – „kein objektiver Begriff. Er beruht auf Wertentscheidungen unter bestimmten Bedingungen" (1998b: 66). „Qualitätsmanagement" wird bei Heiner – gewissermaßen als *erste begriffliche Klärung* – als Ensemble aller Tätigkeiten verstanden, bei denen es darum geht, „die Erwartungen aller Beteiligten zu erkunden und sie untereinander und im Verhältnis zu den Ressourcen aufeinander abzustimmen" (Heiner 1996c: 213; 1998b: 66). Marianne Meinhold präzisiert, dass „aus dem Ergebnis dieser Abstimmung verbindliche Qualitätsziele zu entwickeln" sind (Meinhold 1994: 42). An anderer Stelle kon-

---

1 Fragen des Qualitätsmanagements sind eng verknüpft mit Fragen der Organisationsgestaltung und Personalführung (Grunwald/Steinbacher 2007). Maja Heiner versteht „professionelles Handeln als organisationell gestütztes Handeln" (Heiner 2007: 202ff) und spricht ausdrücklich von „Organisationsformen" (2007: 206f), „Organisationsfunktionen" (2007: 203ff, 214f), „organisationsgebundene(r) Formalisierung der Hilfen" (2007: 205), „Organisationskultur" (2007: 215) und der „Programmierung von Organisationen" (2007: 205ff). Die Dimension der Organisation und die Notwendigkeit, letztere bewusst zu gestalten, spielt für sie also erkennbar eine wichtige Rolle. Dies wird auch deutlich, wenn sie vier „Aufgabentypen nach Ziel- und Ressourcensystemen Sozialer Arbeit" differenziert und hier neben der „direkten" und der „indirekten Klientenarbeit" die „direkte" und die „indirekte Organisationsarbeit" unterscheidet (Heiner 2007: 124ff, 129f, 519).

kretisiert Maja Heiner: „Es geht beim Qualitätsmanagement um die ‚Passung' von objektiven und subjektiven Faktoren auf zwei Ebenen: (1) um die Passung von subjektiver Wahrnehmung und objektiver Ausstattung und (2) um die Passung der verschiedenen Sichtweisen und Erwartungen unter den Beteiligten" (1998b: 67). Zu berücksichtigen seien „eine ganze Reihe von Akteurinnen":

- „die Geldgeber und Träger
- die Mitarbeiterinnen (mit ihrem institutionellen Umfeld)
- die Nutzerinnen von Dienstleistungen (mit ihrem sozialen Umfeld) und
- die (potentiellen) Kooperationspartnerinnen" (1998b: 67).

Qualitätsmanagement ist in dieser Lesart nicht in erster Linie eine Leitungsaufgabe, sondern Thema und Aufgabe aller Hierarchieebenen sowie der Kommunikation mit verschiedenen Anspruchsgruppen. Allgemeine Ziele sind die Institutionalisierung von Partizipationsprozessen sowie die Förderung von Innovationen durch eine permanente Auseinandersetzung über Ziele und Ergebnisse der Arbeit (Heiner 1996c: 212). Qualitätsmanagement ist insofern nicht als systematischer Einsatz von Verfahren der Dokumentation von Leistungen, sondern vielmehr als fortlaufender selbstorganisierter Lernprozess aller an der Dienstleistungserstellung Beteiligten zu verstehen (Heiner 1996c: 212). Diese Abstimmungsprozesse sind in keiner Weise selbstverständlich oder einfach herstellbar, sondern erfordern viel mikro- und sozialpolitisches Fingerspitzengefühl. Hierzu gehören neben abgesicherter Partizipation auch Transparenz bezüglich der Vorgaben und Grenzen des Handlungsspielraumes, „Fehlerfreundlichkeit" und Offenheit gegenüber verschiedenen Arbeitsansätzen (Heiner 1996c: 213f).

Zur *Notwendigkeit und Bedeutung von Strategien des Sozial- und Qualitätsmanagements* stellt Maja Heiner elf Jahre später fest, dass bezogen „auf das interne Leistungssystem die Notwendigkeit einer kontinuierlichen Optimierung der eigenen Organisation und Qualifikation im Rahmen des Qualitätsmanagements inzwischen auch in der Sozialen Arbeit (an)erkannt" ist (2007: 130). Bereits hier wird deutlich, dass *Qualitätsmanagement* nicht primär als Ergebnis formaler Festlegungen, sondern vor allem *als kommunikativer und methodisch gestalteter Prozess* gedacht wird, in dem die Organisation in ihren Lernprozessen unterstützt und herausgefordert wird (Grunwald 2009b: 105ff, 2013e; Heiner 1998d): „Da Erfolg, Qualität und Effizienz immer nur intersubjektiv zu bestimmen sind, ist der Bedarf an solchen Verständigungsprozessen unübersehbar und ihre Förderung und Gestaltung eine zentrale fachliche Aufgabe der Leitungskräfte" (Heiner 1998b: 84). *Dokumentationspflichten* im Rahmen von Qualitätsmanagement sind aus ihrer Sicht kein Selbstzweck, sondern ein notwendiges Instrument um die unterschiedlichen Perspektiven der verschiedenen Anspruchsgruppen (Stakeholder) zu verknüpfen, die dafür notwendigen Ressourcen, wenn möglich, bereit zu stellen oder zu erschließen und die mittel- und langfristigen organisationalen Ziele – also auch die Strategie der Organisation – darauf abzustimmen.

Deutlich wird auch, dass es nicht darum geht, ein bestimmtes (Qualitäts-)Ziel zu erreichen und damit zu erledigen, sondern vielmehr *kontinuierliche Lern- und Entwicklungsprozesse* anzuregen und methodisch wie inhaltlich zu begleiten, um ein prozessual ausgerichtetes Innovationsmanagement in den Abläufen und Strukturen der Organisation zu realisieren (Ziller/Krusche 2012). Hervorzuheben ist auch ihre Position, Qualitätsmanagement nicht primär als Leitungsaufgabe zu verorten, sondern alle Hierarchieebenen miteinzubeziehen; dies ist umso wichtiger, als gerade die ausführende Ebene häufig die letztlich entscheidende bei der Sicherung und vor allem der Entwicklung von Qualität ist.

3 Qualitätsdimensionen Sozialer Arbeit als spezifische Ausprägung von Dienstleistungen

Maja Heiner baut ihr Konzept des Qualitätsmanagements auf einer grundsätzlichen Bestimmung von *„Qualitätsdimensionen Sozialer Arbeit"* auf, die arbeitsfeldübergreifend sind (Heiner 1998b: 74ff):

- Grundlagen einer Qualitätsorientierung sind zunächst *„Grundwerte"*, die sich auf das professionelle Selbstverständnis und deren sozialpolitische Rahmenbedingungen beziehen; zu ihnen gehören „Selbstverwirklichung", „Solidarität" und „Gerechtigkeit" (Heiner 1996c: 221f).
- Auf diesen Grundwerten aufbauend lassen sich zwölf allgemeine *„Qualitätsmerkmale"* benennen („Transparenz", „Partizipation", „Abgestimmtheit", „Zugänglichkeit", „Zügigkeit", „Informiertheit", „Vertraulichkeit", „Individualisierung", „Normalität", „Verständigungsorientierung", „Achtung" und „Freundlichkeit"), die aus der Perspektive der KlientInnen oder NutzerInnen, sowie „verhaltens- und leistungsbezogen" gefasst sind (Heiner 1996c: 222): „Beschrieben werden also die von den Kundinnen wahrnehmbaren Merkmale der Dienstleistungsproduktion" (Heiner 1996c: 222). Sie beziehen sich auf organisationsspezifische, konzeptionelle bzw. sozialpolitische Rahmenbedingungen und/oder auf Phasen und Situationen der konkreten Interaktionen.
- Eine dritte Ebene der Bestimmung von Dienstleistungsqualität stellen die *„Basiskriterien"* des Qualitätsmanagements dar, die quer zu den genannten Qualitätsmerkmalen liegen und für ihre Interpretation notwendig sind; hierbei handelt es sich um die „Angemessenheit des Problembearbeitungs- oder

Problemlösungsversuchs" und die „Zuverlässigkeit der Einhaltung der Qualitätsstandards" (Heiner 1998b: 82ff, 1996c: 227ff).

Maja Heiner skizziert „mit der Formulierung von grundlegenden Qualitätsdimensionen ein tätigkeitsfeldübergreifendes Rahmenkonzept als gemeinsames Fundament für die gesamte Qualitätsentwicklung und Sicherung der Sozialen Arbeit " (Heiner 1996c: 213). Dieses „Konzept von Qualitätsmanagement als permanentem, selbstorganisiertem Lernprozess der Produzentinnen sozialer Dienstleistungen (…) geht von der *Notwendigkeit tätigkeitsfeldspezifischer Konkretisierungen empirisch überprüfbarer Qualitätskriterien* aus" (Heiner 1996c: 212f; Herv. d.V.).

Gleichzeitig hat dieses Konzept von Qualitätsmanagement *klare normative Bezüge*; es formuliert durch die explizite Benennung von Grundwerten eine normative Basis, die für die Ausgestaltung der zwölf Qualitätsmerkmale von unverzichtbarer Bedeutung ist. Damit bekommen auch die Begriffe der Dienstleistungsproduktion und der Dienstleistungsqualität eine Unterfütterung, die gerade in der ansonsten häufig eher betriebswirtschaftlich dominierten Diskussion zur Produktion und zum Management von Dienstleistungen ausgesprochen hilfreich ist (aus Sicht des Dienstleistungsmanagements Langer 2014; Bruhn 2011; Benkenstein/Holtz 2001; Schubert/Zink 2001; aus Sicht der Sozialen Arbeit Grunwald 2012; Oechler 2009; Beckmann/Richter 2005; Beckmann et al. 2004; Hansbauer 2004; Schaarschuch 2002; Meinhold 1994).[2]

4 Dimensionen eines Qualitätsmanagements sozialer Dienstleistungen

Auf den genannten Qualitätsdimensionen Sozialer Arbeit als spezifischer Ausprägung von Dienstleistungen baut Maja Heiner ihr Konzept eines Qualitätsmanagements sozialer Dienstleistungen auf, wobei die Übergänge zwischen den Qualitätsdimensionen der Sozialen Arbeit und den Dimensionen eines Qualitätsmanagements sozialer Dienstleistungen teilweise unscharf sind. Sie betont die Notwendigkeit eines Qualitätsmanagements im Sinne einer *reflexiven Qualitätsentwicklung* und benennt als *zentrale Dimensionen*

[2] Hier ist darauf zu verweisen, dass Heiner bereits Ende der 1990er Jahre mehrfach betont hat, dass Fragen der Organisations- und Unternehmensethik für die zukünftige Thematisierung der organisationalen Verfasstheit der Sozialen Arbeit von großer Bedeutung sind. Dies ist insofern außerordentlich spannend, weil sie damit früh eine thematische Fokussierung gefordert hat, die in den letzten Jahren nachdrücklich Konjunktur bekam (Aßländer 2011; Krobath/Heller 2010; Westphal 2010; Meinhold/Lob-Hüdepohl 2007; Heller/Krobath 2003).

- „Angemessenheit der Zielsetzung (Konsens)
- Umsetzung der Zielplanung (Effektivität)
- Optimale Mittelverwendung (Effizienz)
- Einhaltung professioneller Standards (Fachlichkeit, d.h. Qualität im engeren Sinne)
- Passung in vorhandene Strukturen ohne unerwünschte Nebenwirkungen (Verträglichkeit)" (Heiner 1996c: 214f).

Diese Dimensionen beziehen sich auf die *Struktur-, Prozess- und Ergebnisqualität* der Produktion von Dienstleistungen, also auf die institutionellen und organisatorischen Rahmenbedingungen, den Prozess der Leistungserstellung und das erreichte Ergebnis in Form einer konkreten Leistung (‚output') und der damit erzielten Wirkung (‚outcome') (Heiner 1996c: 215; Grunwald 2013c; Grunwald/Otto 2013a, 2013b). Fundamentaler Bezugspunkt eines Qualitätsmanagements sozialer Dienstleistungen, das neben einer beschreibenden auch eine „reflexive und evaluative Funktion" erfüllt, ist eine *kriteriengeleitete Überprüfung von aufgestellten Zielen und jeweils erreichten Ergebnissen* (Heiner 1996c: 216).

Diesen Ansatz entwickelt Heiner später in ihrem Werk „Soziale Arbeit als Beruf" weiter, wenn sie bei *„Zieltypen und Qualitätsdimensionen"* (1) „Leistungsziele (meist weitgehend erreichbar)" und „Wirkungsziele (wahrscheinlich, aber nicht zu garantieren)" sowie (2) Prozess- und Ergebnisqualität (2007: 458) differenziert. Dabei sind Prozess- und Ergebnisqualität jeweils „kein Selbstzweck", sondern sind miteinander in Beziehung zu setzen (2007: 456). Hier wird Heiners Interesse an einer *methodisch strukturierten und fachlich wie normativ begründeten Qualitätsentwicklung* deutlich. Es geht ihr nicht allein um die Formulierung allgemeiner normativer Positionen, worin die Qualität von Sozialer Arbeit als spezifische Ausprägung von sozialen Dienstleistungen aus Sicht unterschiedlicher Stakeholder liegt oder liegen soll, sondern vor allem um eine nachvollziehbare methodische Herleitung und Begründung des jeweiligen Qualitätsurteils und der aus ihm folgenden Maßnahmen.

Grundsätzlich müssen sich Konzepte und Methoden des Qualitätsmanagements daran messen lassen, inwieweit sie aus der *Perspektive der NutzerInnen* (anders formuliert: der KlientInnen oder KundInnen oder AdressatInnen) gedacht und entwickelt werden, wie Maja Heiner klar betont: „Eine kontinuierliche Auseinandersetzung mit den Zielvorstellungen und Reaktionen der NutzerInnen auf das vorhandene Angebot stellt die entscheidende Voraussetzung eines empirisch fundierten Qualitätsmanagements der Organisation im Rahmen von Selbst- und Fremdevaluation dar" (ebd: 210; vgl. ferner Grunwald/Steinbacher 2013a, 2013b; Bitzan/Bolay 2011; Oelerich/Schaarschuch 2005; Schaarschuch 2003).

Hier gibt es eine große Nähe in der Argumentation zum Konzept einer Lebensweltorientierten Sozialen Arbeit (Grunwald/Thiersch 2013).

5 Qualitätsmanagement und Qualitätssicherung

Maja Heiner betont immer wieder, dass *Qualitätsmanagement* nicht nur etwas Anderes, sondern *mehr als Qualitätssicherung* ist (Heiner 1995, 1996b, 1996c, 1998b, 1998c): QM umfasst „die Entwicklung und Fortschreibung von Qualitätsstandards, die Förderung ihrer Umsetzung und schließlich die Überprüfung dieser Umsetzung" (Heiner 1996c: 214). Der Begriff des Qualitätsmanagements geht damit über den der Qualitätssicherung hinaus, insofern Qualitätsmanagement nicht nur Ergebnisse mit den gesetzlichen Standards abgleicht, sondern auch systematisch überprüft, ob die Standards *als solche* tatsächlich Sinn machen: „Jedes Qualitätsmanagement muss also zuerst die Ziele der Intervention begründen und dabei die Kriterien der Beurteilung von Entwicklungen klären" (Heiner 1996c: 214). Insofern versteht Heiner Qualitätsmanagement als methodisch strukturierte und fachlich begründete Form der Qualitätsentwicklung (Heiner 1998b: 70ff).

Weiterhin ist zu berücksichtigen, dass es ein *Spannungsverhältnis zwischen der Weiterentwicklung und Sicherung von Qualität* gibt, das zu einem Ausschlussverhältnis werden kann: „Qualitätssicherung (...) kann Qualitätsentwicklung unmöglich machen" (Heiner 1996c: 219; Grunwald 2013b: 819f). Das Bemühen um die möglichst genaue und konkrete Festschreibung von fachlichen Standards im Sinne der Qualitätssicherung kann die Weiterentwicklung von Qualitätsstandards behindern oder sogar verunmöglichen:

> „Jede Normierung, die über das absolut Unverzichtbare hinausgeht, kann weitergehende Bemühung(en) um eine qualitativ gute Arbeit torpedieren. Der Wunsch, Sicherheit zu garantieren, steht in einem unauflösbaren Spannungsverhältnis zur Absicht, den Fachkräften die Freiheit der individuellen Gestaltung von Interaktionsprozessen zu geben. Diese Freiheit ist aber die Grundlage für die Entwicklung und die Autonomie der Klientinnen" (Heiner 1996c: 219).

Positiv formuliert geht sie davon aus, dass zwischen Qualitätsentwicklung und Qualitätssicherung „ein unaufhebbares Spannungsverhältnis bestehen" bleiben wird, das aber im positiven Fall „durch eine fehler- und experimentierfreundliche Organisationskultur, die sich um Anerkennung von Differenz bemüht, gemildert werden kann" (Heiner 1998b: 85).

Qualitätsmanagement muss deswegen zum einen die *fachliche Selbstverantwortung der MitarbeiterInnen* bei der Entwicklung, Konkretisierung und Überprüfung von Qualitätsstandards *stärken:* Ein „Qualitätsmanagement, das solche Sackgassen vermeiden will, muss auf die Eigenverantwortung der Fachkräfte bei der Konkretisierung von Qualitätsstandards pochen“ (Heiner 1996c: 220). Zum anderen sollten „neben präzisen Minimalstandards auch weniger präzise Maximalstandards definiert werden“ (Heiner 1996c: 220). Damit benennt Maja Heiner klar die Gefahr, dass die *Orientierung an Standards* im Rahmen des Qualitätsmanagements zu einer Absenkung derselben führen kann, wenn Minimal- und Maximalstandards miteinander verwechselt werden, bzw. sicher oder leicht erreichbare Minimalstandards aus unterschiedlichen Gründen unter der Hand zu allgemeingültigen Standards und damit auch zu Maximalstandards werden können, obwohl sie nie als solche konzipiert wurden.

6 (Sozialpädagogische) Professionalität und Qualitätsmanagement

Gerade die Notwendigkeit einer Stärkung der Eigenverantwortung von Fachkräften ist ein zentraler Aspekt bei der Diskussion von Chancen und Risiken des Qualitätsdiskurses bzw. von Verfahren des Qualitätsmanagements, auf den Maja Heiner früh hingewiesen hat. Eine große Gefahr besteht darin, dass unterstellt wird, fachliche *sozialpädagogische Professionalität und Qualitätsmanagement* könnten gleich gesetzt werden und insofern *sich gegenseitig ersetzen.* Im Gegenteil folgen Professionalität und Qualitätsmanagement – idealtypisch betrachtet – notwendig *verschiedenen Logiken und Zielsetzungen,* worauf auch Burkhard Müller hingewiesen hat (2000a: 27ff): Während Professionalität die fachliche Arbeit verbessern soll, hat Qualitätsmanagement die Aufgabe, die Organisationen der Sozialwirtschaft zu optimieren (und unterstützt im Idealfall professionelles Handeln). Eine notwendige Voraussetzung für Professionalität besteht dabei in der Autonomie von Fachkräften im Sinne einer „Selbstkontrolle fachlich qualifizierter Personen“ (Müller 2000a: 27), die nicht durch Kontrollen von außen ersetzt werden kann. Eine zentrale Zielsetzung von Qualitätsmanagement besteht dagegen in der „Kontrollierbarkeit und Transparenz organisatorischen Handelns nach innen und außen“ (ebd.: 27).[3]

Soll Qualitätsmanagement tatsächlich der Steigerung der Professionalität in der Sozialwirtschaft dienen, so darf dieser elementare Widerspruch nicht unterschlagen werden. Qualitätsmanagement ist also nicht gleichzusetzen mit einer fachlich ausgewiesenen Arbeit in der Sozialen Arbeit und im Gesundheitswesen, sondern ist als eine, wenn auch sehr bedeutsame, Dimension der Professionalität (Müller 2000b) zu betrachten, die als Bestandteil eines umfassenden Verständnisses professioneller Arbeit begriffen werden muss, genauer als Professionali-

[3] Dabei ist zu betonen, dass Professionalität (und Kompetenzen) von Fachkräften in der Sozialen Arbeit und von Leitungskräften unterschiedlich zu diskutieren sind (Grunwald/Steinbacher 2013c: 108ff).

sierung der organisationalen Gestaltung der jeweiligen Dienste und Einrichtungen sowie als Professionalisierung ihrer Kooperationsformen. Ein so verstandenes *Qualitätsmanagement als Professionalisierung der organisationalen Gestaltung* kann nicht als Ersatz für die Professionalität der einzelnen Fachkräfte als Organisationsmitglieder gesehen werden, sondern benötigt sie und setzt sie voraus.

Gleichzeitig sollte ein umfassendes Qualitätsmanagement (im Sinne eines richtig verstandenen ‚Total Quality Managements', Grunwald 2013d) *organisationale Strukturen und Prozesse* unter Einbeziehung der politischen und gesellschaftlichen Rahmenbedingungen *als Unterstützung der fachlichen Professionalität konzipieren* und realisieren. So können Instrumente der Mitarbeiterqualifizierung und -förderung wie Supervision, Fortbildung, kollegiale Fall- und Fachberatung, Evaluation und Selbstevaluation als organisationale (Qualitäts-)Standards definiert werden, um die Professionalität von Fachkräften zu unterstützen und zu fördern und auf diese Weise die Qualität der erbrachten Dienstleistungen zu entwickeln und zu sichern (Heiner 1998c: 66).

7 Ausblick – Zur Gefahr der Ökonomisierung der Sozialen Arbeit

Abschließend soll die Qualitätsdebatte knapp in den Kontext der Ökonomisierung der Sozialen Arbeit eingeordnet werden. Spannend ist insbesondere, dass sich in der Qualitätsdebatte Organisations- und Fachfragen miteinander verbinden, was sowohl ein besonderes Potential als auch ein besonderes Risiko bedeuten kann: Einerseits kann die Qualitätsdebatte eine produktive Verknüpfung der Organisations- und Managementlogik mit der fachlichen Logik von Disziplin und Profession Sozialer Arbeit ermöglichen, andererseits kann sie zum Feld einer ökonomischen Kolonialisierung von Sozialer Arbeit und Sozialwirtschaft werden.

Maja Heiner betont, dass die *Erbringung von Dienstleistungen der Sozialen Arbeit* häufig *Gegenstand von Kontrolle(n)* ist, sei es durch Leitungskräfte oder Auftraggeber, durch Verwaltung oder Politik und andere mehr. Problematisch ist ihres Erachtens nicht die Tatsache der (Fremd-)Kontrolle an sich, sondern vielmehr die Art und Weise derselben. Entscheidend ist, *wer welche Kriterien zur Anwendung bringt* sowie, dass diese *transparent* und damit auch potentiell kritisierbar gemacht werden. Erfolgt die

> „Kontrolle der Ziele und Methoden beruflichen Handelns und der Verwendung von Ressourcen durch Vorgesetzte (…) fachfremd (…) und lediglich unter Kostengesichtspunkten oder wird sie von (verbands-)politischen Entscheidungsträgern nach sozialpolitischer Opportunität durchgeführt, wird dieses notwendige Qualitätsmanagement und Fachcontrolling einer fach- und sach-

fremden Logik unterworfen. Es ist zu befürchten, dass dann sachlich nicht angemessene Kriterien dominieren“ (2007: 443).

In diesem Zusammenhang benennt sie darüber hinaus deutlich *die Gefahren der Ökonomisierung der Sozialen Arbeit und die möglichen Konsequenzen für Fachkräfte und KlientInnen*: „Die Ökonomisierung der Sozialen Arbeit (…) und die Responsivität der Hilfen (...) stehen in einem Spannungsverhältnis“, weil der „vom Kostenträger vorgegebene finanzielle Rahmen und die geforderten Effektivitätssteigerungen (…) Standardisierungen der Leistungsvollzüge“ erfordern und „damit die individuellen Wahlfreiheiten der KlientInnen ebenso wie die Handlungsspielräume der Fachkräfte“ einschränken können (2007: 210). Genau eine solche Form der Standardisierung, die mit Einschränkungen für Fachkräfte und vor allem KlientInnen der Sozialen Arbeit einhergeht, kann aus ihrer Sicht keinesfalls Sinn und Zweck von Qualitätsmanagement in Sozialer Arbeit und Sozialwirtschaft sein.

Entscheidend für ein fachlich fundiertes und an den Interessen der KlientInnen orientiertes Qualitätsmanagement ist aus der Perspektive Maja Heiners eine auf Kriterien gestützte und an fachlichen Zielen ausgerichtete, reflexive und methodisch strukturierte Gestaltung von organisationalen Lern- und Entwicklungsprozessen, die Qualitätsmanagement im Kern als Organisations- und Qualitätsentwicklung und nicht als „Katalogisieren der Aktivitäten“ begreift (Heiner 1996c).

Literatur

Arnold, Ulli/Grunwald, Klaus/Maelicke, Bernd (Hrsg.) (2014): Lehrbuch der Sozialwirtschaft. Baden-Baden: Nomos

Aßländer, Michael S. (Hrsg.) (2011): Handbuch Wirtschaftsethik. Stuttgart: Metzler-Verlag

Beckmann, Christof/Otto, Hans-Uwe/Richter, Martina/Schrödter, Mark (Hrsg.) (2004): Qualität in der Sozialen Arbeit. Wiesbaden: Springer VS

Beckmann, Christof/Richter, Martina (2005): „Qualität“ sozialer Dienste aus der Perspektive ihrer Nutzerinnen und Nutzer. Theoretische und methodologische Annäherungen. In: Oelerich/Schaarschuch (2005): 132-147

Benkenstein, Martin/Holtz, Michael (2001): Qualitätsmanagement von Dienstleistungen. In: Bruhn/Meffert (2001): 193-209

Bitzan, Maria/Bolay, Eberhard (2011): Adressatin und Adressat. In: Otto/Thiersch (2011): 18-24

Bruhn, Manfred (2011): Qualitätsmanagement für Dienstleistungen. Grundlagen, Konzepte, Methoden. Heidelberg: Springer VS

Bruhn, Manfred/Meffert, Heribert (Hrsg.) (2001): Handbuch Dienstleistungsmanagement. Von der strategischen Konzeption zur praktischen Umsetzung. Wiesbaden: Springer VS

Bundesministerium für Familie, Senioren, Frauen und Jugend (Hrsg.) (2002): Indikatoren und Qualität sozialer Dienste im europäischen Kontext. Dokumentation der Tagung. Berlin

Grunwald, Klaus (Hrsg.) (2009a): Vom Sozialmanagement zum Management des Sozialen? Eine Bestandsaufnahme. Baltmannsweiler: Schneider Verlag Hohengehren

Grunwald, Klaus (2009b): Zum Management von Einrichtungen der Sozialen Arbeit unter organisationssoziologischer Perspektive. In: Grunwald (2009a): 85-138
Grunwald, Klaus (2012): Dienstleistung. In: Enzyklopädie Erziehungswissenschaft Online. Fachgebiet: Soziale Arbeit, hrsg. von W. Schröer und C. Schweppe. Weinheim/Basel: Beltz Juventa
Grunwald, Klaus (2013a): Qualität. In: Grunwald et. al. (2013): 814-818
Grunwald, Klaus(2013b): Qualitätsmanagement. In: Grunwald et. al. (2013): 818-823
Grunwald, Klaus (2013c): Strukturqualität. In: Grunwald et. al. (2013): 999-1000
Grunwald, Klaus (2013d): Total Quality Management. In: Grunwald et. al. (2013): 1047-1050
Grunwald, Klaus (2013e): Organisationslernen. In: Grunwald et. al. (2013): 726-729
Grunwald, Klaus (2014): Sozialwirtschaft. In: Arnold et. al. (2014): 33-63
Grunwald, Klaus/Horcher, Georg/Maelicke, Bernd (Hrsg.) (2013): Lexikon der Sozialwirtschaft. Baden-Baden: Nomos
Grunwald, Klaus/Otto, Uwe (2013a): Ergebnisqualität. In: Grunwald et. al. (2013): 293-295
Grunwald, Klaus/Otto, Uwe (2013b): Prozessqualität. In: Grunwald et. al. (2013): 809-811
Grunwald, Klaus/Steinbacher, Elke (2007): Organisationsgestaltung und Personalführung in den Erziehungshilfen. Grundlagen und Praxismethoden. Weinheim: Juventa
Grunwald, Klaus/Steinbacher, Elke (2013a): Evaluation. In: Grunwald et. al. (2013): 323-325
Grunwald, Klaus/Steinbacher, Elke (2013b): Selbstevaluation. In: Grunwald et. al. (2013): 864-866
Grunwald, Klaus/Steinbacher, Elke (2013c): Kompetenz und Professionalität in der Sozialwirtschaft. In: Kaufmann/Knapp (2013): 101-120
Grunwald, Klaus/Thiersch, Hans (2013): Lebensweltorientierung. In: Enzyklopädie Erziehungswissenschaft Online. Fachgebiet: Soziale Arbeit, hrsg. von W. Schröer und C. Schweppe. Weinheim/Basel: Beltz Juventa
Wächter, Hartmut/Vedder, Günther (Hrsg.) (2001): Qualitätsmanagement in Organisationen. Wiesbaden: Gabler
Hansbauer, Peter (2004): Partizipation als Merkmal von Dienstleistungsqualität in der Jugendhilfe. In: Beckmann et. al. (2004): 357-368
Heiner, Maja (1995): Selbstevaluation als Qualitätssicherung und Qualifizierung der psychosozialen Arbeit. In: Hermer et. al. (1995): 53-76
Heiner, Maja (Hrsg.) (1996a): Qualitätsentwicklung durch Evaluation. Freiburg i. Br.: Lambertus
Heiner, Maja (1996b): Evaluation zwischen Qualifizierung, Qualitätsentwicklung und Qualitätssicherung. In: Heiner (1996a):20-47
Heiner, Maja (1996c): Ziel- und kriterienbezogenes Qualitätsmanagement in der Sozialen Arbeit. Vom Katalogisieren der Aktivitäten zur Reflexion von Qualitätskriterien. In: Merchel (1996): 210-230
Heiner, Maja (Hrsg.) (1998a): Experimentierende Evaluation: Ansätze zur Entwicklung lernender Organisationen. Weinheim/München: Juventa
Heiner, Maja (1998b): Qualitätsmanagement zwischen Qualitätsentwicklung und Qualitätssicherung. In: Metzler (1998): 65-85
Heiner, Maja (1998c): (Selbst-)Evaluation zwischen Qualifizierung und Qualitätsmanagement. In: Menne (1998): 51-68
Heiner, Maja (1998d): Lernende Organisation und Experimentierende Evaluation. Verheißungen Lernender Organisationen. In: Heiner (1998a): 11-54
Heiner, Maja (2004): Qualitätsentwicklung durch externe und interne Evaluation. In: Peterander (2004): 132-151
Heiner, Maja (2007): Soziale Arbeit als Beruf. Fälle - Felder - Fähigkeiten. München: Reinhardt
Heller, Andreas/Krobath, Thomas (Hrsg.) (2003): OrganisationsEthik. Organisationsentwicklung in Kirchen, Caritas und Diakonie. Freiburg i. Br.: Lambertus
Hermer, Matthias/Pittrich, Wolfgang/Spöhring, Walter/Trenckmann, Ulrich (Hrsg.) (1995): Evaluation in der psychiatrischen Versorgung in der Bundesrepublik. Opladen: Leske&Budrich

Institut für soziale Arbeit e.V. (Hrsg.) (2000): Prädikat wertvoll – Qualität sozialer Arbeit. Münster: Votum

Kaufmann, Dieter/Knapp, Kornelius (Hrsg.) (2013): Demografischer Wandel in der Sozialwirtschaft - Herausforderungen, Ansatzpunkte, Lösungsstrategien. Stuttgart: Kohlhammer

Kühl, Stefan (2001): Paradoxe Effekte und ungewollte Nebenfolgen des Qualitätsmanagements. In: Wächter (2001): 75-113

Krobath, Thomas/Heller, Andreas (Hrsg.) (2010): Ethik organisieren. Handbuch der Organisationsethik. Freiburg i. Br.: Lambertus

Langer, Andreas (2014): Dienstleistungsmanagement. In: Arnold et. al (2014): 481-506

Lob-Hüdepohl, Andreas/Lesch, Walter (Hrsg.) (2007): Ethik Sozialer Arbeit. Ein Handbuch. Paderborn: Schöningh

Meinhold, Marianne (1994): Was heißt „Qualitätssicherung" bei sozialen Dienstleistungen? In: Widersprüche 14. 53. 41-49

Meinhold, Marianne/Matul, Christian (2011): Qualitätsmanagement aus der Sicht von Sozialarbeit und Ökonomie, Baden-Baden: Nomos

Meinhold, Marianne/Lob-Hüdepohl, Andreas (2007): Ethik der Organisationsformen Sozialer Arbeit. In: Lob-Hüdepohl/Lesch (2007): 331-346

Menne, Klaus (Hrsg.) (1998): Qualität in Beratung und Therapie. Evaluation und Qualitätssicherung für die Erziehungs- und Familienberatung. Weinheim: Juventa

Merchel, Joachim (2013): Qualitätsmanagement in der Sozialen Arbeit. Weinheim: Juventa

Merchel, Joachim/Schrapper, Christian (Hrsg.) (1996): „Neue Steuerungsmodelle". Tendenzen der Organisationsentwicklung in der Sozialadministration. Münster: Votum

Metzler, Heidrun/Wacker, Elisabeth (Hrsg.) (1998): „Soziale Dienstleistungen": zur Qualität sozialer Dienstleistungen. Tübingen: Attempto

Müller, Burkhard (2000a): Qualitätsmanagement und professionelle Autonomie. In: Institut für soziale Arbeit e.V. (2000): 26-40

Müller, Burkhard (2000b): Welche Unternehmensphilosophie braucht die Jugendhilfe?. In: Evangelische Jugendhilfe, 77. 3. 135-142

Oechler, Melanie (2009): Dienstleistungsqualität in der Sozialen Arbeit. Eine rhetorische Modernisierung, Wiesbaden: Springer VS

Oelerich, Gertrud/Schaarschuch, Andreas (Hrsg.) (2005): Soziale Dienstleistungen aus Nutzersicht. Zum Gebrauchswert Sozialer Arbeit. München: Reinhardt

Ortmann, Günther (2014): Organisationen neigen zu Moralverdrängung. In: Kerbe 2014. 3. 8-9

Otto, Hans-Uwe/Olk, Thomas (Hrsg.) (2003): Soziale Arbeit als Dienstleistung. Grundlegungen, Entwürfe, Modelle. Neuwied/Kriftel: Luchterhand

Otto, Hans-Uwe/Thiersch, Hans (Hrsg.) (2011): Handbuch Soziale Arbeit. Grundlagen der Sozialarbeit und Sozialpädagogik. München: Reinhardt

Peterander, Franz/Speck, Otto (Hrsg.) (2004): Qualitätsmanagement in sozialen Einrichtungen. München/Basel: Reinhardt

Schaarschuch, Andreas (2002): „Qualität" Sozialer Dienstleistungen - ein umstrittenes Konzept. In: Bundesministerium für Familie, Senioren, Frauen und Jugend (2002): 50-56

Schaarschuch, Andreas (2003): Die Privilegierung des Nutzers. Zur theoretischen Begründung sozialer Dienstleistung. In: Otto/Olk (2003): 150-169

Schubert, Hans-Joachim/Zink, Klaus (Hrsg.) (2001): Qualitätsmanagement in sozialen Dienstleistungsunternehmen. Neuwied/Kriftel: Luchterhand

Theuvsen, Ludwig/Schauer, Reinbert/Gmür, Markus (Hrsg.) (2010): Stakeholder-Management in Nonprofit-Organisationen. Theoretische Grundlagen, empirische Ergebnisse und praktische Ausgestaltungen. Linz: Trauner

Westphal, Ariane (2010): Ethikbasierte Führung als Basis eines Skakeholder-Managements für Nonprofit-Organisationen. In: Theuvsen et. al. (2010): 55-74

Zillner, Sonja/Krusche, Bernhard (2012): Systemisches Innovationsmanagement. Grundlagen - Strategien - Instrumente. Stuttgart: Schäffer-Pöschel

Gelingensbedingungen von Selbstevaluation

Hanne Bestvater/Wolfgang Beywl

Wir wollen mit diesem Beitrag aufzeigen, wie Maja Heiners Selbstevaluationsansatz seit den 1980er Jahren weiter gewirkt und sich lebendig verändert hat. Basis unserer Argumentation ist erfahrungsbasierte Evidenz unserer durchgeführten Weiterbildungen zur Selbstevaluation. Seit 1996 bieten wir – anfangs zusammen mit Maja Heiner – solche Kurse an. Zunächst in der Sozialen Arbeit mit Schwerpunkt bei der Kinder- und Jugendhilfe, dann vermehrt als Bestandteil der hochschuldidaktischen Qualifizierung, seit wenigen Jahren für Deutschschweizer Schulen.

Wir teilen das Urteil von Sturzenhecker und von Spiegel (2009), dass es in der *Sozialen Arbeit* (bisher) nicht zum Durchbruch der Selbstevaluation gekommen ist, zumindest nicht durch zugängliche Dokumentationen belegt (ähnlich Halves et al. 2014). Hingegen könnte Selbstevaluation in *Schule und Unterricht* ein nachhaltig attraktiver Ansatz integrierten Unterrichtens und Untersuchens sein. Aus einer zweifach gebrochenen Perspektive – Soziale Arbeit und Schule; Deutschland und Deutschschweiz – benennen wir, was das Gelingen der Institutionalisierung von Selbstevaluation eher fördert bzw. verhindert.

Die Darstellung ist eng mit unseren Berufsbiographien verbunden und müsste ergänzt werden durch weitere Protagonistinnen der Heinerschen Selbstevaluation (u.a. Susanne Giel (2000), Gitte Landgrebe (1996), Joachim König (2003/2007), Hiltrud von Spiegel (1993/2001)). Bemerkenswert ist, dass die zahlreichen für den Schulbereich entwickelten Ansätze der Selbstevaluation (z.B. Altrichter et al. 2004; Buhren 2011/1998; Holzäpfel 2008) kaum Berührungspunkte mit der Konzeption von Maja Heiner aufweisen (s.a. www.selbstevaluation.de).

1 Maja Heiners Konzept der Selbstevaluation in der Sozialen Arbeit

Maja Heiner entwickelt Selbstevaluation seit Ende der 1980er Jahre als neuen Bestandteil methodischen Handelns in der Sozialen Arbeit und grenzt sie von Forschung (Heiner 1988) und anderen Zugängen der Qualitätsentwicklung ab.

Besonderheiten der Selbstevaluation

Nach ihrer Auffassung bietet Selbstevaluation Fachkräften Sozialer Arbeit die Möglichkeit, „Forscherinnen in eigener Sache" zu sein (Heiner 1992: 124). Durch systematische Sammlung, Interpretation und Reflexion von Informationen trage sie zur „(...) kritischen Überprüfung der (eigenen) Leistungen, zur Reflexion beruflicher Wertvorstellungen und Handlungen und damit zur Professionalisierung der Sozialen Arbeit" bei (ebd.: 126). Das Motiv der Professionalisierung durch (Selbst-) Qualifizierung ist – neben dem der Qualitätsentwicklung – treibend dafür, diesen kombinierten Handlungs- und Untersuchungsansatz zu entwickeln. Dabei soll auch die Autonomie professionellen Handelns gestärkt werden, denn die Verantwortung für Evaluation und Evaluationsgegenstand liegt in der Hand derselben Person bzw. eines Fachteams. Ziel ist sowohl das Gewinnen von Informationen und Erkenntnissen über, als auch die möglichst unmittelbare Veränderung von Praxis. Diese doppelte Zielsetzung zeichnet die Selbstevaluation aus und ist Grundlage fachlicher Qualifizierung (Beywl/Müller-Kohlenberg 2003: 70).

Selbstevaluation unterscheidet sich nach Heiner von anderen Ansätzen der professionellen Entwicklung von Handlungskompetenzen, wie *Supervision, Praxisberatung oder Organisationsentwicklung*. Ihre Besonderheit liegt darin, dass sie kognitiv an ihren Gegenstand herantritt: „Die Selbstevaluation ist sozusagen die kognitive Schwester der Supervision, die Intellektuelle in der Familie der sozialarbeiterischen Methoden (...)" (Heiner 1992: 123). In der Sozialen Arbeit ist die Supervision (und Intervision) der Königinnen-Ansatz, der Spannungen im Dreieck Person, Organisation, Rolle thematisiert. Dass Heiner einen dezidiert kognitiven Ansatz entwickelt hat, ist wohl auch der bereits etablierten Vorherrschaft der Methodiken der humanistischen Psychologie geschuldet, so dass beim emotionalen Pol kaum noch Raum zu bestehen schien. Joachim Merchels auf dem Symposium in Tübingen geäußerter Wunsch – sinngemäß: „Bitte etwas mehr Selbstevaluation, und nicht immer nur Supervision" – schließt an Maja Heiners Gegenbewegung an. Es deutet sich eine erste Gelingensbedingung an: die *Integration* von Kognitivem und Emotionalem in der Selbstevaluation.

Da Selbstevaluation – besonders in der Phase ihres Erlernens – mit Mehrarbeit verbunden ist, ist eine weitere Gelingensbedingung, dass Geldgeber und Träger hierfür Voraussetzungen und Anreize schaffen.

Frühe Umsetzung in Weiterbildungen

Im Rahmen der vom damaligen Grundsatzreferenten für den Kinder- und Jugendhilfeplan des Bundes, Wennemar Scherrer, lancierten „Initiative Qualitätssicherung" führten Maja Heiner und Wolfgang Beywl zusammen mit Christine Spreyermann ab 1996 vieltägige Weiterbildungskurse in „SelbstEvaluations-Beratung" für Multiplikatorinnen und Multiplikatoren durch. Insgesamt nahmen rund 50 Fach- und Führungskräfte teil, die in Deutschland für die Planung, Koordinierung und Betreuung von zentralen Maßnahmen und Projekten zuständig waren (IZSE 1996). Im Anschluss an diese Weiterbildungen auf Bundesebene wurden zahlreiche dezentrale Einführungs-, Info- oder Startveranstaltungen durchgeführt. Diese Angebote richteten sich meist an Fachkräfte der Sozialen Arbeit in der Kinder- und Jugend- und Familienhilfe (Beywl/Bestvater 1998). Andere Felder waren frühe/vorschulische Bildung, erwachsenenbezogene Soziale Hilfen, der Allgemeine Soziale Dienst und thematisch unterschiedliche Beratungsstellen (Beywl/Schepp-Winter 1999). Typische Evaluationsgegenstände waren Veranstaltungen, Kurse, Projekte, Materialien, Medien, kooperative Prozessgestaltung innerhalb einer oder zwischen mehreren Organisationen.

Herausforderungen des Arbeitsfeldes Soziale Arbeit

Herausforderungen stellten sich sowohl im sozialpolitischen *Kontext* der Sozialen Arbeit, in der *Struktur* der Organisationen, in denen Selbstevaluation eingeführt wurde, bei den materiellen *Ressourcen* (*Input*) und bei den vorhandenen Kompetenzen der Teilnehmenden (*Income*). (Zu diesen und weiteren Evaluationsfachbegriffen: www.eval-wiki.org.).

Die Themen in der Kinder- und Jugendhilfe und den Jugendverbänden wechselten schnell – Verbände und Organisationen der Sozialen Arbeit standen unter Veränderungsdruck. Die Geldgeber versuchten diese beständigen Veränderungen mit der Forderung nach Qualitätsmanagement und Zertifizierung abzusichern. Finanzierungen erfolgten vermehrt zeitlich befristet. Viele Projekte und Programme erreichten so kaum die für eine Evaluation notwendige Stabilität. Parallel nahm die Dokumentationslast zu. Die Rahmenbedingungen für eine – meist freiwillig gedachte – Selbstevaluation waren eher ungünstig, das Wort ‚Evaluation' inzwischen belastet mit Assoziationen der ‚Vermessung' des Sozialen, externer Kontrolle und Beschneidung professioneller Autonomie.

Auf Seiten der Fachkräfte der Sozialen Arbeit waren Planungs- und Untersuchungsverfahren nicht nur unbeliebt, sondern auch wenig geübt, ein produktiver Umgang mit den für die Heinersche Selbstevaluation charakteristischen s.m.a.r.t.en[1] Zielformulierungen ebenso. Von den Teilnehmenden erhielten wir immer wieder das Feedback, dass Selbstevaluation zwar hilfreich für die fachli-

[1] Die Heinersche Auflösung des Akronyms liest sich: spezifisch-messbar-akzeptabel-realistisch-terminiert.

che Entwicklung, die Methode aber vor allem schwierig zu erlernen und das empirische Untersuchen für den Arbeitsalltag viel zu aufwendig sei.

Versuche, die Weiterbildungen an die Rahmenbedingungen anzupassen

Die Methoden, Selbstevaluation zu vermitteln und Commitment bei den Fachkräften auszulösen, wurden weiter ausgefeilt. Die Dauer der Trainings wurde verkürzt, teils bis auf einen Tag mit nachfolgender E-Mail-Beratung. Um in der Praxis Zeit zu sparen, und den Nutzen schneller realisieren zu können, wurden fachliches Handeln und Datenerhebung stärker miteinander verschränkt, indem Erhebungsinstrumente in das fachliche Handeln eingebettet wurden. Es entstanden die „*konvivialen Instrumente*" (Beywl/Bestvater/Friedrich 2011: 61), mit denen es sich gut im Alltag leben lässt, und die *multifunktionalen Instrumente*, die für Intervention einsetzbar waren und gleichzeitig Daten erzeugten.

Als Entscheidungshilfe für Fachkräfte, ob Selbstevaluation oder ein anderes Instrument bei einer bestimmten Aufgaben- oder Fragestellung das Mittel der Wahl ist, wurden Checklisten (Beywl/Schepp-Winter 2000: 35) entwickelt. Mit ihnen lässt sich prüfen, in welchem Maß inhaltliche und organisatorische Elemente für das Gelingen einer Selbstevaluation vorhanden sind. Diese Checklisten halten fest, was wir als Gelingensbedingungen auf Seiten der Rahmenbedingungen bzw. Motivation und Kompetenz für Selbstevaluationen erachten.

Beywl und Müller-Kohlenberg formulieren etwas später auf der Basis der allgemeinen DeGEval-Standards (2002/2008) erstmalig spezifische Standards, u.a. zu den Voraussetzungen für Qualität und Nutzung von Selbstevaluation (Beywl/Müller-Kohlenberg 2003). Über die in unseren Checklisten genannten Gelingensbedingungen hinaus, werden in diesen Standards u.a. ‚Vereinbarungen mit der Leitungsebene' betreffs ‚Zuständigkeiten und Kompetenzen' sowie ‚Kommunikation zwischen den Hierarchie-Ebenen' eingefordert. Hier beginnt eine über das ursprüngliche Heinersche Konzept hinausgehende Einbettung der Selbstevaluation in die Organisationsentwicklung. Mit Standards zu vorab festgelegten ‚Verfahren der Informationsweitergabe und Veröffentlichungen' beginnt die Transformation vom noch eher defensiv formulierten Gebot der Offenlegung (Punkt 14 der Checkliste) zur Forderung nach Sichtbarmachung von Selbstevaluation und ihren Ergebnissen in einer Organisation. Beide Stränge werden in der Weiterentwicklung unseres Selbstevaluationskonzeptes gestärkt.

2 Übertragung in den Bildungsbereich

Bereits in den späten 1990er-Jahren haben wir in Deutschland einzelne Selbstevaluationskurse nach Heinerschem Muster im Bildungsbereich durchgeführt. Ähnlich denen in der Sozialen Arbeit entwickelten diese nicht die erhoffte Nachhaltigkeit. Mit unserem Umzug nach Bern ab 2004 beginnt ein neuer Abschnitt und eine weitere Transformation des ursprünglichen Ansatzes.

Aufwertung des Emotionalen nach der Krise in der Hochschuldidaktik

Ab 2005 führen wir Selbstevaluation als Instrument zur Entwicklung hochschuldidaktischer Kompetenzen ein. Die Herausforderungen in diesem Arbeitsfeld sind nur teilweise ähnlich wie in der Sozialen Arbeit. Die Einbindung der Selbstevaluation besonders in den universitären Hochschulen ist noch schwächer ausgeprägt, noch mehr auf hochmotivierte ‚Freiwillige' angewiesen. Hinsichtlich der Eingangskompetenzen ist die Heterogenität deutlich höher. Es gibt Lehrende mit ausgeprägten didaktischen *und* empirischen Kompetenzen, und solche, die in keiner Weise über solches Wissen und Können verfügen. Hingegen ist die Fähigkeit, einen kohärenten Selbstevaluationsplan zu verschriftlichen, deutlich stärker ausgeprägt.

Eine spezifische Erleichterung gegenüber den allermeisten Situationen in der Sozialen Arbeit stellt das hochschulische Setting dar. Insbesondere im Präsenzunterricht trifft die Lehrperson wiederkehrend mit meist denselben Teilnehmenden regelmäßig zusammen – eine wichtige Voraussetzung (Punkt drei der Checkliste). Die Verschränkung von methodisch-didaktischem Handeln (Lehrplanung) mit systematischem Untersuchen mittels Datenerfassung, Dokumentation und teilweise auch Präsentation bzw. Diskussion von Ergebnissen mit den Teilnehmenden gelingt dadurch leichter.

Auch an der Hochschule bleibt es sehr schwierig, diejenigen Themen oder Gegenstände zu identifizieren, die bei den Lehrpersonen nachhaltig Motivation auslösen, um die Methodik der Selbstevaluation nicht nur einmalig anzuwenden. Nach sechs zweitägigen Kursen kommt es u.a. wegen deren ‚Theorielastigkeit' zu einer Krise, die substantielle Veränderungen des Konzeptes einleitet. War bis zum Jahr 2000 „Freiheit des Selbstevaluationsvorhabens von subjektiv starkem Problemdruck" vorausgesetzt (Punkt sieben der Checkliste), so wird gerade dies nun als Ausgangspunkt einer Selbstevaluation favorisiert. Mit Unterstützung der Hochschuldidaktik des Zentrums für universitäre Weiterbildung der Universität Bern (Manfred Künzel und Thomas Tribelhorn) werden diese ‚Knacknüsse' zum Startpunkt motivierender Selbstevaluationen. Darunter gefasst werden diejenigen spezifischen, immer wiederkehrenden, namentlich methodischen Probleme einer

Lehrperson, deren Bewältigung individuell als stark entlastend und förderlich für die professionelle Entwicklung wahrgenommen wird (Beywl et al. 2011: 40f). Selbstevaluation wird nun attraktiv, weil sie auf individuell besonders drängende Herausforderungen antwortet.

Wirksamkeitsversprechen der unterrichtsintegrierten Selbstevaluation

Ein weiterer beruflicher Wechsel von Wolfgang Beywl an ein Lehrerweiterbildungsinstitut einer Pädagogischen Hochschule eröffnet der Heinerschen Selbstevaluation ein neues Wirkungsfeld. Die Annahmen von Maja Heiner, dass Selbstevaluation besonders große Chancen für Professionalisierungsprozesse bietet, erhalten nun ein auf empirische Forschung abgestütztes Fundament. Dieses wird geschaffen durch die Synthese zu den Einflüssen auf Lernleistungen von John Hattie (2013; 2014; www.lernensichtbarmachen.net). Unterrichtsnahe datengestützte Rückmeldeverfahren zählen demnach zu den wirksamsten Möglichkeiten, Unterricht zu stabilisieren und zu verbessern. Selbstevaluation des Unterrichts („*providing formative evaluation*") rangiert auf einem Spitzenplatz unter den etwa 100 beeinflussbaren Faktoren, die sich positiv auf Lernen und Schülerleistungen auswirken. Auch wenn die Übertragbarkeit ungesichert ist, so ergibt sich zusammen mit anderen starken Faktoren (u.a. videogestütztes Unterrichtsfeedback, Feedback der Lehrperson an die Lernenden) eine Basis, um zu resümieren:

Selbstevaluation als formative Lehrer-Selbstevaluation leitet einen dramatischen Perspektivwechsel bei Lehrpersonen ein: Ihr eigenes Handeln wird zum Gegenstand der Evaluation. „*Fundamentally, the most powerful way of thinking about a teacher's role is for teachers to see themselves as evaluators of their effects on students*" (Hattie 2013: 14). Das Lernhandeln der Schülerinnen und Schüler und dessen Resultate (Schülerleistungen) sind *nicht* der Bewertungsgegenstand. Sie sind eine wichtige Datenquelle, um den eigenen Unterricht beschreiben und bewerten zu können (ausf. Beywl 2013). Dies gelingt, wenn Lehrpersonen ihren Unterricht so anlegen, dass er die zu seiner Beschreibung und Bewertung erforderlichen Daten gleich miterzeugt.

Mit Luuise schulweit den Unterricht entwickeln

Besonders im Schulbereich sind Vorbehalte gegenüber ‚Evaluation' verbreitet. Dies geht häufig zurück auf die Erfahrungen mit der „Externen Schulevaluation", die oft hoheitlich angelegt ist und durch Bildungspolitik und -administration gesetzte Normen ‚durchsetzen' will (Landwehr 2011: 60ff). In der Konsequenz kommt das Wort ‚Evaluation' in der Bezeichnung unseres weiterentwickelten

Ansatzes zur Selbstevaluation im Unterricht nicht vor. Das Akronym Luuise wird aufgelöst in „Lehrpersonen unterrichten und untersuchen integriert, sichtbar und effektiv". In dieser Verpackung steckt allerdings Heinersches Selbstevaluationsdenken gepaart mit einem Evaluationsverständnis, wie es sich in den führenden internationalen Lehrbüchern (Patton 2012; Russ-Eft/Preskill 2009) oder den Standards für Evaluation (DeGEval 2008) findet.

Der Luuise-Ansatz verstärkt die Praxisintegration des Untersuchungsstrangs, was im schulischen Setting (periodisch wiederkehrende Unterrichtsstunden/Lektionen) leicht umsetzbar ist. In einem Zuge werden Unterrichtsmethoden eingesetzt, sowie Daten über Verlauf bzw. Resultate des Unterrichts erhoben und zu Ergebnissen verdichtet. D.h.: Wenn sich die Lehrperson im Modus der Selbstevaluation befindet, entstehen die für eine systematische Beschreibung und Bewertung erforderlichen Daten automatisch mit. Die Weiterbildungen zu Luuise erfolgen schulintern mit Präsenz- und Selbstlernphasen. In Planungsgesprächen mit der Schulleitung werden Termine, Kommunikation und insbesondere der Präsentationsanlass festgelegt.

Die bis Sommer 2014 abgeschlossenen 75 Luuise Projekte in sieben Schweizer Schulen dauerten im Mittel sieben Wochen und adressierten im Durchschnitt 17 Schülerinnen und Schüler. Fast alle Vorhaben wurden von einer einzelnen Lehrperson durchgeführt, einige im Tandem. Die meisten Luuise-Projekte haben Lernhandeln der Schülerinnen und Schüler untersucht, ein Viertel deren Lernresultate, ein weiterer Teil deren Lerndisposition, je in Verbindung mit darauf gerichteten Interventionen der Lehrperson. S.m.a.r.t.e Ziele betreffen z.B. Beteiligung am Unterricht, effektive Gruppen- und Partnerarbeiten, klare Fragen stellen, Vortrag halten, oder Aspekte der Selbstregulation, gemeinschaftliche Kontrolle des Lärmpegels oder Selbsteinschätzung des eigenen Leistungsniveaus. Die Erhebungsinstrumente reichen von tabellarischen Erfassungsblättern über farbige Feedback Smileys bis zur erprobten Gruppenmethode der „Insel" (Beywl et al. 2011: 163). In der Hälfte der Luuise-Projekte haben die Lehrpersonen die Datenauswertung *gemeinsam* mit ihren Schülerinnen und Schülern durchgeführt. Dies schafft Zusatznutzen für den Unterricht und unterstützt den Einsatz der Lernenden für guten Unterricht und schließlich das durch Selbstevaluation Angestrebte: das Lernen der Lehrperson. Gut die Hälfte der Projekte wird in der Schulöffentlichkeit präsentiert, einige Lehrpersonen haben ihre Vorhaben – teils schon mehrfach – öffentlich vorgestellt.

3 Gelingensbedingungen im Vergleich der beiden Arbeitsfelder

Die skizzierten Standards der Selbstevaluation (Beywl/Müller-Kohlenberg 2003) führen wichtige Gelingensbedingungen auf. Dazu zählen z.B. die „Feldkompetenzen" der Selbstevaluierenden. Sowohl im Bildungsbereich als auch in der Sozialen Arbeit sind dies z.B. fachwissenschaftliche bzw. methodische, soziale und personale oder Selbstkompetenzen, evtl. ergänzt um fachdidaktische oder Kompetenzen zu methodisch strukturiertem Handeln (Hochuli Freund/Stotz 2011). Auch die Anforderungen bezüglich der Untersuchungskompetenzen sowie die der Standardgruppe „Fairness" (Datenschutz, wertschätzend gestaltete Interaktion, usw.), ähneln sich in den beiden Arbeitsfeldern sehr.

Im Folgenden beschränken wir uns auf die beiden Gelingensbedingungen, die Unterschiede zwischen beiden Arbeitsfeldern markieren. Zum einen sei eine Eigenheit des jeweiligen Arbeitsfeldes, die Selbstevaluation grundsätzlich erleichtert oder erschwert, angesprochen. Zum anderen sind dies gestaltbare Rahmenbedingungen der Organisation, ihrer Leitung und der Teams. Diese entwickeln sich insbesondere für das obligatorische Schulwesen in der Deutschschweiz (bis Klasse neun) zunehmend günstig, und können ggfs. Anregungen für die Soziale Arbeit geben.

Lernprozesse in Mehrpersonen-Gefäßen vs. offene Prozesse und Fallarbeit

In der Schule treffen wir auf räumlich, zeitlich und personell strukturierte Settings, mit Regeln und Verhaltensaufforderungen, in denen eine Mehrzahl von Zielgruppenmitgliedern mit den Lehrpersonen gemeinsam an den Lernzielen arbeitet (Koproduktion). Für eine Gruppe von Schülerinnen und Schülern (unsere Erfahrung sagt: es sollten mindestens fünf sein), wird ein ähnliches Mittlerziel verfolgt. Lehrperson und Lernende kommen voraussehbar und regelmäßig am selben Ort mit stabilen Rahmenbedingungen zusammen, um im weitesten Sinne zu lernen/dem gewünschten Zielzustand näher zu kommen. Die Verschränkung von Intervention und Datenerhebung wird in einem solchen Gefäß – dies ist die Bezeichnung in der schweizerdeutschen Standardsprache – erleichtert.

In vielen Handlungsfeldern der Sozialen Arbeit hingegen fehlt diese Bedingung des stabilen und wiederkehrenden Settings, das als Gefäß dient, z.B. in den Feldern in denen in der Regel (einzel-)fallbezogene Hilfe geleistet wird. In anderen, in denen oft gruppenbezogene Interventionen stattfinden (z.B. Selbsthilfegruppen, Angehörigengruppen) oder in stationären Angeboten, ist diese hingegen eher gegeben.

Im Rahmen solcher strukturierter Gefäße ist es leichter möglich, Zielgruppenmitglieder an der Auswertung und Interpretation der Daten sowie bei der

Entwicklung von Schlussfolgerungen und Handlungsschritten zu beteiligen. Andernfalls müssen solche Anlässe eigens mit Zusatzaufwand vereinbart werden. Außerdem: Während die Koproduktion im Rahmen solcher analytischer und reflexiver Untersuchungsaktivitäten in Settings, in denen es um Bildung und Lernen geht, ganz offensichtlich ethisch gewünscht ist, mag sich eine solche für gemeinsame Reflexion offene Zusammenarbeit in vielen Settings der Sozialen Arbeit, z.B. in Zwangskontexten, schwieriger darstellen. Manche mögen einwenden, es könnte sogar unethisch sein, mit den Zielgruppenmitgliedern die Last der Datenauswertung zu teilen, manche mögen dies eher als eine Frage der Qualität des Arbeitsbündnisses sehen.

Lernanlässe sind mit partizipativer Selbstevaluation offensichtlich gut vereinbar. Es kommt nicht nur zur Entlastung der Fachpersonen von der Auswertungsarbeit, sondern auch zu einem erheblichen Prozessnutzen (Patton 2012) für die Lernenden, im Idealfall zu einem ‚echten Dialog' über den Unterricht im Sinne von Hattie. Eventuell ist diese intensive Art der Verschränkung von Intervention, Datenerhebung und -auswertung in der Sozialen Arbeit insbesondere mit Gruppen, in denen es auch um gemeinsames Lernen geht, ebenfalls einfacher möglich. Dabei könnte sich die Selbstevaluation das Arbeitsbündnis zu Nutze machen, das die Basis der kooperativen Prozessgestaltung bildet (Hochuli Freund/Stotz 2011).

Organisationsweite Kultur des Lernens der Professionsmitglieder

Geeignete Strukturen, die organisationales Lernen fördern, sind wichtig für das Gedeihen von Selbstevaluationen. Maja Heiner sieht in Selbstevaluationen erhebliche Potentiale für das organisationale Lernen, „wenn ihre Ergebnisse in der Organisation weitergegeben und allen zur Verfügung gestellt werden" (1998: 49). Es ist jedoch gut belegt, dass (Bildungs-)Evaluationen und die von ihnen erzeugten Daten und Ergebnisse oft gerade nicht angemessen genutzt werden (Alkin/Daillak 1979; Hense 2010). Als Reaktion auf dieses Nutzungsdefizit entstand das „Lernparadigma". Hier werden alle Evaluationsaktivitäten so angelegt, dass die Evaluation und ihre Ergebnisse in der Organisation tatsächlich genutzt werden. Auf die Spitze treibt dies Michael Patton, zuletzt mit den „Essentials der nutzungsfokussierten Evaluation" (Patton 2012).

Ein erstes in diesem Sinne lernförderliches Element sind Leitungskräfte, die ihre Organisations- und Personalentwicklung auf die Kernprozesse zentrieren, also Unterricht bzw. Soziale Arbeit. Erst eine „verantwortungsbewusste Einmischung der Leitung" (Heiner 2004: 149) in die Planung und Untersuchung dieser Kernprozesse ermöglicht eine institutionelle Reflexionskultur. Die organisationsweite Einführung der Selbstevaluation kann ausschließlich gelingen, wenn die Führungskräfte hier eine Priorität setzen, ohne in die Inhalte einzugreifen.

Ein weiteres unverzichtbares Element sind professionelle Teams, die datenbasiert und kollaborativ lernen. Die Organisationsstruktur und -kultur muss diesen kollegialen Austausch sowohl ermöglichen (z.B. durch dafür reservierte, bezahlte Arbeitszeit) als auch einfordern (Verbindlichkeit der aktiven Teilnahme mit sichtbaren Ergebnissen). Diese Gelingensbedingung bietet Soziale Arbeit überall dort, wo bereits hohe fachliche Standards erreicht sind. Im Arbeitsfeld Schule fehlen solche Teams meist. In der Deutschschweiz hingegen entstehen sie seit einigen Jahren im obligatorischen Schulwesen mit festgeschriebenen Zeitkontingenten. Und gleichzeitig gibt es kaum ‚Verdrängung' durch Supervision oder Intervision, die im Schulbereich sehr selten etabliert sind.

Ein drittes Element sind organisationsöffentliche Anlässe, auf denen Selbstevaluationen und ihre Ergebnisse vorgestellt werden. In einem Klima der Transparenz und des gegenseitigen Vertrauens erhöhen solche Präsentationen die Selbstwirksamkeitsüberzeugung der Vortragenden, bieten Chancen für fachliche Anerkennung und Wertschätzung und ermöglichen eine Profilierung auch in der weiteren Fachöffentlichkeit.[2]

4 Neue Chancen für die Selbstevaluation?

Nach unserer Erfahrung (systematische Forschung steht aus) wird die Heinersche Selbstevaluation dann attraktiv und tragfähig, wenn sie bei Widerständen und Belastungen der Selbstevaluierenden ansetzt. Dabei fordert sie den Selbstevaluierenden kognitive Leistungen ab, die sich von denen im Arbeitsalltag oft deutlich unterscheiden, vielleicht anstrengen und Frustrationstoleranz verlangen.

Wir vermuten, dass Selbstevaluation mit den von Heiner formulierten Ansprüchen in Schule und Unterricht zunehmend Fuß fassen kann, zumindest in geleiteten Schulen mit durch Berufsauftrag oder Tarifverträge fixierten Arbeitszeiten für die kollaborative Qualitätsarbeit. In der Sozialen Arbeit beschränken sich die Chancen auf Handlungsfelder mit vergleichbaren Rahmungen, insbesondere mit den genannten Gruppengefäßen. Häufig zählen diese zur Sozialpädagogik. Es sei daran erinnert, dass Maja Heiner ihre Karriere als Lehrerin begonnen hat. Biographisch gesehen wäre dieser Ausgang also nicht unbedingt eine Überraschung.

---

2 Im englischsprachigen Raum gibt es für den Bildungsbereich mehrere Netzwerke, teils mit eigenen Fachzeitschriften, die dies fördern, z.B. World Association of Lesson Studies; International Society for the Scholarship of Teaching & Learning, European Association for Practitioner Research on Improving Learning.

In jedem Falle sind günstige Bedingungen bei den Kompetenzen der Selbstevaluierenden und in der Struktur und Kultur der Organisationen erforderlich, welche durch die Standards der Selbstevaluation und unsere Überlegungen im vorangegangenen Kapitel angesprochen sind.

Ein Desiderat möchten wir noch ansprechen: Wir sehen in der weiterentwickelten Heinerschen Selbstevaluation Chancen, die erfahrungsbasierte Evidenz in Arbeitsfeldern von Schule und Unterricht und auch bestimmten Handlungsfeldern der Sozialen Arbeit zu erweitern, so dass sie zu einem vitalen Bestandteil des professionellen Könnens der Fachkräfte werden kann. Wir verstehen Selbstevaluation auch als ‚Empowerment' der Lehrpersonen/Sozialarbeitenden: Ihr Expertenwissen wird im Rahmen von Selbstevaluation expliziert, empirisch prüfbar, kommunizierbar aufgewertet, und kann dem aus dem Wissenschaftssystem stammenden Wissen auf Augenhöhe gegenübertreten (Beywl et. al. 2015). Es wird anerkannt, dass reflektiertes und geprüftes Erfahrungswissen eine gleich legitime Wissensform ist wie wissenschaftliches Wissen (Herzog 2011).

Uns ist noch nicht klar, wie die andere Quelle, die forschungsbasierte Evidenz, mit dem Ansatz der Selbstevaluation in der Praxis verbunden werden kann. Dass dies für den Professionalisierungsprozess erforderlich ist, liegt auf der Hand (für die *evidence-based-medicine* siehe Sackett 1999). Diese „Relationierung" (vgl. Kunz in diesem Band), verstanden als „in Beziehung setzen" verschiedener Wissensformen, in die Selbstevaluation einzubauen, wäre eine neue Herausforderung – eine Knacknuss, die, sobald geöffnet, viel Energie für die Bewältigung der nächsten ungelösten Frage zur Verfügung stellt.

Literatur

Alkin, Marvin C./Daillak, Richard H. (1979): A Study of Evaluation Utilization. In: Educational Evaluation and Policy Analysis 1. 4. 41-49

Altrichter, Herbert/Messner, Elgrid/Posch, Peter (2004): Schulen evaluieren sich selbst: Ein Leitfaden. Seelze: Kallmeyer

Bellmann, Johannes/Müller, Thomas (Hrsg.) (2009): Kinder- und Jugendarbeit wirkt. Aktuelle und ausgewählte Evaluationsergebnisse der Kinder- und Jugendarbeit. Wiesbaden: Springer VS

Beywl, Wolfgang (2013): Mit Taten zu Daten. Der Ansatz der unterrichtsintegrierten Selbstevaluation. In: Journal für Schulentwicklung - Themenheft: Mit Daten zu Taten - Wenn Schulen Wissen nutzen 17. 1. 7-14

Beywl, Wolfgang/Bestvater, Hanne (1998): Selbst-Evaluation in pädagogischen und sozialen Arbeitsfeldern - Ergänzung und Alternative zur Fremdevaluation. In: BKJ (1998): 15-20

Beywl, Wolfgang/Bestvater, Hanne/Friedrich, Verena (2011): Selbstevaluation in der Lehre. Ein Wegweiser für sichtbares Lernen und besseres Lehren. Münster: Waxmann

Beywl, Wolfgang/Künzli, Christine/Messmer, Roland/Streit, Christine (2015): Forschungsverständnis Pädagogischer Hochschulen - ein Klärungsversuch. In: Beiträge zur Lehrerinnen- und Lehrerbildung 33 (i.E.)

Beywl, Wolfgang/Müller-Kohlenberg, Hildegard (2003): Standards der Selbstevaluation - Begründung und aktueller Diskussionsstand. In: Zeitschrift für Evaluation 2. 1. 65-75

Beywl, Wolfgang/Schepp-Winter, Ellen (1999): Zielfindung und Zielklärung in der Kinder- und Jugendhilfe. Ein Leitfaden (QS 21). Bonn: BMFSFJ. [http://www.univation.org/download/QS_21.pdf]

Beywl, Wolfgang/Schepp-Winter, Ellen (2000): Zielgeführte Evaluation. Ein Leitfaden (mit Software zur Zielklärung, Evaluationsplanung und beschreibender Statistik auf CD-ROM) (QS 29). Bonn: BMFSFJ. [www.univation.org/download/QS_29.pdf]

BKJ, Bundesvereinigung für kulturelle Jugendbildung (Hrsg.) (1998): Qualitätssicherung durch Evaluation. Konzepte - Methoden - Ergebnisse. Impulse für die kulturelle Kinder- und Jugendbildung. Remscheid: BKJ

Böttcher, Wolfgang/Kerlen, Christine/Maats, Peter/Schwab, Oliver (Hrsg.) (2014): Evaluation in Deutschland und Österreich. Münster: Waxmann

Buhren, Claus G. (2011/1998): Selbstevaluation in Schule und Unterricht: Ein Leitfaden für Lehrkräfte und Schulleitungen, 2. unveränd. Aufl. Köln: Link

DeGEval, Deutsche Gesellschaft für Evaluation (2008/2002): Standards für Evaluation. Mainz: DeGEval. [PDF und Bestellung der Broschüre: http://www.degeval.de/degevalstandards/standards]

Giel, Susanne (2000): Vermittlungshindernisse bei Selbstevaluationen. In: Akademie Remscheid (Hrsg.): Qualitätsentwicklung und Selbst-Evaluation, Dokumentation der Fachtagung Selbstevaluation 24.-25. März 2000: 22-26

Halves, Edith/Lück-Filsinger, Marianne/Schmidt, Stefan (2014): Evaluation in der Sozialen Arbeit: Entwicklungen und Herausforderungen. In: Böttcher et al. (2014): 133-138

Hattie, John A. C. (2013): Lernen sichtbar machen. Überarbeitete deutschsprachige Ausgabe von "Visible Learning", besorgt von Wolfgang Beywl und Klaus Zierer. Baltmannsweiler: Schneider Hohengehren (engl. Original 2009)

Hattie, John A. C. (2014): Lernen sichtbar machen für Lehrpersonen: Überarbeitete deutschsprachige Ausgabe von "Visible Learning for Teachers". Besorgt von Wolfgang Beywl und Klaus Zierer. Baltmannsweiler: Schneider Hohengehren

Heil, Karolus/Heiner, Maja/Feldmann, Ursula (Hrsg.) (2001): Evaluation sozialer Arbeit. Frankfurt/Main: Eigenverlag des Deutschen Vereins für öffentliche und private Fürsorge

Heiner, Maja (1988): Selbstevaluation in der sozialen Arbeit. Fallbeispiele zur Dokumentation und Reflexion beruflichen Handelns. Freiburg/Br.: Lambertus

Heiner, Maja (1992): Evaluation und berufliche Handlungskompetenz. In: Blätter der Wohlfahrtspflege 139. 5. 123-126

Heiner, Maja (Hrsg.) (1998): Experimentierende Evaluation. Ansätze zur Entwicklung lernender Organisationen. Weinheim/München: Juventa

Heiner, Maja (2004): Professionalität in der Sozialen Arbeit. Stuttgart: Kohlhammer

Hense, Jan Ulrich (2010): Nutzen und Nutzung von Evaluation zur Unterrichtsverbesserung. In: Schönig/Baltruschat/Klenk (2010): 125-144

Herzog, Walter (2011): Eingeklammerte Praxis - ausgeklammerte Profession. Eine Kritik der evidenzbasierten Pädagogik. In: Bellmann/Müller (2009): 123-145

Holzäpfel, Lars (2008): Beratung bei der Einführung von Selbstevaluation an Schulen. Münster: Waxmann

Hochuli Freund, Ursula/Stotz, Walter (2011): Ganzheitliche Methodiken für methodengeleitetes Handeln. In: SozialAktuell 43. 7/8. 12-16

IZSE, Informationen zur SelbstEvaluation Nr. 1 (Herbst 1996): Qualitätsinitiative des BMFSFJ. [www.univation.org/download/IZSE_1.pdf]

König, Joachim (2007/2003): Einführung in die Selbstevaluation. Ein Leitfaden zur Bewertung der Praxis Sozialer Arbeit, 2. überarb. Aufl.. Freiburg/Br.: Lambertus

Landgrebe, Gitte (1996): Möglichkeiten der Nutzung von Methoden der Organisationsberatung für die Selbstevaluation am Beispiel der Teamanalyse. In: Heiner (1996): 267-278
Landwehr, Norbert (2011): Thesen zur Wirkung und Wirksamkeit der externen Schulevaluation. In: Quesel et al. (2011): 35-69
Lindner, Werner (Hrsg.) (2009): Kinder- und Jugendarbeit wirkt. Aktuelle und ausgewählte Evaluationsergebnisse der Kinder- und Jugendarbeit. Wiesbaden: Springer VS
Patton, Michael Quinn (2012): Essentials of Utilization-Focused Evaluation. Thousand Oaks: Sage
Quesel, Carsten/Husfeld, Vera/Landwehr, Norbert/Steiner, Peter (Hrsg.) (2011): Wirkungen und Wirksamkeit der externen Schulevaluation. Aarau: Pädagogische Hochschule FHNW
Russ-Eft, Darlene/Preskill, Hallie (2009): Evaluation in Organizations: a Systematic Approach to Enhancing Learning, Performance, and Change. 2nd edition. New York: BasicBooks
Sackett, David L./Kunz, Regina (1999): Evidenzbasierte Medizin, dt. Ausg. München: W. Zuckschwerdt
Schönig, Wolfgang/Baltruschat, Astrid/Klenk, Gerald (Hrsg.) (2010): Dimensionen pädagogisch akzentuierter Schulevaluation. Baltmannsweiler: Schneider Hohengehren
Sturzenhecker, Benedikt/von Spiegel, Hiltrud (2009): Was hindert und fördert Selbstevaluation und Wirkungsreflexion in der Kinder- und Jugendarbeit? In: Lindner (2009): 309-321
Spiegel, Hiltrud von (1993): Aus Erfahrung lernen. Qualifizierung durch Selbstevaluation. Münster: Votum Verlag
Spiegel, Hiltrud von (2001): Leitfaden für Selbstevaluationsprojekte in 18 Arbeitsschritten. In: Heil/Heiner/Feldmann (2001): 59-91

Potentiale und Einwände

Ohne Evaluation kein professionelles Handeln!? Maja Heiners beharrliches Plädoyer für datenbasierte Reflexion in der Sozialen Arbeit

Joachim Merchel

Wenn heute von ‚Evaluation' die Rede ist, so kann man einigermaßen darauf vertrauen, dass bei denen, die das Wort in den Mund nehmen, ein zumindest grobes inhaltliches Verständnis sowie eine grundlegende Akzeptanz gegenüber Evaluationsbemühungen vorhanden sind. Evaluation als Teil der fachlichen Reflexions- und Bewertungsverfahren hat sich mittlerweile in den Köpfen festgesetzt. Kaum ein Projekt wird gefördert, ohne dass die Anforderung zu einer Evaluation mit der Förderung verkoppelt würde. Nicht immer wird bei solchen Auflagen deutlich, zu welchen Fragestellungen die Evaluation erfolgen soll oder was mit welchem Ziel genau evaluiert werden soll. Die Forderung zu evaluieren erscheint auf diffuse Weise selbstlegitimierend. Mit der stärkeren Ausrichtung an der Wirkungsfrage (Merchel 2010: 125ff; Otto et al. 2010) geraten quasi automatisch Evaluation als Grundsatz und evaluative Verfahren in den Blick und zwar sowohl einzelfallbezogen (Sind Ziele erreicht worden? War die Hilfe effektiv? oder auch: War angesichts des Nutzens der Aufwand gerechtfertigt?), als auch im Hinblick auf Programme (Hat ein bestimmtes Verfahren Wirkungen erzeugt? Waren Wirkungen bei diesem Programm markant anders oder besser als bei anderen Verfahren?) oder im Hinblick auf Organisationen (Hat eine bestimmte Einrichtung bei einer bestimmten Zielgruppe Wirkungen erreichen können? Wodurch unterscheiden sich Einrichtungen im Hinblick auf die von ihnen erzielten Wirkungen bei den Adressaten?). In einer erheblichen Anzahl von Methodenbüchern wird Evaluation als ein notwendiger Bestandteil für eine als ‚professionell' geltende Praxis der Sozialen Arbeit hervorgehoben (Spiegel 2013: 132ff; Müller 2009: 163ff; Christa 2007; Stimmer 2012). Auch bei Gesetzgebungsverfahren wird bisweilen im Gesetz selbst eine Evaluation vorgesehen. So z.B. im Bundeskinderschutzgesetz, bei dem in einem eigenen Artikel die Evaluation des am 1.01.2012 in Kraft getretenen Gesetzes gefordert wird, wobei der Evaluationsbericht gem. Art. 4 Bundeskinderschutzgesetz bis zum 31.12.2015 vorzulegen ist. In dieser Frist scheint eine naive Vorstellung von ‚Wirkungen' zum Ausdruck gebracht, wenn bereits ca. 2 Jahre nach In-Kraft-Treten eines Gesetzes mit der Evaluation der Wirkungen begonnen werden soll, das als Bundesgesetz in einer komplexen Implementationsstruktur von Bund, Ländern, Kommunen mit verschiedenen öffentlichen und freien Trägern und mit vom Gesetz angesprochenen Institutionen außerhalb der Kinder- und Jugendhilfe (Gesundheitswesen, Schulen, Polizei und Gerichte u.a.) umgesetzt werden soll. Man sieht also: An vielen Stellen wird ‚Evaluation' gefordert. Die Wissenschaft reagiert auf diese Forderungen mit einer Fülle von Veröffentlichungen, die methodische Orientierung geben sollen (aus der Vielzahl von Veröffentlichungen: König 2007; Kuckartz et al. 2012; Merchel 2010; Stockmann/Meyer 2014; Widmer 2009).

1 Die Bedeutung der Arbeiten von Maja Heiner zur Durchsetzung von Evaluation in der Sozialen Arbeit

Evaluation wird allmählich zu einer Selbstverständlichkeit – nicht immer in der Praxis, aber in der Programmatik. Sie wird gefordert, und kaum jemand kann einer solchen Anforderung mit guten Gründen und ohne Legitimationsverlust widersprechen. ‚Evaluation' institutionalisiert sich als Erwartung der Umwelt an Organisationen der Sozialen Arbeit und an die in ihnen tätigen Fachkräfte.

An dieser allmählichen Durchsetzung der Forderung nach Evaluation als Element einer als professionell geltenden Praxis hat Maja Heiner einen entscheidenden Anteil. Maja Heiner hat das Thema ‚Evaluation' als eine der ersten in die Debatten um die Gestaltung Sozialer Arbeit in Deutschland eingebracht. Sie hat sowohl in ihrer konzeptionellen Arbeit als auch in vielfältigen Praxisprojekten beharrlich daran gearbeitet, dass sich Evaluation als eine Anforderung an Soziale Arbeit etablierte. In vielen Sammelbänden hat Maja Heiner dazu beigetragen, dass Evaluation zumindest in den Konzeptdiskussionen – sicherlich noch nicht durchgängig und kompetent in der Praxis – der Sozialen Arbeit einen festen Stellenwert hat und als elementarer Bestandteil professionellen Handelns aufgefasst wird. Sie hat zunächst das Arrangement der Selbstevaluation als einen von den Fachkräften selbstbestimmten Modus der Reflexion in die Fachdiskussion eingebracht (Heiner 1988; 1994a) und hat dies in das methodische Handeln eingeordnet (Heiner 1994b). Sie hat schon zu Beginn der Diskussionen zur Bedeutung und zur methodischen Ausgestaltung des Qualitätsmanagements den Stellenwert von Evaluation für eine dem Charakter der Sozialen Arbeit gerecht werdende Form der Qualitätsentwicklung verdeutlicht (Heiner 1996). Mit dem Verweis auf den experimentierenden Modus von praxisbezogenen Evaluationen in der Sozialen Arbeit hat Maja Heiner den Bezug zu organisationalen Lernprozessen hergestellt (Heiner 1998). In allen ihren Veröffentlichungen zur Evaluation in der Sozialen Arbeit folgt sie immer dem Bestreben, Evaluation nicht primär als Evaluationsforschung zu konzipieren, sondern Evaluation für die Qualifizierung der Praxis Sozialer Arbeit nutzbar zu machen, Evaluation den Akteuren Sozialer Arbeit zu erschließen. Daher enthalten die von ihr herausgegebenen und mit eigenen Beiträgen theoretisch und konzeptionell umrahmten Sammelbände eine Fülle von Praxisbeispielen zum evaluativen Vorgehen im Alltagshandeln – Fallbeispiele, bei denen sie vielfach als Beraterin beteiligt war und bei denen sie Praxisakteuren verholfen hat, tragfähige methodische Zugangsweisen zur Evaluation ihres Handelns zu erarbeiten (neben den bereits genannten Sammelbänden vgl. auch Heil/Heiner/Feldmann 2001).

Führt man sich die genannten Veröffentlichungen von Maja Heiner vor Augen und fragt aus heutiger Sicht nach den spezifischen Konnotierungen, mit denen sie die Evaluation für die Soziale Arbeit nutzbar zu machen versucht hat, so sind insbesondere drei Aspekte hervorzuheben, die nachfolgend näher betrachtet werden sollen:

- Maja Heiner hat Evaluation als ein Bündel methodischer Arrangements für die Praxis Sozialer Arbeit nutzbar gemacht. Sie hat Evaluation an die Praxis herangerückt. Sie hat in der empirischen Forschung verwendete Methoden in den Alltag Sozialer Arbeit einzubringen versucht. Sie hat dadurch Evaluation für die Praxis geöffnet und damit dazu beigetragen, dass Evaluation nicht nur mit Evaluations*forschung* assoziiert, sondern gleichermaßen als ein in der *Praxis* zu verankerndes Entwicklungsinstrument verstanden wird.
- Maja Heiner hat zunächst mit der Selbstevaluation, später auch mit anderen Arrangements der Evaluation, einem bis dahin kaum etablierten Reflexionsmodus in der Sozialen Arbeit zur Geltung verholfen: der datenbasierten Reflexion und den auf dieser Basis erfolgenden Bewertungsprozessen und Bewertungsdiskursen. Es sei daran erinnert, dass bis zu Heiners Veröffentlichungen zur Selbstevaluation, denen dann auch weitere Veröffentlichungen anderer Autorinnen und Autoren folgten, hauptsächlich die Supervision als *die* zentrale Reflexionsform angesehen wurde. Die (Selbst-)Evaluation markierte einen Einschnitt in die Alleinstellung der Supervision als dem bis dahin zentralen Reflexionsverfahren in der Sozialen Arbeit.
- Maja Heiner hat mit ihren Arbeiten zur Evaluation zu einem Zeitpunkt ein methodisches Vorgehen für die Qualitätsentwicklung geöffnet, als die Debatte um Qualität, Qualitätsmanagement und Qualitätsentwicklung in der Sozialen Arbeit noch in ihren Anfängen stand. Dies ist für die Diskurse um ein der Profession ‚Soziale Arbeit' angemessenes Qualitätsmanagement insofern von Bedeutung, als gerade die Anfänge dieser Debatten dadurch geprägt waren, dass viele Sozialarbeiter/Sozialpädagogen die im Kontext der Betriebswirtschaftslehre erarbeiteten Modalitäten des Qualitätsmanagements als für die

spezifischen Konstellationen in der Sozialen Arbeit untauglich empfanden. Für die Suche nach professionsadäquaten Verfahrensweisen wurden durch Maja Heiners Arbeiten an diesem Punkt Perspektiven eröffnet.

2 Evaluation: Nicht nur Forschung, sondern gleichermaßen ein Instrument zur Praxisentwicklung

Dass Maja Heiner zunächst das Arrangement der Selbstevaluation in den Mittelpunkt ihrer Betrachtungen stellte (Heiner 1988; 1994), ist bezeichnend für ihr Bemühen, Evaluation nicht primär aus dem Blickwinkel der Evaluations*forschung* zu fokussieren, sondern Evaluation als Teil der Qualifizierung von *Praxis* der Sozialen Arbeit nutzbar zu machen. Dass Praxisakteure ihr eigenes Handeln evaluieren sollen und sich methodisch zur Selbstevaluation qualifizieren, dass sie also zu „Forscher/innen in eigener Sache“ (Heiner 1988: 7) werden, bedeutet eine partielle Herauslösung der Evaluation aus einem forschungsbezogenen methodischen Kontext. In der Folge resultieren hieraus veränderte Schwerpunktsetzungen bei den Gütekriterien, die an eine Evaluation angelegt werden. Wenn (Selbst-)Evaluation als ein Teil des methodischen Handelns konzipiert wird, dann können nicht allein die für empirische Forschung geltenden Gütekriterien angelegt werden, sondern es geht um für konkrete Praxiskonstellationen tragfähige und handhabbare Formen der Datenerhebung, durch die angemessene und für Weiterentwicklung verwertbare Bewertungen der Praxis ermöglicht werden. Die Praxisbeispiele, die in den von Maja Heiner herausgegebenen Sammelbänden veröffentlicht sind, geben vielfältige Vorstellungen für eine ‚undogmatische‘ Handhabung von Evaluationsmethoden, die forschungsmethodisch kritisiert werden könnten, aber für die jeweiligen Praxiskonstellationen als praktikabel und weiterführend erlebt wurden. Maja Heiner hat dazu beigetragen, dass Evaluation, die über lange Zeit auf Forschung reduziert wurde, einen stärkeren Bezug zum Handlungsalltag in der Sozialen Arbeit erhielt (Heiner 2001). Damit zog sie nicht die Bedeutung von Mindeststandards einer methodischen, also wissenschaftlichen Erkenntnisgewinnung in Zweifel, aber sie verkoppelte diese Mindeststandards mit den jeweiligen Handlungsbedingungen und den Erkenntniszielen der Praxis und ihrer Akteure. Heiners Bemühungen folgten dem Bestreben, die Logik forschender Datenerhebung zu verbinden mit der Logik von Praxisentwicklung in der Sozialen Arbeit – im Bewusstsein, dass die Spannungen zwischen dem Kriterium ‚methodische Genauigkeit‘ und dem Kriterium ‚Nützlichkeit‘ gut im Blick behalten und ausbalanciert werden muss, damit Evaluation für die Soziale Arbeit praktisch weiterführend gehandhabt werden kann.

Darüber hinaus bedeutet die Nutzbarmachung von Evaluation für die Praxisakteure, dass Soziale Arbeit und das Handeln der Praktiker nicht nur von außen bewertet werden, sondern dass die Praxis sich eine in ihr Handeln eingebundene strukturierte Bewertungsmodalität schaffen kann. Das kann einen Autonomiegewinn der Praxisakteure nach sich ziehen – dies nicht nur bei der Selbstevaluation, sondern auch bei organisationsinternen Fremdevaluationen oder bei kollegialen Fremdevaluationen oder sogar bei bestimmten Konstellationen der externen Evaluationen, bei denen die Praxisakteure die Chance erhalten, an den Rahmenbedingungen der Evaluation (Evaluationsfragestellung, Konstellationen der Datenerhebung, Rahmen zur Diskussion der Evaluationsergebnisse etc.) mitzuwirken. Zum anderen verbessert sich durch den Einbezug der Praxisakteure die Chance, mit Hilfe der Evaluation solche Impulse in die Organisation zu geben, die in der Kommunikation anschlussfähig sind und die somit die Chance haben, als Irritation von den Organisationsakteuren zugelassen, in die weitere Kommunikation eingespeist und somit für die Organisationsentwicklung als nützlich betrachtet zu werden (zur Bedeutung von Anschlussfähigkeit in der Kommunikation für Organisationslernen siehe Wolf/Hilse 2009; Merchel 2014: 143ff).

Mit einer solchen Ausrichtung von Evaluation auf Praxisentwicklung hat Maja Heiner implizit auf einen Sachverhalt aufmerksam gemacht, den sie zu Beginn ihrer Arbeit noch nicht so deutlich und prägnant zur Sprache gebracht hat, der aber bereits in den Beiträgen des Sammelbands zur „experimentierenden Evaluation" (1998) mitschwingt: die Tatsache, dass Evaluation in Organisationen der Sozialen Arbeit immer eine soziale Intervention, einen Eingriff in die soziale Dynamik, in das Systemgeschehen einer Organisation bedeutet (Merchel 2010: 137ff). Evaluation ist verknüpft mit unterschiedlichen Interessen, mit Erwartungen und Befürchtungen derer, die die Evaluation fordern oder anregen, durchführen oder von ihr ‚betroffen' sind. Evaluation bedeutet Bewertung; und dies kann für diejenigen, deren Handeln von solchen Bewertungsvorgängen berührt wird, Einschränkungen und Kontrolle oder auch Bestätigung und Verbesserung ihrer Handlungsoptionen nach sich ziehen; Evaluation kann von Beteiligten und Betroffenen als unangenehm empfunden oder mit positiven Hoffnungen verbunden werden. Auf jeden Fall wird Evaluation von den beteiligten und betroffenen Personen als ein Vorgang mit individuellen und sozialen Implikationen und Folgen erlebt. Evaluation ist insofern immer eine ‚Zumutung': Man wird dem Risiko des Bewertet-Werdens ausgesetzt und die Folgen der Verarbeitung solcher Bewertungen sind ungewiss. Unterschiedliche, zum Teil widersprüchliche Motivlagen können bei den an einer Evaluation Beteiligten und den von einer Evaluation Betroffenen angesprochen sein. In der wachen Wahrnehmung solcher verschiedenartiger Motivlagen können solche Evaluationsarrangements entwickelt werden, die die Chance der Anschlussfähigkeit an Kommunikationsmodi und die Möglichkeit eines Aushandelns verschiedener Interessen eröffnen.

3 Evaluation als datenbasierter Modus der Reflexion in der Sozialen Arbeit

In einem durch Ungewissheit und Unsicherheit geprägten Feld wie der Sozialen Arbeit ist reflexive Selbstvergewisserung ein elementarer Bestandteil von Professionalität. „Wissen, was man tut" oder getan hat (Klatetzki 1993), sowie das methodisch abgesicherte Bestreben, sich dieses Wissen zu verschaffen und die Bereitschaft, dabei das Risiko einzugehen, an ‚irritierende' Informationen zu geraten: Dies macht eine reflexiv kompetente Profession der Sozialen Arbeit aus (Dewe/Otto 2011), „deren Mitglieder sich selbst hinsichtlich ihrer Ziele, Methoden und Ergebnisse überprüfen müssen" (Heiner 2010: 33). Dies ist zwar im Prinzip ein Merkmal einer jeden Profession, jedoch hat Reflexivität für die Soziale Arbeit eine weitaus grundlegendere Bedeutung. Die Akteure der Sozialen Arbeit müssen sich bewusst sein, dass bei einem Großteil ihrer beruflichen Aufgaben „die sinnhaften Handlungsentwürfe, die das Handeln orientieren, sich zeitlich auch in Ungewissheit, sozial auch in der Fremde und sachlich auch im Unbestimmten bewegen" (Hörster 1995: 38). Professionalität in der Sozialen Arbeit bedeutet somit auch, kompetent mit Unsicherheit umgehen zu können und dabei eine eigene, durch Sensibilität, Aufmerksamkeit und Reflexion geprägte Handlungssicherheit gewinnen zu können.

Zur Bewältigung dieser partiell paradoxen Anforderung in einem strukturell durch Ungewissheit geprägten Arbeitsfeld eine begrenzte Handlungssicherheit herauszubilden, hat Evaluation ihren Stellenwert als methodische Reflexionshilfe. Evaluation ist neben den bis in die 1980er Jahre fast allein herrschenden Reflexionsmodus ‚Supervision' und neben die später – vor allem im Gefolge der methodischen Ausrichtungen zur Hilfeplanung – profilierte ‚kollegiale Beratung' als dritter prägender Reflexionsmodus der Profession Soziale Arbeit gerückt. Das Unterscheidungsprofil der Evaluation im Vergleich zu den anderen beiden Reflexionsmodi ist gegeben durch die Datenbasierung: Eine systematisierte Datenerhebung erzeugt die Grundlage für eine Reflexion sozialpädagogischen Handelns und der Strukturen, in denen dieses Handeln stattfindet, und der Ergebnisse, in die dieses Handeln einmündet. Die Daten, die im Rahmen von in die Praxis eingegliederten Evaluationen erhoben werden, mögen unter den strengen Maßstäben sozialwissenschaftlicher Forschung methodisch angreifbar sein und in ihrer Ambivalenz, die immer die Gefahr der methodisch legitimierten Selbsttäuschung in sich trägt, kritisch betrachtet werden. Aber sie markieren dennoch einen Fortschritt, weil sie im Vergleich zur Supervision und zur kollegialen Beratung die Palette der Reflexionsanlässe erweitern: Die im Rahmen der Evaluation gewonnenen Daten wirken als Hilfsmittel zur Systematisierung von Reflexion, weil sie Reflexionsanlässe erzeugen durch einen empirisch ausgerichteten Blick auf das Feld – und nicht nur durch den Blick auf eigene Empfindungen und durch eher zufällige Wahrnehmungen.

Maja Heiner hat Evaluationskompetenz – verstanden als Fähigkeit, datenbasierte strukturierte Bewertungsprozesse zu initiieren – als Teil professioneller Handlungskompetenz markiert, neben „Analyse- und Planungskompetenz" und „Interaktions- und Kommunikationskompetenz" (Heiner 2010: 64ff). Die von ihr vorgenommene Verkoppelung zu „Reflexions- und Evaluationskompetenz" macht erkennbar, welchen Stellenwert sie der Evaluation als Teil professionellen Handelns zuordnet: Evaluation als Grundlage für und Bestandteil von Reflexion.

4 Evaluation im Kontext eines professionsadäquaten Qualitätsmanagements

Qualitätsmanagement in der Sozialen Arbeit ist nicht aus einem von der Profession geprägten Kontext herausgewachsen. Nicht die Profession hat die Qualitätsdebatte in der Sozialen Arbeit initiiert, sondern die Qualitätsdebatte ist der Profession als Anforderung ‚von außen' auferlegt worden: durch Regelungen im Sozialgesetzbuch, durch Veränderungen in den sozialpolitischen Steuerungsstrategien, durch die intensivierte Relevanz betriebswirtschaftlicher Orientierungen (Merchel 2013: 17ff). Die Profession hat sich schwer getan, die Anforderungen des Qualitätsmanagements anzunehmen und für die eigenen Handlungsfelder zu adaptieren. *Ein* Grund für die immer noch vorhandenen Implementationshindernisse liegt in der Frage einer angemessenen Methodik: Die Methoden des betriebswirtschaftlichen Qualitätsmanagements – insbesondere die in der Tradition der an DIN ISO 9000ff. liegenden Verfahrensstandardisierungen – werden als wenig oder nur begrenzt tauglich für die Qualitätsentwicklung bei sozialpädagogischen Prozessen erlebt.

Bei der Suche nach methodischen Vorgehensweisen, die Sozialer Arbeit und der Logik sozialpädagogischen Handelns eher entsprechen, geraten evaluative Verfahren in den Blick. Heiner hat durch ihre Ausrichtung auf (Selbst-)Evaluation schon zu einem Zeitpunkt, an dem das Qualitätsmanagement in der Sozialen Arbeit noch gar nicht angekommen war, Fährten gelegt, an denen sich die aktuellen Qualitätsdebatten noch immer messen können: nämlich Qualitätsmanagement zu verstehen als das Erarbeiten und Erzeugen transparenter Maßstäbe für eine qualitative Bewertung von Handeln und Strukturen auf der Grundlage methodisch strukturierter Datenerhebung. Durch die Evaluationsmethodik erhält das Qualitätsmanagement in der Sozialen Arbeit die Möglichkeit, die Maßstäbe für Qualität transparent herauszuarbeiten und an diesen Maßstäben die Arbeit systematisch und in einer dem jeweiligen Handlungsfeld angemessenen flexiblen Weise zu überprüfen. Anliegen dieser Form des Qualitätsmanagements ist es, über eine methodisch strukturierte Überprüfung (Evaluation) der Arbeit Ansatzpunkte zur zielgerichteten Reflexion und für die Verbesserung der eigenen Arbeit zu gewinnen (zu ‚Qualitätsentwicklung' ausf. Merchel 2013: 141ff; 2014: 194ff).

Mit dem Insistieren auf Evaluation als Bestandteil von Qualitätsmanagement, von dem sich Maja Heiner leiten ließ (Heiner 1996; 1998), ist die Anforderung verknüpft, Maßstäbe zur Bewertung des Handelns transparent zu machen: vom Impliziten, das die Praxis der Sozialen Arbeit so häufig beherrscht und Kommunikation erschwert, zum Expliziten, zum Diskurs über Zielorientierungen für das Handeln und über Bewertungsmaßstäbe, die an das Handeln angelegt werden sollen. Diese Anforderung zur Transparenz und expliziten Benennung von Maßstäben hervorzuheben erscheint wichtig, gerade angesichts der vermeintlichen Maßstablosigkeit oder ‚Neutralität' im Gewand einer technischen Rationalität, in der manche QM-Systeme präsentiert werden. Vielfach werden gerade bei Verfahrensstandardisierungen implizit und kaum diskutiert Maßstäbe eingeführt und verfolgt, ohne dass in einer Organisation Debatten darüber geführt werden zu den Fragen: Wann werten wir unsere Arbeit als gut? An welchen Kriterien wollen wir unsere Arbeit bewerten und messen? Wie lassen sich diese Kriterien legitimieren? Die Vernachlässigung solcher Fragen führt zur Deprofessionalisierung bei einer Verfahrensweise wie dem Qualitätsmanagement, das doch eigentlich Professionalität fördern, stärken und weiterentwickeln soll. Orientiert man sich demgegenüber beim Qualitätsmanagement an evaluativen Verfahren, kann man den Debatten um die Maßstäbe zur Bewertung nicht ausweichen. Die normative Dimension wird im Verfahren unausweichlich mitgeliefert – eine normative Dimension, deren explizite Erörterung für das Qualitätsmanagement in der Sozialen Arbeit grundlegend ist.

5 Die Kehrseite der ‚Karriere' von Evaluation: Routinisierung, äußerliche Anpassung, Etikettenschwindel

Maja Heiner hat, wie anfangs hervorgehoben, viel zur ‚Erfolgsgeschichte' von Evaluation in der Sozialen Arbeit beigetragen: Erfolge bei der Durchsetzung auf der Ebene der Konzepte sowie auch bei der Erarbeitung einer adäquaten Methodik für eine in die Praxis der Sozialen Arbeit eingegliederte Evaluation. Doch mit der erfolgreichen Verbreitung von Konzepten sind in der Regel auch unbeabsichtigte, zum Teil unerwünschte Nebenfolgen verbunden – dies gilt auch bei der Evaluation in der Sozialen Arbeit.

Die Forderung, Evaluationen zu realisieren, wird immer stärker zum Teil der Umwelterwartungen, denen sich Organisationen der Sozialen Arbeit ausgesetzt sehen. Solchen institutionalisierten Erwartungen kann sich eine Organisation kaum entziehen, wenn sie nicht Legitimationseinbußen erleiden will. Werthaltungen und kulturelle Praktiken aus der Umwelt werden aufgegriffen und in die internen Normen, Regelungen und Handlungsweisen eingebaut. Viele Handlungsmuster und Veränderungen in Organisationen werden herausgebildet vornehmlich vor dem Hintergrund des Motivs, mit externen, „institutionellen" Erwartungen konform zu gehen (Walgenbach 2002; Drepper 2010). Sie stehen in Verbindung zu Erwartungen im Umfeld einer Organisation, also zu dem, was sich im ‚common sense' des jeweiligen Bezugsfeldes als allgemein akzeptiert, als vermeintlich vernünftig herausgebildet hat. Es hat den Anschein, als sei auch Evaluation in solche Institutionalisierungsdynamiken mit den entsprechenden Auswirkungen auf Organisationen einbezogen.

Die Auswirkungen solcher Institutionalisierungsprozesse sind jedoch ambivalent. Einerseits werden Organisationen und in ihnen wirkende personale Akteure veranlasst, sich mit einem legitimatorisch bedeutsamen Thema – hier: mit Evaluation als einer die fachliche Entwicklung anregenden Anforderung – auseinanderzusetzen und dieses Thema innerhalb der Organisation zu verarbeiten. Andererseits ist das Hineinnehmen institutioneller Erwartungen nicht immer gleichbedeutend mit einer tatsächlichen praktischen Ausrichtung an solchen Erwartungen und einer realen Umsetzung der damit verbundenen Konzepte. Bisweilen bleibt es auch bei dem Versuch, Legitimation durch eine symbolische Integration der Erwartungen auf einer rein sprachlichen Ebene zu erreichen, z.B. indem ein Teamgespräch zur ‚kollegialen Beratung' umdefiniert, eine Supervision zur ‚Qualitätsentwicklung' gemacht oder auch ein fallbezogenes kollegiales Auswertungsgespräch zur ‚Evaluation' stilisiert wird. Oder es werden entsprechende legitimatorische Vokabeln in Konzepte eingesetzt, auf die man im Zweifelsfall zur Verdeutlichung, dass man sich im ‚Mainstream Evaluation' bewegt, verweisen kann, ohne jedoch konsequent die Praxis an diesen Konzepten auszurichten. Kritisch kann man hier von einem Etikettenschwindel sprechen, analytisch ist dies als ein Versuch zu werten, der Organisation Legitimation gegenüber ihrer Umwelt zu verschaffen sowie dabei Umwelterwartungen und interne Dynamiken in irgendeiner Weise verträglich zueinander zu halten, also Balancen herzustellen. Kühl (2011: 90f) spricht in diesem Zusammenhang anschaulich von der „Fassade", vom „Schaufenster" der Organisation, die einen Eindruck erzeugen soll, durch den die Organisation in den Augen von Umweltakteuren als

„recht ordentlich" erlebt werden kann und daher auf die zu ihrer Existenz notwendige Ressourcenzufuhr (Legitimation als politische und fachliche Anerkennung sowie in deren Gefolge Zuerkennung sachlicher, personeller und finanzieller Ressourcen) hoffen kann.

Mit einer solchen Eingliederung von Evaluation als ‚Schaufenster' geht einher, dass die methodischen Anforderungen an Evaluation heruntergeschraubt werden und dies möglicherweise auf ein Niveau, das selbst unter der Maßgabe, dass aufgrund des „Primat der Praxis vor der Wissenschaft" (Kromrey 2000: 22) und der damit markierten Praxisausrichtung von Evaluation enge methodische sozialwissenschaftliche Maßstäbe nicht anzulegen sind, die als ‚Evaluation' etikettierten Handlungen unterhalb der für Gültigkeit von Daten zu veranschlagenden Mindestkriterien liegen (z.B. wenn einfache Zufriedenheitsbefragungen als ‚Wirkungsevaluation' ausgegeben werden). Der Sinn von Evaluation wird dann einer Erosionsdynamik ausgesetzt: Man tut etwas, was die Umwelt als scheinbar selbstverständlich erwartet und genügt mit einem als ‚Evaluation' etikettierten Verfahren den Legitimationserwartungen, aber wenn man gefragt wird, warum man es tut und was es nützt, gerät man ins Stocken. Das Verfahren wird zu einem Routine-Element, dessen Sinnhaftigkeit nur noch wenig reflektiert wird – mit Folgen für das Evaluationshandeln selbst: Methodische Nachlässigkeit macht sich möglicherweise breit, die produktiven Entwicklungspotentiale, die in Evaluation enthalten sind, dringen wenig in den Evaluationsalltag ein, sie bleiben unbeachtet. In Hochschulen und in der Weiterbildung sind bisweilen solche sinnentleerten Routinehandlungen zu beobachten: so z.B. bei ritualisierten ‚Seminarevaluationen', die primär als Adaptionen von Anforderungen aus der Umwelt (z.B. Akkreditierungsagenturen) zu Legitimationszwecken (Legitimation über Verfahren) erfolgen und weniger aus einem tatsächlichen, inhaltlich markierten Evaluationsinteresse.

6 Zusammenfassende Schlussbemerkungen: Maja Heiners Beitrag zur Etablierung von Evaluation in der Sozialen Arbeit

Maja Heiner hat bei ihren beharrlichen Bemühungen zur Etablierung von Evaluation in zwei Dimensionen gedacht, die für professionelles Handeln in der Sozialen Arbeit bedeutsam sind:

- Evaluation als ein methodisch strukturiertes Vorgehen, das transparente Grundlagen für Bewertung und Reflexion erzeugt und bei dem Bewertung und Reflexionen nicht ‚aus dem Bauch heraus', sondern auf der Grundlage von systematisiert erhobenen und dokumentierten Daten erfolgen;

- Evaluation als Ausdruck einer forschenden Haltung, mit der man an seinen Gegenstand (die Soziale Arbeit mit ihren Interaktionen der Hilfe, Förderung, Erziehung, Befähigung, Unterstützung und sozialen Kontrolle mitsamt deren interaktionellen und organisationalen Kontexten) herantritt und mit ihm umgeht; diese forschende Haltung wird zu einem Teil von Praxis.

Dabei hat Heiner bei ihren konzeptionellen Überlegungen, bei ihren Praxisberatungen und bei der Aufnahme von praxisbezogenen Beiträgen in ihre Sammelbände im Blick gehabt, dass Evaluationen nicht nur als eine methodische Ausrichtung der Datenerhebung konzipiert werden sollten, sondern dass Evaluation als Teil eines organisationalen Geschehens verstanden werden muss. Der organisationale Rahmen und die Modalitäten der Auswertung müssen immer mitgedacht werden, die Evaluation und ihre Ergebnisse müssen anschlussfähig gestaltet werden zum Organisationsgeschehen und zu den organisationsdynamischen Prozessen.

Dass mit einer solchen Einordnung und Nutzbarmachung von Evaluation für das Praxisgeschehen der Sozialen Arbeit auch Gefahren für die Evaluation selbst verbunden sind, sollte zu einer erhöhten Aufmerksamkeit hinsichtlich des realen Umgangs mit Evaluation motivieren. Wenn die sich erweiternde Akzeptanz dazu führte, dass Evaluation an Struktur verlöre und entprofiliert würde, dass ihr die methodischen Herausforderungen genommen würden, könnte in der Folge das Nutzenpotential von Evaluation leiden und der Evaluationsbegriff selbst unmerklich inhaltlich erodieren – ähnlich wie dies ansatzweise beim Qualitätsmanagement erkennbar wird, wo alles irgendwie mit ‚Qualität' in Bezug gesetzt wird und Qualitätsmanagement damit zu einer Allerweltformel verkommt, deren spezifischer Stellenwert und deren spezifische methodische Herausforderung im allgemeinen Managementbegriff zu versinken drohen.

Wir dürfen Maja Heiner dankbar sein dafür, dass und wie sie Evaluation für Soziale Arbeit und für das Professionsverständnis von Sozialer Arbeit erschlossen und zugänglich gemacht hat. Nehmen wir es als eine Aufforderung, diesen Impuls offensiv weiterzutragen, sowie einer möglichen Entprofilierung und einer schlechten Veralltäglichung von Evaluation das Beharren auf einer methodisch tragfähigen Datenbasierung für professionelle Bewertung und Reflexion entgegenzusetzen!

Literatur

Christa, Harald (2007): Evaluation. In: Michel-Schwartze (2007): 317-343
Dewe, Bernd/Otto, Hans-Uwe (2011): Professionalität. In. Otto/Thiersch (2011): 1143-1153

Drepper, Thomas (2010): Soziale personenbezogene Dienstleistungsorganisationen aus neoinstitutionalistischer Perspektive. In: Klatetzki (2010): 129-165
Heil, Karolus/Heiner, Maja/Feldmann, Ursula (Hrsg.) (2001): Evaluation sozialer Arbeit. Frankfurt/ Main: Deutscher Verein für öffentliche und private Fürsorge
Heiner, Maja (Hrsg.) (1988): Selbstevaluation in der sozialen Arbeit. Fallbeispiele zur Dokumentation und Reflexion beruflichen Handelns. Freiburg i.B.: Lambertus
Heiner, Maja (Hrsg.) (1994a): Selbstevaluation als Qualifizierung in der Sozialen Arbeit. Fallstudien aus der Praxis. Freiburg i.B.: Lambertus
Heiner, Maja (1994b): Reflexion und Evaluation methodischen Handelns in der Sozialen Arbeit. Basisregeln, Arbeitshilfen und Fallbeispiele. In: Heiner/Meinhold /Spiegel/Staub-Bernasconi (1994): 102-183
Heiner, Maja (Hrsg.) (1996): Qualitätsentwicklung durch Evaluation. Freiburg i.B.: Lambertus
Heiner, Maja (Hrsg.) (1998): Experimentierende Evaluation. Ansätze zur Entwicklung lernender Organisationen. Weinheim/München: Juventa
Heiner, Maja (2001): Evaluation. In: Otto/Thiersch (2001): 481-495
Heiner, Maja (2010): Kompetent handeln in der Sozialen Arbeit. München/Basel: Reinhardt
Heiner, Maja/Meinhold, Marianne/Spiegel, Hiltrud von/Staub-Bernasconi, Silvia (1994): Methodisches Handeln in der Sozialen Arbeit. Freiburg i. Br.: Lambertus
Hörster, Reinhard (1995): Pädagogisches Handeln. In: Krüger/Helsper (1995): 35-42
Kieser, Alfred (Hrsg.) (2002): Organisationstheorien, 5. Aufl. Stuttgart: Kohlhammer
Klatetzki, Thomas (1993): Wissen, was man tut. Professionalität als organisationskulturelles System – eine ethnographische Interpretation. Bielefeld: Karin Böllert KT-Verlag
Klatetzki, Thomas (Hrsg.) (2010): Soziale personenbezogene Dienstleistungsorganisationen. Soziologische Perspektiven. Wiesbaden: Springer VS
König, Joachim (2007): Einführung in die Selbstevaluation. Ein Leitfaden zur Bewertung der Praxis Sozialer Arbeit, 2. Aufl. Freiburg i.B.: Lambertus
Kromrey, Helmut (2000): Die Bewertung von Humandienstleistungen. Fallstricke bei der Implementations- und Wirkungsforschung sowie methodische Alternativen. In: Müller-Kohlenberg/Münstermann (2000): 19-57
Krüger, Heinz-Hermann/Helsper, Werner (Hrsg.) (1995): Einführung in Grundbegriffe und Grundfragen der Erziehungswissenschaft. Opladen: Leske & Budrich
Kuckartz, Udo/Ebert, Thomas/Rädiker, Stefan/Stefer, Claus (2012): Evaluation Online: Internetgestützte Befragung in der Praxis. Wiesbaden: Springer VS
Kühl, Stefan (2011): Organisation. Eine sehr kurze Einführung. Wiesbaden: Springer VS
Meinhold, Marianne/Spiegel, Hiltrud von/Staub-Bernasconi (Hrsg.) (1996): Methodisches Handeln in der Sozialen Arbeit. Freiburg i.B.: Lambertus
Merchel, Joachim (2010): Evaluation in der Sozialen Arbeit. München/Basel: Reinhardt
Merchel, Joachim (2013): Qualitätsmanagement in der Sozialen Arbeit. Eine Einführung. Weinheim/Basel: Juventa
Merchel, Joachim (2014): Management in Organisationen der Sozialen Arbeit. Weinheim/Basel: Juventa
Michel-Schwartze, Brigitta (Hrsg.) (2007): Methodenbuch Soziale Arbeit. Basiswissen für die Praxis. Wiesbaden: Springer VS
Müller, Burkhard (2009): Sozialpädagogisches Können. Ein Lehrbuch zur multiperspektivischen Fallarbeit, 6. Aufl. Freiburg i.B.: Lambertus
Müller-Kohlenberg, Hildegard/Münstermann, Klaus (Hrsg.) (2000): Qualität von Humandienstleistungen. Evaluation und Qualitätsmanagement in Sozialer Arbeit und Gesundheitswesen. Opladen: Leske & Budrich
Otto, Hans-Uwe/Polutta, Andreas/Ziegler, Holger (Hrsg.) (2010): What Works - Welches Wissen braucht die Soziale Arbeit? Zum Konzept evidenzbasierter Praxis. Opladen: Barbara Budrich

Otto, Hans-Uwe/Thiersch, Hans (Hrsg.) (2001): Handbuch Sozialarbeit/Sozialpädagogik, 2. Aufl. Neuwied: Luchterhand

Otto, Hans-Uwe/Thiersch, Hans (Hrsg.) (2011): Handbuch Sozialarbeit/Sozialpädagogik, 4. Aufl. Weinheim/Basel: Reinhardt

Spiegel, Hiltrud von (2013): Methodisches Handeln in der Sozialen Arbeit, 5. Aufl. München/Basel: Reinhardt

Stimmer, Franz (2012): Grundlagen des Methodischen Handelns in der Sozialen Arbeit, 3. Aufl. Stuttgart: Kohlhammer

Stockmann, Reinhard/Meyer, Wolfgang (2014): Evaluation. Eine Einführung, 2. Aufl. Opladen: Barbara Budrich

Walgenbach, Peter (2002): Institutionalistische Ansätze in der Organisationstheorie. In: Kieser (2002): 319-353

Widmer, Thomas (Hrsg.) (2009): Evaluation: Ein systematisches Handbuch. Wiesbaden: Springer VS

Wimmer, Rudolf/Meissner, Jens O./Wolf, Patricia (Hrsg.) (2009): Praktische Organisationswissenschaft. Lehrbuch für Studium und Beruf. Heidelberg: Carl Auer

Wolf, Patricia/Hilse, Heiko (2009): Wissen und Lernen. In: Wimmer/Meissner/Wolf (2009): 118-143

Methode und Kompetenz. Strategien der Ungewissheitsreduktion und der Gewinnung von Handlungssicherheit

Rainer Treptow/Stefan Faas

1 Ausgangslage: Soziale Arbeit im Befund von Unsicherheit und Ungewissheit

Der Beruf der Sozialen Arbeit wurde schon Anfang der 1970er Jahre einer „radikalen gesellschaftspolitischen Kritik" (Otto/Utermann 1971: 9)[1] und – vor diesem Hintergrund – einer grundsätzlichen Betrachtung seiner gesellschaftlichen Funktion, seiner Professionalisierung, der professionellen Einstellungen und Selbstbilder seiner Vertreter/innen sowie seiner Potentiale für eine Neugestaltung unterzogen (vgl. auch Bartlett 1976; Schnurr 2008). Bis in die 1990er Jahre hinein ebbten solche und ähnliche professionstheoretisch begründeten kritischen Auseinandersetzungen nicht ab. In ihren Analysen legen sie im Gefüge sozialer Statuszuschreibung und in der Struktur der verschiedenen Handlungsfelder vielerlei Unsicherheiten offen; und zwar in gesellschaftlicher, organisatorischer und interaktionsbezogener Hinsicht. Im gesellschaftlichen Wertespektrum genießt der Beruf – in seiner Nähe zu den wenig anerkannten Adressatengruppen – wenig Ansehen, in den Kooperationsbeziehungen zwischen kommunalen Ämtern sieht es kaum anders aus und auf der Ebene der Interaktionen zwischen Adressaten und Fachkräften lässt sich weder das Handeln in „Ungewissheit" (Olk 1986) noch die systemtheoretische Rede vom Technologiedefizit der Pädagogik (Luhmann/Schorr 1979) übersehen. Deren Kern, nämlich die Abgrenzung von mechanischen Kausalitätsvorstellungen der Handelnden zugunsten des Respekts vor dem Eigensinn fremder Subjektivität, also vor der Kontingenz allen pädagogischen Handelns, wurde eher nicht als Ermunterung zur Akzeptanz der Grenzen Sozialer Arbeit, sondern als Erweiterung der Unsicherheitsdiagnose aufgefasst.

[1] Im Raum stand die Kritik an einer Sozialarbeit, die Ursachen und Bedingungen sozialer Problemlagen nicht beseitige, sondern lediglich sich an ihren Symptomen abarbeite. Sie stütze damit etablierte Institutionen und bestehende Machtverhältnisse, anstatt sich der immer wiederkehrenden Reproduktion von Notlagen ihrer Klienten wirksam entgegenzustellen (ebd.).

Entsprechend kritisch sind die Anfragen an Legitimität in Praxis und Professionalisierung. „Wofür wirst Du eigentlich bezahlt?" (Aly 1978), „ihrer selbst nicht gewiss", „disziplinäre Heimatlosigkeit" (Haupert/Kraimer 1991), „Semi-Profession", so lauten die Stichworte und Kommentare, die in jenen Jahren die Auseinandersetzung zur Professionalisierung Sozialer Arbeit prägten (Gildemeister 1992).

In dieser professionalisierungsskeptischen Zeitdiagnose steht Maja Heiner, die sich in dezidiertem Gestaltungsinteresse an anwendungsorientierten Verfahren in die Debatte einmischt, also nicht allein. In ihrem konstruktiven Anspruch – darin mit Hans Thiersch, C.W. Müller, Burkhard Müller, Hiltrud von Spiegel und später Michael Galuske im Grundsätzlichen einig – ist sie aber von der Entwicklungsfähigkeit Sozialer Arbeit überzeugt: auf Seiten der Handlungsfelder und auf Seiten der Wissenschaft. Soziale Arbeit, so ihre Vision, ist ein professionalisierungsfähiger Faktor im sozialräumlichen „Kräftefeld" (Heiner 2004), der aus seiner randständigen Rolle heraustreten kann. Der Ansatzpunkt ist fachliches Handeln, genauer: reflektiertes, systematisch verfahrensförmiges Handeln. Diese Perspektive trägt dazu bei, das am Beispiel des schulischen Lehrerhandelns entwickelte Theorem vom Technologiedefizit pädagogischen Handelns nicht als Besiegelung von Wirkungslosigkeit, sondern als Ansporn für Soziale Arbeit zu begreifen. Soziale Arbeit ist in dieser Lesart wirkungsvoll, ja „wirkmächtig" (Heite 2009) und zwar unter ausdrücklicher Anerkennung der Subjektivität des Anderen sowie des Kontingenzproblems (dazu: Treptow 2013). Ist Soziale Arbeit darüber hinaus als „Leistungserbringerin" auf organisatorische und interaktive Umsetzung von Rechtsansprüchen der sogenannten „Leistungsempfänger" verpflichtet, so wird sich der Weg zu einer qualitativ angemessenen Hilfe durch Fachkräfte doch wohl ebnen und nachweisen lassen.

2 Methodisierung des fachlichen Handelns als Antwort

Was liegt also näher, als die Sache des Methodischen – sei es als Forschungs-, sei es als Praxismethode – an das Interesse einer Stabilisierung und Statusverbesserung der Sozialen Arbeit zu knüpfen? Oder umgekehrt: die Sache der Professionalisierung auf die Grundlage einer besonderen Methodenlehre zu stellen? Wenn es gelänge, Handlungssicherheit der Fachkräfte zu erhöhen, Ungewissheit des Handelns zu verringern bzw. den Fachkräften systematisch Gewissheitsbeschaffung darüber zu ermöglichen, was sie tun und tun sollen, würde dann nicht die Wahrscheinlichkeit einer Statusverbesserung und einer Legitimation Sozialer Arbeit „als Beruf" (Heiner 2007) steigen? Gemeint ist die Unterstützung zur selbstorganisierten Beschaffung von Wissen, die sozialpädagogisches Handeln übersichtlicher und effektiver zugleich werden lässt. Mehr noch: Es gälte, den Fachkräften selbst den nachhaltigen Zugang zu relevanter Information zu vermitteln, um zu „wissen, was man tut“ (Klatetzki 1993). Auf dieser Grundlage solle es stabile Kerne „sozialpädagogischen Könnens“ (Müller 2006) geben, deren Vermittlung – in der ganzen Spanne vom Fallverstehen bis zur sozialräumlichen Quartiersarbeit (Galuske 2011) – Handlungssicherheit der Fachkräfte als Akteure der Profession steigern würde. Der Weg der „Methodisierbarkeit von Hilfe“ (Höpfner/Jöbgen/Becker 1999) sollte der Qualität der Hilfe selber zu Gute kommen, nicht zuletzt auch den Rechtsanspruch der Adressaten auf Teilhabe im Vollzug der Hilfeplanung garantieren. Dazu gehört dann auch eine ebenfalls methodisierte Form der Diagnostik, die sich als „fallverstehend“ bewusst von der Einseitigkeit expertokratischer Falldefinitionen abhebt, die meint, auf das Ernstnehmen der Selbstdeutungen von Adressaten verzichten zu können (Heiner 2004a). Darin ähnelt Heiners Intention den partizipatorisch orientierten Arbeiten von Mollenhauer/Uhlendorff (1992); sie entwickelt im Interesse einer für Fachkräfte handhabbaren Schematisierung das Manual eines „Leitbogens zur Basisdiagnostik“ (Heiner 2004b).

Die mit dem Interesse an Professionalisierung einhergehende Zuweisung wissenschaftlich gewonnener Expertise ermöglicht es sozialpädagogischen Fachkräften, in der Arena konkurrierender psychosozialer Berufe, die Adressaten in ihrer Lebensführung – auch unter variablen Lebensumständen – mit einer gesteigerten Einflussmöglichkeit zu konfrontieren: Wer als Fachkraft mehr und Besseres weiß, kann im Veränderungsprozess der Lebensführung von Adressaten mehr und Besseres erreichen, so die Annahme. Von den professionskritischen Zweifeln der 1990er Jahre über die Ausformung von Selbst- und Fremdevaluation bis hin zu heutigen Formen der Dokumentation und der evidenzbasierten Forschung, deren Ergebnisse über Fort- und Weiterbildung an die Fachkräfte weitergegeben werden, spannt sich also diese interessante Anstrengung der Methodenentwicklung auf. In dieser Linie stehend nimmt Maja Heiner jenen frühen, doppelten Befund der ‚Unsicherheit‘ und ‚Ungewissheit‘ auf, der später noch breiter bildungstheoretisch entfaltet werden sollte (Helsper/Hörster/Kade 2003; Treptow 2011a). Sie konzentriert sich aber dabei weniger auf die Aspekte allgemein gesellschaftlicher Statusunsicherheit und der Ungewissheit des Professionalisierungsprozesses Sozialer Arbeit als Projekt der modernen Wissensgesellschaft (Treptow 2000; Rauschenbach 2000), sondern vielmehr auf die Mikrostruktur fachlichen Handelns in der Mesostruktur von Organisationen (Allgemeiner Sozialer Dienst). Maja Heiner findet hier den theoretischen Ort, um das Problem genauer einzugrenzen und als Problem der Gewinnung von Handlungssicherheit und der ‚Kontrolle‘ sowie der ‚treffsicheren Lösungen‘ zu bearbeiten. Sie schreibt Anfang der 1990er Jahre, die Fachkräfte hätten

> „in vielen Fällen (...) weder die Kontrolle über die Entwicklungen, die sie anstoßen, noch über die Bedingungen, unter denen sie handeln. Sie müssen mit Unsicherheiten und Ungewissheiten leben. Oftmals (nicht immer!) stehen sie vor komplexen Problemen, bei denen weder Aufgabenstellung noch Zielsetzung, geschweige denn die Lösungsalternativen klar sind. Auf diffuse und komplexe Situationen kann man reagieren, indem man die Komplexität radikal und ziemlich willkürlich verkürzt, um möglichst rasch handlungsfähig zu werden. Wenn man außerdem an der einmal getroffenen Entscheidung festhält und sich gegen Zweifel immunisiert oder unsystematisch immer wiedermal etwas Neues ausprobiert, dann wird es noch häufiger zu unerwarteten Ergebnissen kommen. Wenn es dagegen gelingt, durch Reflexion des eigenen Handelns immer wieder offene Situationen zu schaffen, selbstkritisch Annahmen und Entwicklungen zu überprüfen und flexibel, aber nicht willkürlich, auf neue Entwicklungen zu reagieren, so kann es zwar immer noch anders kommen, als erwartet, doch solche Überraschungen können dann zunehmend für treffsichere Lösungen genutzt werden" (Heiner 1994: 102).

In der Relation zwischen unüberlegter Vereinfachung von Komplexität und reflexiv überprüfender Gestaltung offener Situationen („strukturierte Offenheit", Thiersch 1993) liegt also die theoretische Herausforderung darin, eine Form von Reflexivität zu entwickeln, die durch und in der Anwendung einer Methode eine doppelte Leistung ermöglicht: nämlich Unsicherheit und Ungewissheit gleichermaßen zu transformieren – mit Blick auf die Gewinnung einer stets relativen Sicherheit und Gewissheit „treffsicherer Lösungen". Gelingt dies auf der Mikro-Ebene, so würde dies langfristig auch auf die Meso- und die Makro-Ebene der Sozialen Arbeit ausstrahlen und gleichsam durch die qualitätsvolle Durchsetzung methodischer Praxis das Professionalisierungsprojekt mit der nötigen Anerkennung versorgen. Damit soll die Reduktion von Komplexität nicht mehr als zufällige Auswahl von Wahrnehmungs- und Entscheidungsoptionen, sondern als methodisch geleitete Wissensgenerierung durch Selbstevaluation erreicht werden. Reduktion von Unsicherheit und Ungewissheit geht also einher mit der Erweiterung und Konsolidierung verschiedener Elemente – ein Prozess, der seinerseits neue, diesmal fachspezifische Komplexität hervorbringt. In langfristiger Perspektive besteht der angestrebte Effekt in der Reduktion von *Unsicherheit* im Status, in der Akzeptanz und im Selbstbild der jeweiligen Fachkraft und in der Reduktion von *Ungewissheit* in der beruflichen Perspektive, der interdisziplinären Zusammenarbeit und der Interaktion mit Adressaten.

Elemente dieses Entwicklungspfades sind insbesondere seit Beginn der 1990er Jahre zu beobachten. Sie lassen sich entsprechend auf den verschiedenen Ebenen ordnen und in einem Schaubild – als eine heuristisch gemeinte Übersicht von Reduktionsstrategien – illustrieren (Schaubild 1): Auf der *Mikro-Ebene* ist, im Sinne der bisherigen Argumentation, ein Handeln der Fachkräfte angesprochen, das verlässlich auf die „Legitimation durch Verfahren" (Luhmann 1969) verweisen kann, ohne jedoch die Ungewissheit über deren Wirkungen auf die Lebensführung von Adressaten restlos aus dem Auge zu verlieren. Respekt vor dem Eigensinn als ethischer Vorbehalt gegenüber sozialtechnologischen Übergriffen reproduziert zwar das Technologiedefizit, macht aber zugleich die Abhängigkeit gelingender Hilfe von der Beteiligung der Adressaten an Ko-Produktivität deutlich. Vor diesem Hintergrund wird die Art und Weise der „Einbeziehung des Anderen" (Habermas 1996) nur noch um den Preis einer technologischen Selbsttäuschung aus den Prinzipien der Fachlichkeit weggedacht werden können. Auf der Grundlage anerkannter, tragfähiger Verfahren (z.B. Arbeitsbündnisse, Hilfeplan) werden dann auch genauere Selbstbilder der Fachkräfte möglich – in Hinsicht auf die eigene Fachlichkeit und Professionalität. Diese Anstrengungen finden ihre Entsprechung auf der *Meso-Ebene* der Organisationen, indem über ‚bürgernahe Verwaltung' in den Kommunen Akzeptanz erhöht, subjektive Rechtsansprüche über konkrete Einzelleistungen klarer gemacht (z.B. SGB VIII) und paternalistische Attitüden zugunsten einer respektierenden Anerkennung der Adressaten als Bürgerinnen und Bürger zumindest dem Anspruch nach zurückgenommen werden (Dienstleistungsorientierung, Olk/Otto 2003). Im Koordinierungsrahmen kommunaler Verwaltungen und freier Träger wird eine vergrößerte Akzeptanz der Sozialbehörden durch genuin sozialpädagogisch professionalisiertes Personal möglich, welches die interdisziplinäre Zusammenarbeit Sozialer Arbeit im Horizont eines geschärften Identitätsbewusstseins der eigenen Fachlichkeit stabiler macht. Auf der *Makro-Ebene* lassen sich schließlich Reduktionsstrategien durch verstärkte Öffentlichkeitsarbeit hinsichtlich der Informationen über Leistungen beruflicher Sozialarbeit identifizieren, die ihre gesellschaftliche Anerkennung erhöhen und attraktive Berufsperspektiven eröffnen, indem sie – insbesondere über den Pfad der Akademisierung und des damit veränderten Qualifikationsstatus – ihren Professionalisierungsgrad steigern.

	Unsicherheit	*Ungewissheit*	*Reduktionsstrategie*
Makro	gesellschaftlicher Status	Perspektiven des Berufs	Öffentlichkeitsarbeit
	akademischer Status	Entfaltung von Disziplin/Profession	Akademisierung (umfassend)
Meso	Bürgerakzeptanz	Leistungserbringung	Respekt
	Organisations-akzeptanz	Koordinierung von Zuständigkeit	Fachlichkeit/ Kooperation
Mikro	Selbstbild der Fachkräfte	Akzeptanz im Einzelfall	Arbeitsbündnis/Wissen
	Wirksamkeit von Hilfe	Eigensinn der Adressaten	Methode/ Beteiligung

Tabelle 1: Ansatzpunkte der Reduktion von Unsicherheit und Ungewissheit in der Sozialen Arbeit

3 Kompetenz und Performanz: Die Infragestellung der Methode?

Erfolgt in der skizzierten Perspektive die Reduktion von Unsicherheit und Ungewissheit vor allem über die Methodisierung fachlichen Handelns, so zeigt sich aktuell, dass auch dieser Zugang mehr und mehr in Frage gestellt wird: Im Zuge der neuerlichen, maßgeblich durch die empirische Bildungsforschung beeinflusste Kompetenzdebatte ist zunehmend die Tendenz zu erkennen, professionelles sozialpädagogisches Handeln nicht mehr hauptsächlich an das Fallverstehen und eine methodisch abgesicherte Fallarbeit zu binden, wie dies z.T. in der Kompetenzdebatte Anfang der 1980er Jahre gefordert wurde (Müller et al. 1982, 1984), sondern auch an die Qualität des tatsächlich realisierten pädagogischen Handelns bzw. den Nachweis seiner Wirksamkeit (Albus 2010 et al.; Thole 2010; Treptow 2014). Hintergrund ist eine Konzeptualisierung von Handlungskompetenz, die nicht mehr primär normativ an der Idee der Verwirklichung „verantwortungsvollen Handelns" ausgerichtet und entsprechend grundlagentheoretisch fundiert ist – sei es ausgehend von einer anthropologischen Perspektive und dem Bildungsziel „Mündigkeit" verpflichtet (Roth 1971), sei es in Bezugnahme auf handlungstheoretische Überlegungen und kritische Reflexivität (Habermas 1981) –, sondern pragmatisch-funktionalistisch auf die spezifischen Anforderungsstrukturen eines jeweiligen Lern- oder Handlungsfelds und deren Bewältigung fokussiert. Dies kann man kritisieren. Letztlich verändert aber ein Kompetenzbegriff, der sich auf

> „die bei Individuen verfügbaren oder durch sie erlernbaren kognitiven Fähigkeiten und Fertigkeiten, um bestimmte Probleme zu lösen, sowie die damit verbundenen motivationalen, volitionalen und sozialen Bereitschaften und Fähigkeiten, um die Problemlösungen in variablen Situationen erfolgreich und verantwortungsvoll nutzen zu können" (Weinert 2001a: 27f)

bezieht, die Koordinaten der bisherigen sozialpädagogischen Kompetenzdebatte und damit die Basis für die Beurteilung sozialpädagogischen Handelns (Heiner 2010; Faas/Treptow/Bauer 2014). Er verlagert die Perspektive von Fragen der Begründung und Systematisierung auf Fragen der Wirksamkeit und Messbarkeit konkreter Praxis. Was gute Praxis ausmacht, ergibt sich dann nicht mehr aus der Analyse der Fachliteratur, der Umsetzung eines spezifischen Ansatzes, einer Methode oder allgemeiner des an der Hochschule Gelernten, sondern – der „Systemrationalität global vernetzter, marktförmig organisierter Dienstleistungs- und Kommunikationsgesellschaften" (Veith 2014: 55) entsprechend – aus dem Nachweis, dass tatsächlich erreicht wird, was erreicht werden soll, d.h. auf der Grundlage empirischer Evidenz. Auch normativ hochbesetzte Ziele, z.B. das „Lernziel Solidarität" (Richter 1991), ‚Teilhabe' oder ‚Zivilcourage', setzen sich der Frage aus, ob und wie ihre Verwirklichung festgestellt werden kann. In dieser Logik stellt der erreichte Effekt den primären Bezugspunkt für die Strukturierung und Reflexion von Praxis dar; die Entwicklung von Standards, Qualitätskriterien, Einschätzskalen und Checklisten beschreiben die ‚neuen' Strategien der Reduktion von Unsicherheit.

Das skizzierte, maßgeblich im Kontext der OECD entwickelte Kompetenzkonzept hat umfangreiche Auseinandersetzungen und kritische Stellungnahmen zu Bildung, Bildungszielen und Wegen der Zielerreichung angeregt – auch Gegenentwürfe (z.B. Otto/Schrödter 2010; Winkler 2008); nicht zuletzt hat es aber bisher verbreitete Vorstellungen von „Wissen" irritiert (Pfadenhauer 2014). Auf der einen Seite wird Wissen, das in theoretischer und empirischer Absicht nach verschiedenen Wissensdomänen kategorisiert und codiert werden kann (Baumert/Kunter 2006), als Grundlage jedes professionellen Handelns gesehen; auf der anderen Seite bleibt die Wissensbasis – in ihrer Relevanz für Praxis – in gewisser Weise „unkonkret". Denn die Aneignung bzw. Entwicklung professionellen Wissens wird als hochgradig individualisierter Prozess aufgefasst. Er entsteht im Verlauf der Berufsbiographie durch die zunehmende Integration von allgemeinen pädagogischen, didaktischen, methodischen und anderen fachbezogenen Inhalten als auch spezifischen Praxiserfahrungen (Bromme 2008: 163). Hintergrund dieser Annahme sind empirische Untersuchungen zum Lehrerhandeln, die zeigen, dass gleichermaßen erfolgreiche Fachkräfte – bezogen auf ein situativ und sozial angemessenes Handeln – didaktisch und methodisch oftmals sehr unterschiedlich vorgehen bzw. ihr Vorgehen ganz unterschiedlich wissensbezogen begründen und beurteilen (vgl. hierzu auch Czerwenka/Nölle 2000); ein Befund, der empirisch z.B. für das Handlungsfeld der Kindertagesbetreuung bestätigt werden kann (Faas 2013).

4 Zum Verhältnis von Methode und Kompetenz

Maja Heiner wendet sich – in Berücksichtigung dieser berufsbiographischen Integration von Wissen und Erfahrung – einem umfassenden Kompetenzverständnis zu. „Handlungskompetenz in der Sozialen Arbeit" wird geradezu zu einem vielbändig angelegten Projekt, das sich über viele Handlungsbereiche erstrecken soll, ausgeweitet (Heiner 2010). War es für sie über mehr als ein Jahrzehnt hinweg der Begriff der Methode, so weist Heiner jetzt dem Kompetenzbegriff eine prominente, leitende Funktion zu; allerdings eher in der Tradition des Anfang der 1980er Jahre geführten Diskurses. Dass sie aber diesen Faden aufnimmt und eigenständig weiterführt, kann unterschiedlich interpretiert werden: als Fortsetzung und Erweiterung der Methodisierung oder als Substitution ihres jahrzehntelang gepflegten Methodenansatzes. Für die erste Lesart spricht, dass eine gewisse Unbekümmertheit erlaubt, beides miteinander zu verbinden, also von ‚Methodenkompetenz' zu sprechen oder den Erwerb von Kompetenzen von zu organisierenden Vermittlungsmethoden in Praxis und Lehre abhängig zu machen. Zugleich setzte im gesamten Bildungssektor eine Semantik der Kompetenz ein, der zu einer kritischen Auseinandersetzung einlud.

Vor diesem Hintergrund geht es hier nun nicht darum, die im vorangegangenen Kapitel skizzierte Debatte um den Kompetenzbegriff weiter zu erörtern bzw. zu bewerten. Vielmehr rückt die Frage nach dem Verhältnis von Methode und Kompetenz im Kontext des bisher Referierten – genauer: von Methode, Handlungskompetenz und Performanz – in den Vordergrund. Denn offensichtlich scheint sowohl der Methodenbegriff ‚anschlussfähig' an den der Kompetenz zu sein als auch der Kompetenzbegriff an den der Methode (vgl. zu dessen „Flexibilität" Treptow 2014). Dabei interessiert uns, worin sich die oben beschriebenen Strategien der Reduktion von Unsicherheit und Ungewissheit in ihrer Reichweite unterscheiden, wenn sie als methodisches Handeln bzw. als kompetentes Handeln angelegt sind. Angesprochen sind zwei verschiedene Perspektiven, die das Verhältnis von Methode und Kompetenz unterschiedlich akzentuieren:

Methodisches Handeln. Die Unterscheidungslinien zwischen ‚Methode' und ‚Kompetenz' sind hier klar gezogen. Während der Begriff Methode die für einen wiederholbaren Zusammenhang regelgeleiteten Handlungsschritte umfasst, die theoretisch und wertbezogen begründet werden können, beschreibt Kompetenz die subjektiven Voraussetzungen zur gekonnten Herstellung dieses Zusammenhangs durch einzelne Akteure. Erst wenn jemand eine Methode ‚beherrscht', wenn sie gekonnt angewendet wird, kann von einem kompetenten Umgang mit der Methode und auf dieser Grundlage von methodischem Handeln gesprochen werden. Der in der aktuellen Kompetenzdebatte oftmals verengte Begriff von Kompetenz als Summe von Fähigkeiten und Fertigkeiten wird hier also durch die Bindung an Haltungen, in deren Licht der ‚Einsatz' einer Methode ethisch zu begründen ist und die den zentralen Aspekt beschreiben, geweitet. Im Vordergrund steht nicht die Kausalitätserwartung oder die Verfahrenslogik skalenbasierter Daten – wer zum Zeitpunkt t_0 mit der Realisierung eines Handlungszusammenhangs beginnt, wird zum Zeitpunkt t_1 auf Effekte sinnen, die sich eindeutig auf das Ineinandergreifen von Teilschritten zurückführen lassen –, sondern quasi a priori die Legitimation der Schrittfolge des methodischen Handelns selber.

Kompetentes Handeln. Hinter diesem Zugang verbirgt sich nicht etwa die triviale Annahme, dass jedes kompetente Handeln methodisch geleitet ist, sondern der Gedanke, dass zwischen dem geordneten, teils auch starren Muster einer Methode und anderen, auch nicht eindeutig methodisch strukturierten Handlungsformen, ein notwendiger Spielraum offengehalten werden muss, der erst situationsangemessene Entscheidungen möglich macht. Der methodische Blick kann nämlich Handlungsoptionen schon deshalb ausschließen, weil sie nicht der

Logik geordneter Schemata entsprechen. Die Vorentscheidung der Methode ist dann aus dieser Perspektive eine problematische Form der Reduktion von Komplexität, weil sie nicht eindeutig methodisch konzipierte Handlungsformen bzw. deren Potentiale übersieht. Dieser Möglichkeit versucht der Begriff der „selbstorganisierten Reflexivität" (Flad/Schneider/Treptow 2008) entgegenzuwirken, um die prinzipielle Haltung der Situationsoffenheit hinsichtlich der Angemessenheit von Methoden zu gewährleisten. Denn: *Fachkräfte handeln nicht schon dann kompetent, wenn sie eine Methode anwenden. Sie handeln erst dann kompetent, wenn sie zwischen Fallstruktur und Methode eine nachvollziehbare Relation erkennen, die plausibel macht, dass andere Möglichkeiten des Handelns ausgeschlossen werden, d.h., wenn sich das (geplante) Vorgehen in seiner reflexiven Abwägung als situationsangemessen erweist.*

In dieser Perspektive führen die Verzweigungen der entsprechenden Diskurse zu Methode und Kompetenz in der Sozialen Arbeit zur Entmethodisierung des Methodischen: nämlich Methoden zwar ernst zu nehmen, aber die Spielräume von Handeln nicht auf den Methodengebrauch zu beschränken. Oder anders ausgedrückt: Handeln umfasst mehr als den Gebrauch von Methoden. Außerdem sind Methoden nicht mit Techniken zu verwechseln und wenn dies doch geschieht, wird mahnend an die Kritik der Sozialtechnologie erinnert, deren letztlich normative Begründung in die These vom prinzipiellen Technologiedefizit pädagogischen Handelns mündet.

5 Fazit

Das Technologiedefizit wird systemtheoretisch im Kontext von Komplexitätsproblemen selbstreferentieller Systeme thematisiert und begründet (Luhmann/ Schorr 1999). Die lebensweltliche Seite wird ausgeblendet. Soziale Arbeit ist aber mit Komplexität konfrontiert, die sowohl durch sie selbst als auch durch die Dynamik zwischen Lebenswelt und System erzeugt wird – in der Bearbeitung individueller sozialer Problemlagen im Kontext spezifischer sozialer Konstellationen und im temporären Verlauf ihres Handelns. Gerade der Aspekt „temporalisierter Komplexität" (ebd.: 230) macht dabei darauf aufmerksam, dass es jeweils um situationsbezogene Handlungskonstellationen geht. „Daher bleibt das pädagogische Verhalten situationsabhängig" (ebd.: 231) – und damit unsicher. Strategien der Ungewissheitsreduktion und der Gewinnung von Handlungssicherheit setzen hier an und werden auch hier begrenzt. Vor diesem Hintergrund erscheint es wenig angemessen, Reduktion von Komplexität unbesonnen zu betreiben; bezogen auf methodisches Handeln ist es insofern problematisch, dem Gewissheits- und Sicherheitsversprechen von Methode unreflektiert zu folgen. Um Methode nicht der Schematisierung anheimfallen zu lassen und der Gefahr einer trügerischen Sicherheit zu erliegen, braucht es die Bindung an einen reflexiven Kern im Kommunikationszusammenhang der Fachkräfte und innerhalb ihres subjektiven Urteilsvermögens. Dieser reflexive Kern des Fachlichen meint etwas anderes als die Summe aller Methoden, weil er sowohl die Verwendung wie die Verabschiedung einer Methode ermöglicht, um, der Variabilität und der Kontingenz sozialer Situationen entsprechend, im eigenen Handeln beweglich zu bleiben.

Im Rahmen des eingangs erwähnten Professionalisierungsdiskurses Anfang der 1970er Jahre wurde – durchaus in diesem Verständnis – die damals wahrgenommene Betonung sozialpädagogischer Methodenlehre gegenüber sozialwissenschaftlicher Theoriebildung als Grundlage sozialarbeiterischer Praxis kritisiert und mit dem Begriff des „professionalen Wissens" (Otto 1971: 91) auf die Notwendigkeit einer konsequenten Verzahnung von Theorie- und Praxiswissen verwiesen. Aktuell ist mit dem Kompetenzbegriff ein ähnlicher Ansatzpunkt gegeben. Es geht auch hier um die Erweiterung der Wissens- und Handlungsfähigkeit, im Sinne eines Korrektivs zum starren Methodengebrauch. Dabei gerät aber auch der Kompetenzbegriff selbst im Zuge der jüngeren Debatten auf den Prüfstand. Mag man mit ‚Reflexionskompetenz' auch meinen, jenes Erfordernis einer auf Angemessenheit der Zweck-Mittel-Beziehung bestehenden Handlungsfähigkeit eingeholt zu haben, so wird auch die Summe der Kompetenzen nicht den reflexiven Kern von Klugheit erfassen, die sich genau zu solchen Summierungen in der eigenen Fachlichkeit kritisch verhalten kann. Ein solcher Anspruch arbeitet mit dem Idealkonstrukt einer beinahe souveränen Persönlichkeit, die schöpferisch mit den Grenzen der Methode und den Herausforderungen von Unsicherheit und Ungewissheit umgehen, ja diese sogar als reizvolle Entwicklungsmöglichkeit des Handelns begreifen kann.

Literatur

Albus, Stefanie/Greschke, Heike/Klingler, Birte/Messmer, Heinz/Micheel, Heinz-Günter/Otto, Hans-Uwe/Polutta, Andreas (2010): Wirkungsorientierte Jugendhilfe. Abschlussbericht der Evaluation des Bundesmodellprogramms „Qualifizierung der Hilfen zur Erziehung durch wirkungsorientierte Ausgestaltung der Leistungs-, Entgelt- und Qualitätsvereinbarungen nach §§ 78a ff SGB VIII". Berlin: Bundesministerium für Familie, Senioren, Frauen und Jugend

Aly, Götz (1978): Wofür wirst du eigentlich bezahlt? Möglichkeiten praktischer Erzieherarbeit zwischen Ausflippen und Anpassung. Berlin: Rotbuch

Bartlett, Harriett M. (1976): Grundlagen beruflicher Sozialarbeit. Integrative Elemente einer Handlungstheorie für Sozialarbeiter/Sozialpädagogen. Freiburg/Br.: Lambertus

Baumert, Jürgen/Kunter, Mareike (2006): Stichwort: Professionelle Kompetenz von Lehrkräften. In: Zeitschrift für Erziehungswissenschaft. Schwerpunkt: Professionelle Kompetenz von Lehrkräften 9. 4. 469-520

Bromme, Rainer (2008): Lehrerexpertise. In: Schneider/Hasselhorn (2008): 159-167
Czerwenka, Kurt/Nölle, Karin (2000): Problem des Erwerbs professioneller Kompetenz im Kontext universitärer Lehrerausbildung. In: Jaumann-Graumann/Köhnlein (2000): 67-77
Faas, Stefan (2013): Berufliche Anforderungen und berufsbezogenes Wissen von Erzieherinnen. Theoretische und empirische Rekonstruktionen. Wiesbaden: Springer VS
Faas, Stefan/Bauer, Petra/Treptow, Rainer (Hrsg.) (2014): Kompetenz, Performanz, soziale Teilhabe. Sozialpädagogische Perspektiven auf ein bildungstheoretisches Konstrukt. Wiesbaden: Springer VS
Faas, Stefan/Treptow, Rainer/Bauer, Petra (2014): Sozialpädagogische Kompetenzdiskurse – Eine Einleitung. In: Faas/Bauer/Treptow (2014): 7-17
Flad, Carola/Schneider, Sabine/Treptow, Rainer (2007): Handlungskompetenz der Jugendhilfe. Wiesbaden: VS
Galuske, Michael (2011): Methoden der sozialen Arbeit. Eine Einführung, 9. Aufl. Weinheim: Juventa
Gildemeister, Regine (1992): Neuere Aspekte der Professionalisierungsdebatte. In: neue praxis 22. 3. 207-219
Glaser, Edith/Andresen, Sabine (Hrsg.) (2009): Disziplingeschichte der Erziehungswissenschaft als Geschlechtergeschichte. Opladen: Barbara Budrich
Habermas, Jürgen (1981): Theorie des kommunikativen Handelns, Bd. I. Handlungsrationalität und gesellschaftliche Rationalisierung. Frankfurt/M.: Suhrkamp
Habermas, Jürgen (1996): Die Einbeziehung des Anderen. Studien zu politischen Theorie. Frankfurt/M.: Suhrkamp
Haupert, Bernhard/Kraimer, Klaus (1991): Die disziplinäre Heimatlosigkeit der Sozialpädagogik/Sozialarbeit. In: neue praxis 21. 2. 106-121
Heiner, Maja (1994): Reflexion und Evaluation methodischen Handelns in der Sozialen Arbeit. Basisregeln, Arbeitshilfen und Fallbeispiele. In: Heiner/Meinhold/von Spiegel/Staub-Bernasconi (1994): 102-183
Heiner, Maja (Hrsg.) (2004a): Diagnostik und Diagnosen in der Sozialen Arbeit. Ein Handbuch. Berlin: Eigenverlag des Deutschen Vereins für öffentliche und private Fürsorge
Heiner, Maja (2004b): PRO-ZIEL Basisdiagnostik. Ein prozessbegleitendes, zielbezogenes, multiperspektivisches und dialogisches Diagnoseverfahren im Vergleich. In: Heiner (2004a): 218-238
Heiner, Maja (2007): Soziale Arbeit als Beruf. Fälle-Felder-Fähigkeiten. München: Reinhardt
Heiner, Maja (2010): Kompetent handeln in der Sozialen Arbeit. München: Reinhardt
Heiner, Maja/Meinhold, Marianne/von Spiegel, Hiltrud/Staub-Bernasconi, Silvia (Hrsg.) (1994): Methodisches Handeln in der Sozialen Arbeit. Freiburg/Br.: Lambertus
Heite, Catrin (2009): Soziale Arbeit als Profession im Kontext geschlechterhierarchischer Positionierungen. In: Glaser/Andresen (2009): 49-59
Helsper, Werner/Hörster, Reinhard/Kade, Jochen (2003): Ungewissheit. Pädagogische Felder im Modernisierungsprozess. Weilerswist: Velbrück Wissenschaft
Höpfner, Norbert/Jöbgen, Manfred/Becker, Roland (1999): Zur Methodisierbarkeit von Hilfe oder Braucht die Soziale Arbeit Diagnosen? In: Peters (1999): 197-223.
Homfeldt, Hans Günther/Schulze-Krüdener, Jörgen (Hrsg.) (2000): Wissen und Nichtwissen. Herausforderungen für Soziale Arbeit in der Wissensgesellschaft. Weinheim/München: Juventa
Jaumann-Graumann, Olga/Köhnlein, Walter (Hrsg.) (2000): Lehrerprofessionalität - Lehrerprofessionalisierung. Bad Heilbrunn: Julius Klinkhardt
Klatetzki, Thomas (1993): Wissen, was man tut. Professionalität als organisationskulturelles Handeln. Eine ethnographische Interpretation. Bielefeld: Kritische Texte
Krüger, Heinz-Hermann/Rabe-Kleberg, Ursula/Kramer, Rolf-Torsten/Budde, Jürgen (Hrsg.) (2010): Bildungsungleichheit revisited. Bildung und soziale Ungleichheit vom Kindergarten bis zur Hochschule. Wiesbaden: VS

Luhmann, Niklas (1969): Legitimation durch Verfahren. Frankfurt a.M.: Suhrkamp
Luhmann, Niklas/Schorr, Karl Eberhard (1979): Das Technologiedefizit der Erziehung und die Pädagogik. In: Zeitschrift für Pädagogik 25. 3. 345-367
Luhmann, Niklas/Schorr, Karl Eberhard (1999): Reflexionsprobleme im Erziehungssystem, 2. Aufl. Frankfurt/M.: Suhrkamp
Mollenhauer, Klaus/Uhlendorff, Uwe (1992): Sozialpädagogische Diagnosen I. Über Jugendliche in schwierigen Lebenslagen. München/Weinheim: Juventa
Müller, Burkhard (2006): Sozialpädagogisches Können. Ein Lehrbuch zur multiperspektivischen Fallarbeit, 4. Aufl. Freiburg/Br.: Lambertus
Müller, Siegfried/Otto, Hans-Uwe/Peter, Hilmar/Sünker, Heinz (Hrsg.) (1982): Handlungskompetenz in der Sozialarbeit/Sozialpädagogik I. Interventionsmuster und Praxisanalysen. Bielefeld: AJZ
Müller, Siegfried/Otto, Hans-Uwe/Peter, Hilmar/Sünker, Heinz (Hrsg.) (1984): Handlungskompetenz in der Sozialarbeit/Sozialpädagogik II. Theoretische Konzepte und gesellschaftliche Strukturen. Bielefeld: AJZ
Olk, Thomas (1986) Abschied vom Experten – Sozialarbeit auf dem Weg zu einer alternativen Professionalität. Weinheim: Juventa
Olk, Thomas/Otto, Hans-Uwe (2003): Soziale Arbeit als Dienstleistung: Grundlegungen, Entwürfe und Modelle. Neuwied: Luchterhand
Otto, Hans-Uwe (1971): Zum Verhältnis von systematisiertem Wissen und praktischem Handeln in der Sozialarbeit. In: Otto/Utermann (1971): 87-98
Otto, Hans-Uwe/Rauschenbach, Thomas (Hrsg.) (2008): Die andere Seite der Bildung. Zum Verhältnis von formellen und informellen Bildungsprozessen, 2. Aufl. Wiesbaden: VS
Otto, Hans-U./Schrödter, Mark (2010): „Kompetenzen" oder „Capabilities" als Grundbegriffe einer kritischen Bildungsforschung und Bildungspolitik? In: Krüger/Rabe-Kleberg/Kramer/Budde (2010): 163-183
Otto, Hans-Uwe/Thiersch, Hans (Hrsg.) (2011): Handbuch Sozialpädagogik/Sozialarbeit, 4. Aufl. München: Reinhardt
Otto, Hans-Uwe/Utermann, Kurt (Hrsg.) (1971): Sozialarbeit als Beruf. Auf dem Weg zur Professionalisierung. Neuwied: Luchterhand
Peters, Friedhelm (Hrsg.) (1999): Diagnosen, Gutachten, hermeneutisches Fallverstehen. Frankfurt/M.: IGFH
Pfadenhauer, Michaela (2014): Der Kompetenzstreit um ‚Kompetenz' – Ein umkämpftes Konstrukt in wissens- und professionssoziologischer Perspektive. In: Faas/Bauer/Treptow (2014): 7-17
Rauschenbach, Thomas (Hrsg.) (1993): Der sozialpädagogische Blick. Lebensweltorientierte Methoden in der sozialen Arbeit. Weinheim: Juventa
Rauschenbach, Thomas (2000): Soziale Arbeit im Übergang von der Arbeits- zur Wissensgesellschaft? Irritationen und Klärungen des Verhältnisses von Wissenschaftswissen und Praxiswissen in Studium, Lehre, Forschung und Profession. In: Homfeldt/Schulze-Krüdener (2000): 79-98
Richter, Horst-Eberhard (1991): Lernziel Solidarität. Reinbek b. Hamburg: Rowohlt
Roth, Heinrich (1971): Pädagogische Anthropologie, Bd. 2. Entwicklung und Erziehung. Grundlagen einer Entwicklungspädagogik. Hannover u.a.: Hermann Schroedel
Schilling, Matthias/Gängler, Hans/Züchner, Ivo/Thole, Werner (Hrsg.) (2013): Soziale Arbeit quo vadis? Programmatische Entwürfe auf empirischer Basis. Weinheim/Basel: Beltz Juventa
Schneider, Wolfgang/Hasselhorn, Marcus (Hrsg.) (2008): Handbuch der Pädagogischen Psychologie. Göttingen u.a.: Hogrefe
Schnurr, Stefan (2008): Die Durchsetzung der Profession als Selbstfindungsprojekt der Disziplin. Hans-Uwe Otto und die Professionalisierungsdebatte in der Sozialen Arbeit. Wiesbaden: Springer VS
Thiersch, Hans (1993): Strukturierte Offenheit. Zur Methodenfrage einer lebensweltorientierten Sozialen Arbeit. In: Rauschenbach (1993): 11-28

Thole, Werner (2010): Die pädagogischen MitarbeiterInnen in Kindertageseinrichtungen. Professionalität und Professionalisierung eines pädagogischen Arbeitsfeldes. In: Zeitschrift für Pädagogik 56. 2. 206-222

Treptow, Rainer (2000): Wissensgesellschaft und Soziale Arbeit. In: Treptow (2011b): 10-21

Treptow, Rainer (2008): Gegenwart gestalten – auf Ungewissheit vorbereiten. Bildung in der Heimerziehung. In: Neue Praxis 38. 7-24

Treptow, Rainer (2011a): Handlungskompetenz, In: Otto/Thiersch (2011): 601-608

Treptow, Rainer (2011b): Wissen, Kultur, Bildung. Beiträge zur Sozialen Arbeit und Kulturellen Bildung. München: Beltz Juventa

Treptow, Rainer (2013): Kritik der Zukunft, Zukunft der Kritik. Der Schatten der Kontingenz, In: Schilling/Gängler/Züchner/Thole (2013): 87-95

Treptow, Rainer (2014): Kompetenz - das große Versprechen. In: Faas/Bauer/Treptow (2014): 21-39

Veith, Herrmann (2014): Kompetenz – Anmerkungen zu einem bildungstheoretischen Paradigmenwechsel. In: Faas/Bauer/Treptow (2014): 51-65

Weinert, Franz E. (2001a):Vergleichende Leistungsmessung in Schulen - eine umstrittene Selbstverständlichkeit. In: Weinert (2001b): 17-31

Weinert, Franz E. (Hrsg.) (2001b): Leistungsmessungen in Schulen, 2. Aufl. Weinheim/Basel: Beltz

Winkler, Michael (2008): PISA und die Sozialpädagogik. Anmerkungen zu einer verkürzt geführten Debatte. In: Otto/Rauschenbach (2008): 123-131

Vita Maja Heiner

© Reinold Schnatmann

Geboren am 18.02.1944 in Berlin; Abitur am Französischen Gymnasium. Für ein Jahr Austauschschülerin in den USA.

1964 Studium der Romanistik, Geschichte und Politikwissenschaft an der Universität in Freiburg; nebenher tätig in der gewerkschaftlichen politischen Jugendbildungsarbeit.

1969–1971 Referendariat in Stuttgart.

1971–1977 Assessorin und später Studienrätin an der Gewerbeschule 2 / Technisches Gymnasium in Freiburg; freiwillige Unterrichtstätigkeit an einer Berufsschule; Veröffentlichungen zur politischen Jugendarbeit.

1977–1988 Dozentin für den Bereich Politische Bildungsarbeit und Jugendarbeit sowie Leiterin des Forschungs- und Fortbildungsinstituts ‚Zentrum soziale Beratung und Bildung' an der Fachhochschule für Sozialökonomie, Sozialpädagogik und Sozialarbeit in Bremen. Während dieser Zeit Promotion zur Dr. phil. Thema der Dissertation: Obdachlose, Berber und Stadtstreicher.

1988–1992 Senatsrätin und Leiterin des Landessozialamtes und der Abteilung für Behinderte, Psychisch Kranke, Straffällige, Aussiedler und Flüchtlinge der Stadt Bremen.

1992–2009 Professorin für Sozialpädagogik mit dem Schwerpunkt Beratung und Hilfe am Institut für Erziehungswissenschaft der Eberhard-Karls-Universität in Tübingen.

1996–2003 Frauenbeauftragte der Eberhard-Karls-Universität Tübingen.

2009 Emeritierung; Weiterarbeit an der Buchreihe Handlungskompetenzen in der Sozialen Arbeit; Praxisbegleitung zum Allgemeinen Sozialen Dienst.

Gestorben am 23.08.2013 in München.

Arbeitsschwerpunkte:

Gemeinwesen- und Stadtteilarbeit
Sozialplanung und kommunale Sozialpolitik
Evaluation und Selbstevaluation Sozialer Dienste und Einrichtungen
Methodisches Handeln in der Sozialen Arbeit
Institutionalisierung von Beratung und Hilfe
Qualifizierung und Qualitätssicherung in der Sozialen Arbeit
Professionalisierung und Handlungskompetenz
Diagnostisches Fallverstehen
Qualitative Fall- und Interaktionsanalysen

Autorinnen und Autoren

Petra Bauer, Universität Tübingen. Arbeitsschwerpunkte: Beratung, multiprofessionelle Kooperation und Vernetzung, Familie(n) und Soziale Arbeit.

Hanne Bestvater, Fachhochschule Nordwestschweiz. Arbeitsschwerpunkte: Evaluation/Selbstevaluation, Zeit-, Selbst-, und Projektmanagement, Lernende Organisation/Organisationsentwicklung, Coaching und Organisationsberatung.

Wolfgang Beywl, Fachhochschule Nordwestschweiz. Arbeitsschwerpunkte: Evidenzbasierte Schulentwicklung, Evaluation und Selbstevaluation, Methodologie transdisziplinärer bildungswissenschaftlicher Forschung.

Eberhard Bolay, Universität Tübingen. Arbeitsschwerpunkte: Gesellschafts- und subjekttheoretische Grundfragen der Sozialpädagogik, Jugendtheorie, Kooperation von Jugendhilfe und Schule und ‚arbeitsweltbezogene Jugendhilfe'.

Stefan Faas, Universität Tübingen. Arbeitsschwerpunkte: Pädagogik der frühen Kindheit, Familien- und Elternbildung, Kulturelle Bildung, Professions- und Evaluationsforschung.

Klaus Grundwald, Duale Hochschule Stuttgart. Arbeitsschwerpunkte: Sozial- und Qualitätsmanagement, Sozialwirtschaft, Organisationsentwicklung, Organisationssoziologie, Theorie der Sozialen Arbeit, Pflege und Rehabilitation.

Franz Herrmann, Hochschule Esslingen. Arbeitsschwerpunkte: Kinder- und Jugendhilfe, Sozialplanung, Methoden der Praxisforschung und Qualitätsentwicklung, Konfliktarbeit, kulturelle Bildung.

Angelika Iser, Hochschule München. Arbeitsschwerpunkte: Schulsozialarbeit, Jugendhilfe und Schule, Ganztagsschule, Supervision und Mediation, Qualitative Sozialforschung, Qualitätsentwicklung in der Sozialen Arbeit.

Regula Kunz, Fachhochschule Nordwestschweiz. Arbeitsschwerpunkte: Curriculumsentwicklung, Wissensmanagement, Social Media, Methoden Sozialer Arbeit, Systemtheorie, Arbeit/Freizeit/Sozialzeit, Erwerbs- und Freiwilligenarbeit.

Joachim Merchel, Fachhochschule Münster. Arbeitsschwerpunkte: Organisation und Management in der Sozialen Arbeit, Jugendhilfeplanung, Qualitätsentwicklung, Sozialmanagement, Jugendhilfe (mit Schwerpunkt Erziehungshilfe).

Sabine Schneider, Hochschule Esslingen. Arbeitsschwerpunkte: Sozialpädagogische Professionalität, Soziale Arbeit und Kriminalität/Straffälligenhilfe, Beratung.

Christian Schrapper, Universität Koblenz-Landau. Arbeitsschwerpunkte: Geschichte der Jugendfürsorge und Heimerziehung nach 1945, Konzeption und Organisation Sozialer Dienste, indikatorengestützte Sozialberichterstattung.

Hiltrud von Spiegel, Hochschule Münster. Arbeitsschwerpunkte: Theorien der Sozialen Arbeit und methodisches Handeln.

Rainer Treptow, Universität Tübingen. Arbeitsschwerpunkte: Theorie und Geschichte der Sozialpädagogik und Sozialarbeit, Formen Sozialer Hilfen, Pädagogik der Frühen Kindheit, kulturelle Bildung.

Marc Weinhardt, Evangelische Hochschule Darmstadt. Arbeitsschwerpunkte: Psychosoziale Beratung, Professionalisierung von Fachkräften Sozialer Arbeit, Lernen & Forschen in Simulationsumgebungen, Soziale Arbeit im Internet.

Made in the USA
Las Vegas, NV
12 November 2024

11563254R00105